Derflinger, Desiree - - W - 1977
D-85276 Pfaffenhofen - Scheyerer Straße 32
DA5KGA1

Perfektes Lauf-Trainin[illegible]

W0296634

Herbert Steffny / Ulrich Pramann

Perfektes Lauf-**Training**

südwest

Bis zum ersten **Marathon** ist es ein weiter Weg. Aber es lohnt sich! Beim ersten Mal geht es nur ums Ankommen.

Inhalt

Laufen in der Gruppe macht mehr **Spaß!** Und in welcher Sportart sonst ist das ganze Jahr Saison?

Ihren eigenen Trainingsplan finden Sie ab **Seite 132.**

Inhalt

Kohlenhydrate – das **Superbenzin** unter den Treibstoffen für unseren Körper.

Nicht nur hartes Training, sondern auch **Entspannung** und Erholung sind wichtig.

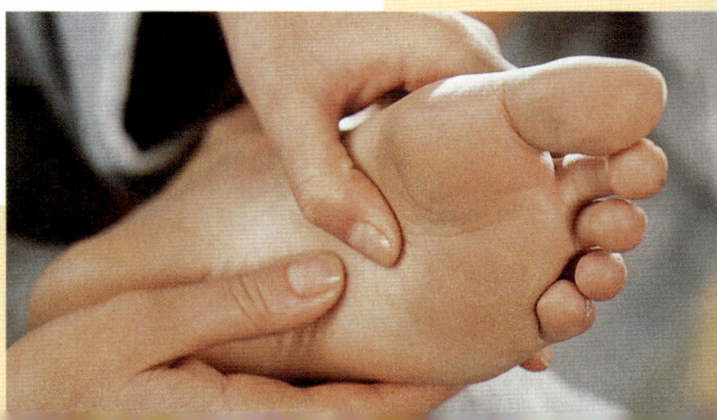

Vorwort

Beweg dich! Immer mehr Menschen erkennen endlich den engen Zusammenhang zwischen Bewegung, Gesundheit und Gut-drauf-Sein. Und wenn sie es nicht oder noch nicht selbst erleben – viele, sehr viele glauben jetzt immerhin, was sie da Gutes übers Laufen hören: dass Laufen für dramatische Veränderungen sorgen und das körperliche und seelische Wohlbefinden stabilisieren kann. Dass Laufen nicht nur fit und schlank, sondern auch frischer und lebenslustiger macht. Dass durch Laufen vieles leichter fällt. Und das Schönste daran: Laufen ist so einfach.

Fitness ist keine Frage der Jugend. Es lohnt sich in jedem Lebensalter, in die eigene Gesundheit zu investieren.

Lust am Laufen

Die Zeiten sind vorbei, als für Läuferinnen und Läufer so manche Trainingsrunde zu einer Art Spießrutenlaufen wurde, weil sich ein ums andere Mal Passanten als Witzbolde (»Und eins und zwei und eins und zwei«) versuchten. Und die Zeiten sind erst recht vorbei, als Läufer mitunter Verdächtigungen (»Oh, der hat wohl geklaut!«) auslösten oder Mitleid erregten (»Mhh, hoffentlich schafft der seine Bahn noch!«). Solche Witze stecken Läufer locker weg. Und außerdem: Wer lacht denn heute eigentlich noch über Läufer?

Längst laufen andere Filme ab, wenn die Leute ans Laufen denken: Freizeitspaß und Fettschmelze, Runner's High und Lustgewinn. Weil Laufen eine so simple Sache ist, wurde es so lange unterschätzt. Jetzt spricht sich herum, dass Laufen viel mehr ist als nur Muskelleistung.

Frust und Krankheit davonlaufen

Es stimmt, was einst Emil Zatopek so leichthin sagte: »Vogel fliegt, Fisch schwimmt, Mensch läuft.« Weil Mensch inzwischen aber viel zu viel sitzt, macht ihn das krank: Übergewicht, Rückenschmerzen, Depression. »Beweg

Immer auf dem Laufenden:
die Autoren Herbert Steffny (links)
und Ulrich Pramann (rechts).

dich!«, forderte die Zeitschrift »Stern«, raus aus dem Sessel, rein ins Vergnügen. Die Botschaft kommt inzwischen an. Der Titel mit der ultraknackigen Läuferin wurde übrigens das meistverkaufte Heft des Jahres.

So leicht läuft's

Laufen ist einfach? Stimmt. Aber Laufen ist nur dann einfach, wenn Sie wissen, wie es richtig geht. Es lohnt sich, die Spielregeln dieses Allroundsports genauer kennen zu lernen, denn:

- Sie gewinnen mehr Gesundheit und Gelassenheit, neue Stärke und Lebensqualität.
- Sie vermeiden unnötige Verletzungen.
- Gewusst wie – dann macht Laufen besonderen Spaß.

Viele Lauffachbücher strotzen vor schwer verdaulichem Fachwissen. Sie überfordern den Leser total, lassen ihn im Dickicht des Detailwissens allein. Das Besondere an diesem FIT FOR FUN-Laufbuch: Es bietet 1000 nützliche Tipps für Hobbyläufer und Profis. Einsteiger werden bei ihren Anfängen begleitet, bis sie routiniert sind und sogar einen Marathon angehen können. Aber auch weniger ehrgeizige Läufer finden fachkundigen Rat, um sich ein genau auf ihre Bedürfnisse und Möglichkeiten zugeschnittenes Trainingsprogramm zusammenzustellen.

Laufen ist leicht. Aber nur, wenn Sie wissen, wie es richtig geht. Dann macht Laufen doppelt Spaß, und Sie kommen unverletzt über die Runden.

Schließlich geht es den meisten Laufinteressierten um mehr Gesundheit, Lebensfreude und seelische Ausgeglichenheit. Damit das Vergnügen von Anfang an ungetrübt bleibt, erfahren Sie, worauf Sie bei der Ausrüstung achten müssen, wie Sie Verletzungen und Überanstrengung vermeiden und was Ihr Lauftraining sinnvoll ergänzt.

Stark im Team – Weltklasseläufer und Freizeitsportler

»FIT FOR FUN – Perfektes Lauftraining« ist ein kompetenter und dazu leicht verständlicher Ratgeber, weil sich die beiden Autoren aufs Beste ergänzen und sich bei ihrer Arbeit an diesem Buch gegenseitig beflügelt haben. Teamwork zahlt sich aus.

Der eine war viele Jahre lang Läufer der Weltklasse: Herbert Steffny. Seine Karriere: 13-mal Deutscher Meister (10 000 Meter, 25 Kilometer, Marathon, Berg- und Crosslauf), Marathonsieger in Pittsburgh, München, Frankfurt (dreimal), dritter Platz in New York (1984) und bei der Europameisterschaft (1986), mit 42 Jahren Sieger der Mastersklasse in Boston (1996).

Der andere machte und macht seine Lauferfahrungen wie Millionen von Freizeitsportlern: Ulrich Pramann, Redakteur, Reporter und Bestsellerautor; er war Chefredakteur und Herausgeber von FIT FOR FUN. Er weiß durchaus, was Anlaufschwierigkeiten und unausbleibliche Durchhänger beim Laufen sind.

»Durch Laufen kann ein Teil des gesundheitlichen Vorstrafenregisters schweißtriefend gelöscht werden.«
Prof. Gerhard Uhlenbruck

Professionelle Tipps – leicht serviert

Der eine geht die Themen gern grundsolide und mit wissenschaftlicher Akribie an – schließlich ist Herbert Steffny Diplombiologe. Er schrieb in diesem Buch die Trainingsprogramme und die Kapitel über Biologie des Laufens, Lauftraining, Marathon, Regeneration, Ernährung sowie über Frauen und Laufen. Außerdem erstellte er die Tabellen und Diagramme.

Der andere hat immer zum Ziel, es dem Leser möglichst leicht zu machen. Der Journalist Ulrich Pramann schrieb die übrigen Kapitel und brachte die Texte zum Laufen. Beide wissen, wo Hobbyläufern der Schuh drückt. Ulrich Pramann ist schließlich selbst einer von ihnen.

Herbert Steffny veranstaltet seit 1989 Walking- und Laufseminare. Er ist Marathoncoach (u. a. für Joschka Fischer) und Personaltrainer.

Pramann entdeckte vor 15 Jahren das Laufen für sich. Seither läuft er regelmäßig – und mit Ambitionen. Seine bisherige Bilanz: Teilnahme an elf Marathons; Bestzeit: 3 Stunden und 20 Minuten.

»Wenn du etwas willst, hole es dir. Warte nie darauf, dass es zu dir kommt.«
Heinrich Blümchen, (79), Marathonläufer

Aus der Laufpraxis geboren

Wie das manchmal so läuft: Vor zwölf Jahren sind sich Steffny und Pramann zum ersten Mal über den Weg gelaufen, das heißt nur fast. Der eine recherchierte damals für ein Buch (»Lust am Laufen«) zum Phänomen Marathon und erlebte in Frankfurt am Main den anderen als strahlenden Marathonsieger, im Ziel und später auch auf der Pressekonferenz. Beim zweiten Mal trafen sich beide im Fernsehstudio. Ulrich Pramann, damals Moderator der DSF-Talkshow »Offensiv«, lernte Steffny bei dieser Gelegenheit als wortgewaltigen Laufprofi kennen und hielt seither Kontakt.

Pramann besuchte eines der Steffny-Laufseminare im Südschwarzwald. Und beide reisten mit einer Marathongruppe nach Hawaii. Hobbyläufer Pramann quälte sich in Honolulu durch das Hitzerennen, Steffny gab professionelle Tipps, während er einfach locker nebenher trabte.

Bei einem Bier auf Hawaii entwickelten beide dann die Idee für dieses Laufbuch. Hier ist es. Viel Spaß mit diesem Buch – und natürlich noch mehr Spaß beim Laufen!

Ulrich Pramann/Herbert Steffny

Laufen – und alles LÄUFT BESSER

Zehn gute Gründe: Warum Laufen so gesund ist, das Lebensgefühl hebt und das seelische Gleichgewicht fördert.

Laufen hebt das Lebensgefühl

Plötzlich flimmerte es vor seinen Augen. Ihm wurde ganz heiß. Dann klappte er zusammen. Psychischer Erschöpfungszustand. Vor Überarbeitung. »Verdammt noch mal«, dachte Frank Elstner, »du wirst 30, hast geackert wie ein Idiot, hast überdreht, du musst deinem Leben jetzt irgendetwas geben, was dir die Angst nimmt, vielleicht für immer zusammenzukrachen.«

Laufen als Lebensrettung: Das, was sein Leben verändern sollte, ist simpel. Bewegungstraining. Auf Anraten seines Arztes begann Frank Elstner, damals Starsprecher und Manager bei Radio Luxemburg, zu laufen. Daran hält er sich bis heute. Er läuft, wo er gerade ist, mindestens viermal die Woche. Mindestens eine Stunde lang. »Da ich sehr gern laufe, auch oft zweimal eine Stunde.« Ein Pensum, das Elstner als Ehrgeiz eines Bekehrten betrachtet.

»In den ersten vier Wochen sollten Sie es ganz langsam angehen lassen. Die Vorstellung, dass Sie beim Laufen außer Atem kommen und schwer schwitzen müssen, ist nichts als ein Mythos.«
Grete Waitz, neunfache New-York-Marathon-Siegerin

Laufen als schiere Lust: »Du läufst mit rasantem Tempo, könntest aber noch leicht zulegen. Du tanzt auf deinen Zehenspitzen, deine Arme pumpen zusätzliche Kraft in deinen Körper; du fühlst dich, als würdest du schweben und so kraftvoll vorankommen wie eine Gazelle. Du läufst schnell und sehr kontrolliert – du fühlst dich unglaublich fit, und dieses Wohlgefühl verleiht dir zusätzlich Flügel.« Dieses Szenario stellt sich Grete Waitz vor, wenn sie trainiert, oder sie rät zu so einer Vision, wenn sie andere trainiert. Grete erlebte neunmal das totale Glücksgefühl, den New-York-Marathon zu gewinnen. Ihre Siege sind heute eine Nummer kleiner – aber Glücksgefühle bleiben Glücksgefühle. Und Millionen anderer sind inzwischen auch dabei, sich durchs Laufen solche Hochgefühle zu holen.

Laufen als Denkdoping: Beim Laufen ordnet beispielsweise jemand wie der Schriftsteller Günter Wallraff (»Ganz unten«) seine Gedanken. »Beim Laufen

bin ich frei, ungestört, da denke ich assoziativer, unkonventioneller, da kommen mir Einfälle, die mir am Schreibtisch nicht gekommen wären. Der Blick weitet sich, und manches, was man in einer gekrümmten Haltung am Schreibtisch gar nicht mehr rauslässt, kommt beim Laufen als neuer Anstoß, der einem nachher dann wieder weiterhilft.«

Laufen als Stressausgleich: der ehemalige US-Präsident Bill Clinton.

Der neue Laufboom

Laufen, diese uralte Sache, ist trendy. Die Zeiten sind endgültig vorbei, als Läufer wie exotisch-kauzige Gesundheitsapostel bestaunt oder als uraltmodische Trimm-dich-Typen mitleidig belächelt und gefoppt (»Hopp-hopp-hopp«) wurden. Joan Benoit-Samuelson, die erste Marathonolympiasiegerin (1984), berichtet heute anekdotisch, welch peinliche Gefühle einst in ihr hochkamen, wenn sie beim Lauftraining beispielsweise auf Autos traf: »Ich stoppte dann, bückte mich und tat so, als würde ich Blumen pflücken.«

Laufen boomt. Zum zweiten Mal. »Wir haben es heute mit einem anderen Typ Läufer zu tun als in den siebziger Jahren. Damals konnte man sich in der Laufszene nur profilieren, wenn man die Qualifikation zum Boston-Marathon geschafft hatte«, sagt der amerikanische Autor und Trainingsguru Jeff Galloway (»Runner's World«), einst Olympiateilnehmer. »Heute ist der Leistungsgedanke in den Hintergrund getreten; man ist stolz, wenn man das Ziel erreicht – bei einem Marathon oder nach einem Fünf-Kilometer-Lauf.«

Laufen boomt – zum zweiten Mal. Doch diesmal rennen die wenigsten hinter Spitzenleistungen her. Die meisten wollen heute nur ihre ganz persönlichen Ziele erreichen.

Es ist nie zu spät. Hierzulande verkörpert das gerade einer wie Joschka Fischer, der grüne Politiker, sehr eindrucksvoll. Der Erfolgreiche und seine Lebenskrise. Seine Zwischenbilanz: Mann jenseits der Lebensmitte. Von der Frau verlassen, auf Selbstzerstörungstrip. Er strampelte und strampelte in der Tretmühle des politischen Lebens. Er war kurzatmig und dick geworden. Nachts wurde er mit Herzschmerzen wach, hatte panische Angst. Da verordnete sich Joschka Fischer einen notwendigen Egotrip. Er kümmerte sich wieder um sich. Er fing wieder mit Laufen an. Er hält sich seither konsequent an sein Trainingsprogramm und lief mit Trainer Herbert Steffny 1998 mit 50 Jahren Marathon in 3:41 Stunden. Fischer: »Ich bin jetzt voll da, ich habe endlich wieder ein positives Körpergefühl.« Und 35 Kilogramm weniger.

Aus der Krise herauslaufen

Zu einer Leitfigur wurde in Amerika die füllige Oprah Winfrey, die als TV-Talkmasterin dick im Geschäft (Jahresgage: über 100 Millionen Dollar) ist. Als sie mal wieder über 100 Kilogramm auf die Waage brachte, begann sie mit regelmäßigem Lauftraining. Sie verlor über 30 Kilogramm und gewann die Hochachtung ihres Publikums, als sie sich sogar zu einem Marathon anmeldete. Und den dann auch durchstand (in 4 Stunden 29 Minuten). »Oprah did it, so can you«, titelte »Runner's World«. Auch das Magazin profitierte. Die Ausgabe mit Oprah lief besser als jede andere zuvor. Und Oprah erkannte: »Laufen ist die beste Metapher für unser Leben, weil du alles wieder herausbekommst, was du hineingibst.« »Laufen stabilisiert mich«, meint auch Bill Clinton, der ehemalige US-Präsident. »Es hilft mir, optimistischer durchs Leben zu gehen.«

»Besonderen Spaß machte mir Laufen, als bei mir die Feel-good-Phase einsetzte. Plötzlich entdeckst du: Huch, du kannst das Betäubungsmittelgesetz durch körpereigene Drogenausschüttung umgehen.«
Joschka Fischer, Politiker

Abstand von Problemen gewinnen

»Wenn nichts mehr läuft, dann lauf!« Weil Beate ihr kompliziertes Leben endlich in den Griff kriegen wollte, wagte sie einen ungewöhnlichen Schritt: Sie meldete sich zu einem Kurs im Deutschen Lauftherapiezentrum Bad Lippspringe an. Sie lernte dort langsamen Dauerlauf – und wie so der Lebensfluss wieder in Gang kommen kann. Beate hat ihre Erfahrungen aufgeschrieben.

»Wenn nichts mehr läuft, dann lauf!« Sich durch Laufen von der konfliktträchtigen Situation, von den Menschen, mit denen es Schwierigkeiten gibt, von der Arbeit, in der man festsitzt, zunächst einmal zu entfernen, bedeutet:

Zehn gute Gründe für das Laufen

1. Laufen ist gesund – und das wirkungsvollste Training für Ihr Herz-Kreislauf-System. Sie können schon in wenigen Monaten Ihren Fitnesszustand deutlich verbessern.

2. Laufen ist leicht. Sie können Ihren Stil schnell verbessern, um effektiver zu laufen. Und das ohne teure Ausrüstung!

3. Laufen ist jederzeit und überall möglich. Läufer sind unabhängig von Sportanlagen.

4. Laufen ist eine simple Methode, Stress abzubauen. Mit wenig Aufwand (schon 30 Minuten genügen) können Sie nach einem Arbeitstag viel für Ihre Entspannung tun.

5. Laufen ist die ideale Methode zur Gewichtskontrolle. Bei kaum einer anderen sportlichen Aktivität verbrennen Sie in derselben Zeit ähnlich viele Kalorien.

6. Laufen ist wie eine Medizin, die das Wohlbefinden, aber auch das Selbstbewusstsein und das Körpergefühl stärkt.

7. Laufen ist besser als jedes Schlafmittel. Sie werden auf natürliche Art bettschwer.

8. Laufen ist gut für die Lust. Regelmäßiges Laufen stärkt den sexuellen Appetit und die Liebesfähigkeit.

9. Laufen ist in jedem Lebensabschnitt möglich. Sie sind nie zu alt, um mit dem Laufen zu beginnen und regelmäßig zu trainieren.

10. Laufen ist der beste Fitnesssport, um sich biologisch jung und dynamisch zu halten. Wer regelmäßig läuft, kann sozusagen 20 Jahre lang 40 bleiben.

Abstand gewinnen. Meistens kehren wir von einem solchen Lauf viel gelöster und befreiter zurück. Ganz nebenbei tun wir unserem Körper viel Gutes. Bereits nach einem Lauf fühlt man sich merklich wohler.

Durch die körperliche Bewegung wird auch die geistige angeregt. Damit öffnen sich Möglichkeiten, Situationen, Menschen und Probleme aus einer neuen Perspektive zu sehen.

Laufen als Weg zur Selbstfindung

»Why do I run?« Warum laufe ich eigentlich? Mit professionellem Gespür rückte der Sportartikelhersteller Nike (»Just do it«) diese Frage aller Fragen in den Mittelpunkt einer Multimillionen-Anzeigenkampagne. Ja, warum laufe ich eigentlich? Es gibt 1000 Antworten:

- Weil ich zu mir finden will
- Weil der Weg das Ziel ist
- Weil nur ich selbst meinen Weg herausfinden kann
- Weil Laufen mir Power für den Tag gibt, ich mir meines Körpers wieder bewusster werde und ihn intensiver spüre
- Weil ich beim Laufen all meinen Gedanken und Gefühlen nachhängen kann
- Weil Laufen eigentlich überall möglich ist
- Weil ich als Läufer Mitglied eines großen Teams werde
- Weil ich weiß, wenn ich einen Kilometer in fünf Minuten schaffe, dann kann ich ihn auch in unter fünf Minuten laufen
- Weil Laufen meine Gesundheit fördert
- Weil ich dem natürlichen Alterungsprozess davonlaufen kann

»Laufen bedeutet für mich Geborgenheit. Kennen Sie dieses ›sch-sch-sch‹, wenn man mit voller Geschwindigkeit an Baumreihen entlangzischt? Das gibt mir viel Ruhe zurück. Dann bewege ich mich in einem natürlichen Tunnel, in dem mir keiner mehr was anhaben kann.«
Dieter Baumann, Olympiasieger

Laufen macht **rundum** fit

Laufen ist Willenssache und Willenstraining. Laufen beginnt im Kopf. Besonders zu Anfang ist die richtige Einstellung ganz wichtig.

- Denken Sie in einem größeren Zeitraum. Nicht der schnelle Erfolg ist entscheidend, sondern das, was Sie in drei Monaten erreichen wollen.
- Akzeptieren Sie, dass Sie nicht sofort Ihr Ziel erreichen und den Erfolg sehen, sondern Schritt für Schritt.

Laufen als Wohlfühltrip: Politiker Joschka Fischer und Autor Ulrich Pramann am Bonner Rheinufer.

- Zählen Sie anfangs beim Laufen nicht die geschafften Kilometer, sondern die Minuten.

Durch Laufen kräftigen Sie Ihren Körper. Aber nicht nur. Das Wohlgefühl verzinst sich auf wunderbare Weise. Für Ulrich Strunz, einen Kernphysiker und Internisten aus Roth, ist Laufen längst das Nonplusultra. In Motivationsseminaren beschwört er Laufen als den Kick des Lebens: »Jeder hat ein Kokainkästchen in sich. Machen Sie es auf. Laufen ist die Wunderpille, für die Menschen ein Vermögen zahlen würden, wenn es sie in der Apotheke zu kaufen gäbe.« Aber es stimmt ja auch: Was beim und durch das Laufen mit dem Körper passiert, hat enorm positive Auswirkungen auf Geist und Seele.

Warum Laufen so gesund ist

Laufen stärkt unser Herz-Kreislauf-System

Das Kernstück des Körpers ist die »Pumpe«, also das Herz. Es ist der Schlüssel zu Gesundheit und Fitness. Das Herz ist ein Muskel in der Mitte des Brustkorbs, der natürlich trainiert werden kann. Die Wirkungen von regelmäßigem Lauftraining:

- Das Herzvolumen nimmt zu.
- Der Ruhepuls sinkt.

Laufen beginnt im Kopf. Laufen Sie also mit Köpfchen. Nehmen Sie sich Zeit, verfolgen Sie ein langfristiges Ziel, Schritt für Schritt.

- Der Blutdruck sinkt.
- Das Herz kann ökonomischer arbeiten.
- Die Regeneration erfolgt rascher.
- Die Zahl der roten Blutkörperchen, die für den Sauerstofftransport verantwortlich sind, nimmt zu.
- Die Fähigkeit der Immunzellen, unerwünschte Eindringlinge zu bekämpfen, steigt deutlich an.
- Die Durchblutung wird verbessert.
- Die Gefäße gewinnen höhere Elastizität.
- Die Zahl fettverbrennender Enzyme wächst.
- Der Testosteronspiegel (männliches Geschlechtshormon) wird angehoben.

Durch regelmäßiges Laufen verringert sich der Ruhepuls um 20 Schläge pro Minute – eine beträchtliche Entlastung für das Herz. Der Herzmuskel muss täglich rund 30 000-mal, pro Jahr rund zehn Millionen Mal weniger arbeiten.

Dem Herzmuskel Arbeit ersparen

Das Herz, so groß wie eine Faust, wiegt bei Frauen im Durchschnitt 260 Gramm, bei Männern 60 Gramm mehr. Durchschnittlich schlägt das Herz in Ruhe 70- bis 80-mal in der Minute. Machen wir eine Rechnung auf. Nehmen wir an, Ihr Herz schlägt 75-mal pro Minute. Das wären 4500-mal pro Stunde, über 100 000-mal am Tag. Also 40 Millionen Mal im Jahr – wenn Sie sich nicht körperlich belasten. In 70 Lebensjahren muss das Herz folglich mindestens drei Milliarden Pumpvorgänge leisten.

Durch regelmäßiges Lauftraining verringert sich der Ruhepuls um etwa 20 auf nur 55 Schläge pro Minute. Das bedeutet: Das Herz spart sich rund 30 000 Schläge, Tag für Tag. Das wären im Jahr rund zehn Millionen weniger.

Also: Man könnte das ausdauertrainierte Sportlerherz durchaus als starken Motor mit großem Hubraum sehen. Das Herz eines Untrainierten wäre vergleichbar mit einem schwachen Motor und kleinem Hubraum. Klar, der schwächere Motor kann die gleiche PS-Zahl nur bringen, wenn er seine Drehzahl erheblich erhöht. Größerer Verschleiß und kürzere Lebensdauer sind die Folge.

Laufen stärkt den Muskelapparat

Ein trainierter Körper produziert, im Vergleich zu einem untrainierten, mehr Blut. Bis zu zwei Liter nimmt die Blutmenge durch regelmäßiges Training zu. Mehr Blut bedeutet eine bessere Versorgung des Organismus mit Sauerstoff. Darüber hinaus bildet der trainierte Körper mehr Kapillaren, die schließlich den Muskeln das Blut zuführen. Die Durchblutung verbessert sich auf diese Weise um bis zu 40 Prozent. Die Folge: Wenn mehr Sauerstoff und Energie in die Muskelfasern gelangen, hat das eine Reihe von sehr günstigen Konsequenzen:

- Der Durchmesser der langsam zuckenden Muskelfasern, die für die Ausdauerleistung zuständig sind, nimmt zu.
- Die Zahl der Zellkraftwerke (Mitochondrien) und auch der Enzyme, die jeweils für die Sauerstoffverwertung zuständig sind, vergrößert sich.
- Die Speicherkapazität für Sauerstoff (Myoglobin) und Kohlenhydrate (Glykogen) steigt an.

Kraftwerk: Beim Laufen sind rund 70 Prozent der Muskulatur im Einsatz.

Laufen lässt die Pfunde purzeln

Wer Gewicht verlieren will, muss Muskeln aufbauen. Leider ist es eine teils natürliche, teils verhaltensbedingte Begleiterscheinung des Älterwerdens, dass sich auch Muskelmasse abbaut. Dieser Prozess setzt spätestens in einem Alter ab Mitte 30 ein. Wie viele Kalorien Sie durch Muskelarbeit verbrennen, hängt von Ihrem Stoffwechsel (Metabolismus) ab. Der ist teilweise natürlich genetisch bedingt.

Vor allem aber stimuliert Bewegung den Stoffwechsel. Beim Training ist der Stoffwechsel höher, Kalorien verbrennen dadurch schneller. Hinzu kommt, was amerikanische Wissenschaftler »Afterburn« nennen – eine Nachbrennphase. Noch Stunden nach intensivem Training bleibt der Stoffwechsel angeregt, und der Grundumsatz an Kalorien ist sehr deutlich erhöht.

Simple Formel fürs Abnehmen durch Laufen: Sie verbrennen pro Kilometer so viele Kilokalorien, wie Sie in Kilogramm wiegen.

Pulskontrolle: Für effektives Training ist ein Herzfrequenzmesser empfehlenswert – besonders für Laufeinsteiger.

Langsam laufen verheizt mehr Fett

Der Anteil der Fettverbrennung ist bei langsamem Lauftempo am höchsten. Je höher Ihr Lauftempo, umso mehr werden Kohlenhydrate verbrannt. Sie nehmen nennenswert durch Laufen ab, wenn Sie in den Fettstoffwechsel kommen. Das bedeutet: Langsames, aber langes Laufen rückt den Fettpolstern auf die Pelle. Es gilt eine simple Regel: Ihr Kalorienverbrauch pro Kilometer ist (in Zahlen) so groß wie Ihr Körpergewicht. Wenn Sie also 70 Kilogramm wiegen, verbrennen Sie bei einem Zehn-Kilometer-Lauf 700 Kilokalorien.

Deutlich abnehmen können Sie, wenn Sie Ihr Trainingspensum auf eineinhalb bis zwei Stunden verlängern. Da werden die Kohlenhydratvorräte entleert und schließlich auch die Fettspeicher stark angegriffen.

Allerdings: Lange Distanzen setzen längere Lauferfahrung und einen guten Trainingszustand voraus.

Laufen verbessert die Denkfähigkeit

Wenn wir unseren Körper belasten, nimmt die Blutzufuhr – und damit auch die Sauerstoffzufuhr – im Gehirn um bis zu 25 Prozent zu. Das ist eine wissenschaftliche Tatsache. Wie positiv sich das auswirkt, wissen Läufer. Sie sind

wacher, aufnahmefähiger. Sie haben einen klareren Kopf. Teilweise liegt das sicher auch am rhythmischen Gleichmaß der Bewegungen und am Ungestörtsein. Fest steht: Während eines Trainingslaufs lässt es sich besser denken. Laufen verbessert noch im Alter Gedächtnis, Lernvermögen und Kreativität, weil bei moderatem Laufen neben der besseren Sauerstoffversorgung auch der Anteil des Stimmungshormons Serotonin im Gehirn steigt.

Laufen stabilisiert das Immunsystem

Wenn der Stoffwechsel intakt ist, weiß sich der Körper besser zu wehren und ist weniger anfällig für Infektionskrankheiten. Laufen ist ein idealer Schutz gegen Erkältungen. Sie müssen allerdings die richtige Dosis finden. Mäßiges und ruhiges Ausdauertraining stimuliert nachweislich die Immunabwehr, zu viel Training kann die Abwehrkräfte schwächen.

Ab 95 Trainingskilometer pro Woche, das zeigen Untersuchungen, steigt die winterliche Anfälligkeit für Erkältungen sprunghaft. Was neben moderater Bewegung sonst noch Ihre Abwehrkräfte stärkt, sind eine ausgeglichene Ernährung und ausreichend Schlaf. Außerdem sollten Sie Stress vermindern und Übertraining vermeiden.

Klarer Kopf beim Laufen: Mehr Sauerstoffzufuhr, das Ungestörtsein und ein Gleichmaß der Bewegungen sorgen für bessere Konzentrationsfähigkeit und meditative Stimmung.

Laufen verbessert den Schlaf

Acht, neun, zehn Stunden am Schreibtisch oder gar vor dem Computer, konzentriert, diszipliniert – da verkrampfen und verspannen Körper und Seele. Durchs Laufen lassen sich solche Spannungen lösen. Warum, ist leicht zu erklären. Es findet eine körperliche Regulation über den Stoffwechsel statt: bessere Durchblutung, mehr Sauerstoff im System. Während des Arbeitstags im Büro werden Gehirn und Nerven einseitig gefordert. Sportliche Betätigung sorgt für Balance. Dadurch werden Stresshormone abgebaut. Man wird ruhiger. Die natürliche Reaktion des Körpers nach einer Anstrengung: Er will sich erholen – gesunde Müdigkeit stellt sich ein. Allerdings beginnt diese wohltuende Wirkung besonders nach der neunten Woche (bei dreimal 20 bis 30 Minuten Lauftraining). Nach 18 Wochen ist der Erfolg dann richtig spürbar.

Noch eine Einschränkung: Nicht mehr spät abends powern, wenn der Körper gemäß seiner biologischen Uhr hormonell bereits aufs Zubettgehen eingestellt ist. Dann könnte das Einschlafen schwer fallen. Die optimale Zeit fürs Training ist bis ca. 19 Uhr.

Laufen steigert den sexuellen Appetit

»Wer lang läuft, kann auch länger.« Wirklich? Seriöse Studien haben erwiesen, was eigene Erfahrungen vermuten ließen: Es existiert ein enger Zusammenhang zwischen Freizeitsport und sexuellem Verlangen. Teilnehmer eines Laufprogramms hatten zwölfmal pro Monat Lust auf Sex. Vor Trainingsbeginn waren es im Schnitt nur siebenmal. Die Gründe:

- Erhöhte Stoffwechseltätigkeit
- Mehr Ausdauer
- Bessere Regeneration
- Mehr Körpergefühl, knackigere Formen
- Mehr Selbstsicherheit

Unterschätzen Sie nicht die psychologischen Aspekte von besserer Fitness – Sie fühlen sich sexy. Garantiert!

Laufen ist gut für das seelische Gleichgewicht

Prof. Dr. Alexander Weber (Universität/Gesamthochschule Paderborn) ermittelte die Motivation von Joggern. Unter Volksläufern verteilte er Fragebogen. Er wollte mit seiner Umfrage vor allem die psychischen Wirkungen des Laufens feststellen. Mit Abstand an der Spitze steht das Motiv »Seelisches Gleichgewicht«.

Die Lebensfreude steigt, ebenso das Selbstwertgefühl. Gleichzeitig klingen Angst- und Depressionszustände ab. Die meisten Läufer fühlen sich nach dem

Laufen froh und ausgeglichen, entspannt – einfach unglaublich wohl. Frauen sogar noch deutlicher als Männer. Einen Effekt umschrieb Prof. Dr. Weber mit dem Wort »Vitalisierung«. Damit ist ein ausgeprägtes Lustgefühl gemeint. In vielen Protokollen fand sich der Hinweis auf »verstärkte Libido«. Das gilt allerdings nur für normale Läufer. Bei Intensivläufern, also solchen Freaks, die wöchentlich 100 Kilometer und mehr abspulen, so Weber, »kippt das um«. Da läuft dann nicht mehr viel.

> Laufsucht ist harmlos. Schließlich schädigt man weder sich selbst noch andere. Nur ganz wenige werden krank, gelegentlich süchtig, weil sie zu viel laufen. Sehr viele dagegen werden krank, weil sie nicht laufen.

Runner's High – was ist das eigentlich?

Manchmal glaubst du glatt, gleich hebst du ab. So leicht läuft es sich, so mühelos, so selbstverständlich. Du fühlst dich stark, elastisch, leicht und frisch. Du müsstest eigentlich müde sein, du warst den ganzen Tag auf den Beinen. Aber du spürst sie nicht, auch nach einer knappen Stunde noch nicht. Du bist wie berauscht von deinem Lauf. Du erlebst gerade das phänomenale Gefühl namens Runner's High.

- Für den Laufrausch sind Endorphine verantwortlich, die der Mensch im eigenen Körper produziert. Biochemisch betrachtet haben Endorphine verblüffende Ähnlichkeit mit dem Rauschstoff Morphin (griech. endo = innerlich). Die Substanz befreit in kleinster Dosis von Schmerzen und erzeugt eine Art Glückszustand.
- Der Körper produziert Endorphin nur in extremen Situationen, z. B. beim Bungeespringen oder Extrembergsteigen. Der Endorphinspiegel erhöht sich übrigens auch bei Frauen, die gerade ein Kind zur Welt bringen – auf natürliche Weise schützt sich der Organismus damit vor Stress und Angst bei einer Entbindung.
- Beim Laufen werden Endorphine nur unter gewissen Umständen freigesetzt: bei langen Läufen (nach etwa einer Stunde) in langsamem Tempo sowie bei kurzen, aber sehr intensiven Läufen.

Die optimale Lauf-AUSRÜSTUNG

Laufen ist ein sehr preiswerter Fitnesssport. Worauf es besonders bei Laufschuhen ankommt und wie Sie das richtige Drunter und Drüber finden.

Das Wichtigste – die Laufschuhe

Das ist das Schöne beim Laufen: Da sind keine teuren Trainerstunden nötig wie beispielsweise beim Skilaufen, Reiten, Tennis oder Golf; es kostet keine Platzmiete oder viel Geld für die Ausrüstung. Laufschuhe, Shirt, Hose (Tights), Socken, eventuell Regenjacke, Handschuhe, Mütze oder Stirnband – mehr ist im Prinzip nicht nötig. Laufen ist also für jeden erschwinglich – die eine erfreuliche Seite. Die andere: Laufen kann man bei jedem Wetter und zu jeder Jahreszeit – wenn man sich richtig anzieht. Die Hersteller haben sich erstaunlich gut auf die Bedürfnisse der Läufer eingestellt.

Der Asphalt ist kein Laufsteg, und die Füße sind sensible Leistungsträger. Deshalb bloß nicht an den Laufschuhen sparen – sie sind der wichtigste Teil der Ausrüstung.

Bei den Schuhen fällt das besonders auf. Das sind heute Hightechprodukte. Vor einer Generation gab es nichts weiter als den simplen Turnschuh. Von wegen spezieller Zuschnitt für Asphalt oder Waldwege, für Leichtgewichte, Kilometerfresser oder schwere Brocken, für Berglauf, Training oder Wettkampf. Wer einen schmalen Fuß hatte, kaufte zumeist »adidas«, wer einen breiteren Fuß hatte, griff zu »Puma«. Freaks schworen auf »Brütting«. Mehr Auswahl gab es damals nicht. Man sprach nicht vom Laufschuh, sondern vom Turnschuh fürs Laufen. Mit den Schlappen turnte man auch noch, spielte Tennis oder Fußball – und hatte kaum eine Ahnung, welcher Belastung die Füße dadurch ausgesetzt waren.

Sie müssen mehr Schwerstarbeit leisten und mehr aushalten als jeder andere Körperteil. Aber sie werden von manchen immer noch stiefmütterlich behandelt – die Füße. Dabei sind sie sensible Leistungsträger, insbesondere beim Laufen. Deshalb verdienen Laufschuhe bei der Anschaffung mehr Beachtung als nur eine Fußnote. Der Schuh ist der wichtigste Teil der Ausrüstung. Er soll den Fuß führen und stützen, das Abrollen unterstützen, die Bewe-

Modellwechsel: Wer auf der sicheren Seite laufen will, sollte sich zwei bis drei unterschiedliche Laufschuhmodelle anschaffen.

gungen stabilisieren und kontrollieren, den Aufprall des Körpers dämpfen. Wie wichtig das ist, zeigen ein paar Zahlen. Schon bei einem Zehn-Kilometer-Lauf setzen die Füße rund 6500-mal mit dem zwei- bis dreifachen Körpergewicht auf. Die Belastung summiert sich auf 500 bis 750 Tonnen, die abgefedert werden müssen. Da kann eine falsche Schuhwahl fatale Folgen für die Gelenke und Achillessehnen haben. Gutes Material ist die beste Investition, um Verletzungen vorzubeugen. Ausschlaggebend für die Wahl des Schuhs sind Körpergewicht und Fußtyp.

- Wer normale Füße hat (ein Fußabdruck z. B. auf feuchtem Fußboden zeigt Vor-, Mittel- und Rückfußbereich), sollte Laufschuhe mit leicht gebogenem Leisten kaufen, die Stabilität bieten.
- Wer groß, kräftig oder übergewichtig ist, sollte ebenfalls besonders auf Stabilität achten.
- Wer einen so genannten Knickfuß nach innen (Überpronation) hat, sollte einen festen Schuh mit geradem Leisten, Überpronationsstütze, stabiler Fersenkappe und gut modelliertem, festem Schuhbett wählen.
- Wer »über außen läuft« (Supination bzw. Unterpronation), sollte auf Schuhe mit einer härteren Zwischensohle im vorderen und äußeren Bereich und stabiles Obermaterial achten.

Tipp für den Einkauf: Bringen Sie ein älteres Paar Laufschuhe mit. Versierte Verkäufer erkennen auf Anhieb, welcher Läufertyp Sie sind und was genau für Sie passt.

- Wer extreme Fehlstellungen der Füße hat, sollte sich beim Orthopäden fachgerecht über Einlagen beraten lassen.

Bringen Sie zum Einkauf ein älteres Paar Laufschuhe mit. Ein versierter Verkäufer kann am Abrieb der Sohlen erkennen, welcher Läufertyp Sie sind.

Worauf es beim Laufschuhkauf ankommt

- Überlegen Sie, welche Anforderungen Sie an die Schuhe stellen. Für Waldläufer zählen besonders Stabilität und griffiges Profil, Straßenläufer brauchen festere, gut gedämpfte Modelle, Wettkämpfer zusätzlich auch leichtere Treter.
- Die beste Einkaufszeit ist abends. Noch besser wäre: nach dem Training. Weil nach einer Belastung die Füße leicht geschwollen sind, kaufen Sie dann nicht zu eng und nicht zu klein.
- Einen guten Verkäufer erkennen Sie auch daran, dass er nicht bei einer Marke hängen bleibt. Er berät, nachdem er Ihr Gewicht, eventuelle Beschwerden, Lauftempo, -häufigkeit und -umfang kennt.
- Probieren Sie verschiedene Modelle. Es reicht nicht, bloß ein bisschen im Laden zu trippeln. Shops mit Laufband bzw. Laufanalysegerät helfen, optimales Material zu finden.
- Achten Sie auf die Passform. Es gibt Modelle mit schmalem (»Ladies Version«) und breitem Leisten. Der Leisten muss auf Ihren Fuß abgestimmt sein, die Zehen eine Daumenbreite Platz haben (beim Abstoßen rutschen Sie etwas nach vorn). Bei der Anprobe sollten Sie Ihre üblichen Laufsocken anziehen.
- Lassen Sie sich nicht vom Preis oder Styling leiten. Die teuersten oder leichtesten Schuhe oder die von einem Spitzenläufer sind nicht automatisch auch für Sie optimal. Wichtig sind auch Reflektoren.
- Laufschuhtests, die in Spezialmagazinen veröffentlicht werden, können eine Kaufhilfe sein. Aber man sollte die Testergebnisse nicht überbewerten.

Erfahrene Läufer wissen: Wenn ich meine Laufschuhe richtig pflege, pflegen meine Schuhe mich.

Kleines Laufschuh-Abc

Air Dämpfungssystem, bei dem Luft im Vorfuß- und Fersenbereich der Zwischensohle eingelagert ist

EVA Ethylenvinylazetat, leichter Kunststoff mit besonderen Dämpfungseigenschaften

Fersenkappe Stützteil, meist aus Kunststoff oder Leder, das in den hinteren Teil des Schuhs eingearbeitet ist

Fußrahmen Zusatzteil auf der Zwischensohle, die das Überrollen des Fußes verhindern und zusätzlich Halt geben soll

Härtegrad Festigkeit der Zwischensohle

Innenrotation Abnorme Einwärtsdrehung von Fuß und Bein(»über den großen Onkel«)

Lateral Außenrand des Schuhs

Leisten Form, über der ein Schuh gearbeitet wird, beim geraden Leisten wird die Fußinnenseite besser gestützt als beim gebogenen

Medialbereich Innenseite des Fußes

PU Polyurethan; synthetisches Gummi, das häufig für die Zwischensohle verwendet wird; sorgt im hinteren Fußbereich für Festigkeit

Torsionssystem System zur Bewegungskontrolle; die Torsionskerbe soll anatomisch korrekte Verdrehung des vorderen Schuhteils unabhängig vom Rückfuß ermöglichen

Oberteil Schuhteil über der Zwischensohle

Pronation Einknicken des Fußes nach innen bei jedem Laufschritt; leichtes Pronieren ist physiologisch normal

Überpronation Der Fuß knickt beim Laufen übermäßig stark nach innen; hier sollte die Wahl der Schuhe (gerader Leisten, verstärkte Mittelsohle) für Ausgleich sorgen

Unterpronation (auch Supination) Wenn der äußere Fußrand beim Laufen besonders belastet wird; beim Abdrücken kippt der Fuß nach außen; an im Vor- und Mittelfußbereich außen abgelaufenen Sohlen zu erkennen

Zwischensohle Wichtige Polsterlage zwischen Schuhoberteil und Außensohle

Das Beste für die Füße: Im Ratgeber »Runner's Basics« von Ulrich Pramann (Südwest Verlag, 10,95 Euro) werden alle fundamentalen Fragen zum Thema »Laufschuhkauf« beantwortet.

Wie Sie Laufschuhe pflegen sollten

Häufig werden sie nach Gebrauch schmutzig in die Ecke gepfeffert, nass in den Keller verbannt, und manchmal braten sie sogar auf der Konsole hinten im Auto. Hitze und Nässe beschleunigen den Verschleiß, vor allem den der Zwischensohle, ohne dass es merklich auffällt. Erfahrene Läufer wissen aber: Wenn ich meine Schuhe pflege, pflegen meine Schuhe mich.

- Sie können Laufschuhe waschen. Möglichst von Hand, mit weicher Bürste, milder Seife, kaltem Wasser. Danach an der frischen Luft trocknen lassen. Mit Zeitungspapier ausstopfen.
- Waschmaschine bei höchstens bei 30 °C. Aber: Das Obermaterial leidet.
- Einlegesohlen vorher herausnehmen und separat reinigen.
- Schuhe und Einlagen weder in der Sonne noch im Wäschetrockner trocknen lassen. Zwischensohle und Einlagen könnten schrumpfen.
- Nicht mit den Schuhen laufen, ehe sie richtig trocken sind. Das Obermaterial kann sonst überstrapaziert werden.
- Nie mit Laufschuhen Fußball spielen.

Nicht ein Schuh für alle Fälle

Sie sollten sich unterschiedliche Modelle zulegen, mit denen Sie abwechselnd laufen. Wenn die Schuhe zwischen den Läufen austrocknen können, erhöht das nicht nur die Lebensdauer der Schuhe. Auch Ihre Bandscheiben, Ihre Gelenke und Ihre Sehnen werden nicht immer gleich belastet, jeder Schuh hat seine eigene Charakteristik. Mit mehreren Modellen können Sie außerdem Ihr Training besser abstimmen:

- Schuhe mit griffigem Profil und robustem Obermaterial für schweres Gelände wie Waldboden, nasses Gras oder Schnee
- Schuhe mit guter Dämpfung (weiche Zwischensohle) für Asphalt
- Leichtere Schuhe für schnelle Trainingseinheiten oder Wettkampf

Wie weit die Schuhe tragen

Ein guter Trainingsschuh sollte mindestens 1200 Kilometer halten. Aber schon nach 500 Kilometer kann bis zu einem Drittel der Dämpfungseigenschaften dahin sein. Die Haltbarkeit hängt vor allem von Ihrem Gewicht, Ihrem Laufstil und dem Untergrund ab, auf dem Sie laufen. Schwachpunkt jedes Laufschuhs ist die Zwischensohle. Verschleiß sieht man kaum; selbst beim Laufen bemerkt man ihn schwer. Daher empfiehlt sich eine Video-Laufbandanalyse. Zur Begutachtung können Sie Ihre Laufschuhe auch mal auf eine ebene Fläche stellen. Wenn die Sohle sichtlich schief abgelaufen oder die Zwischensohle schon arg zusammengepresst wirkt, sollten Sie dieses Paar ausrangieren.

Des Läufers **beste** Kleider

Zu kalt, zu heiß, zu windig, zu regnerisch? Solche Einwände gelten nicht – nicht mehr. Längst gibt es beim Lauftraining kein schlechtes Wetter mehr. Inzwischen haben die Sportartikelhersteller Funktionelles für alle Fälle entwickelt: Bekleidung, die bei Kälte hilft, die Körperwärme zu speichern, und bei Hitze den Schweiß rasch abtransportiert. Folgendes sollten Sie beachten:

- Atmungsaktive, strapazierfähige, pflegeleichte Textilien wählen
- Laufbekleidung tragen, in der Sie sich wohl fühlen; besonders unter den Achseln und in der Leiste sollte nichts zu eng sein
- Auf Straßen helle Kleidung tragen (bei Dunkelheit evtl. Leuchtweste)
- Bei kühleren Temperaturen das Zwiebelprinzip beherzigen: auf der Haut Textilien aus schweißableitenden Kunstfasern, darüber eine weitere dünne Schicht Kunstfasern und eine atmungsaktive Jacke
- Nasse Kleidung sofort nach dem Laufen ausziehen.

Vorsprung durch Fortschritt: Die moderne Generation funktioneller Laufbekleidung wirkt wie eine Klimaanlage: Sie schützt sowohl vor Überhitzung als auch vor Unterkühlung.

Das richtige Drunter und Drüber

Baumwolle oder Kunstfaser?

Der Organismus arbeitet am besten bei einer Betriebstemperatur von 37 °C. Abweichungen von mehr als 3 °C nach oben oder unten können lebensgefährlich werden: Es drohen Überhitzung oder Unterkühlung. Beim Sport steht die Maschine Mensch unter Volldampf, und die überschüssige Wärme muss schnell nach außen abgegeben werden, damit der Motor nicht heißläuft. Das Schwitzen hat in diesem Zusammenhang eine lebensnotwendige Funktion: Der Schweiß verdunstet auf der Haut und erzeugt Verdunstungskälte, die den Körper abkühlt. Aber der Schweiß muss erst an die Oberfläche, an die Luft gebracht werden.

Kunstfasern geben die Feuchtigkeit schneller nach außen. Der Wärmeaustausch funktioniert besser – der Körper bleibt nahezu trocken.

Damit die Kleidung den Wasserdampf nach außen transportieren kann, dürfen die Textilien keine Feuchtigkeit aufnehmen. Darin sind die neu entwickelten hautfreundlichen Kunstfasern den Naturstoffen inzwischen weit überlegen. Anhänger von Naturfasern werden unfreiwillig zu »Wasserträgern«, denn Baumwolle saugt sich voll wie ein Schwamm: Die Fasern quellen auf und werden undurchlässig. Vor allem im Winter sollten Sie darauf achten, sich warm anzuziehen. Bereits bei Temperaturen von knapp über 5 °C empfiehlt es sich – gerade bei Wind –, mehrere Schichten miteinander zu kombinieren. Denn ohne Unterwäsche, die den Schweiß aufsaugt und ihn weitergibt, kühlt der Körper schnell aus. Wichtig ist besonders die Wasser abweisende Außenschicht bei Regen oder Schneefall.

Socken – bitte rutsch- und scheuerfrei

»Willst du keine Blasen haben, musst du zwei Paar Socken tragen.« Dieses alte Läuferprinzip hat sich durch die Entwicklung neuer Sportsockengenerationen überlebt. Einst waren Laufsocken aus 100 Prozent Baumwolle gängig. Der

Winterfest: Mit der richtigen Funktionskleidung ist Laufen bei fast jeder Witterung möglich – sogar noch bei minus 10 °C.

Nachteil: Der Schweiß verdunstet nur schwer. Folge bei kühler Witterung: kalte Füße. Standard heute: Socken aus Kunstfasern (Tactel, Lykra, Coolmax, Gore-Tex) oder Baumwolle-Kunstfaser-Gemisch. Vorteil: Sie geben die Feuchtigkeit schneller nach außen, der Wärmeaustausch funktioniert besser – der Fuß bleibt nahezu trocken.

Besonders wichtig bei Laufsocken sind eine gute Passform und hoher Tragekomfort. Über den Zehen darf keine Naht sein. Wenn Socken scheuern, rutschen oder Falten werfen, kann das zu üblen Blasen an Zehen und Füßen führen.

Shirts sollten atmungsaktiv sein

Nichts gegen das klassische T-Shirt. Aber: Baumwolle ist ein Nässespeicher. In einem T-Shirt wird bis zu 20-mal mehr Schweiß gespeichert als in einem modernen Laufhemd oder Netztrikot aus synthetischen Fasern (Coolmax, Dry II, BiOMesh). Die großzügig geschnittenen Hemden sind ideal im Hochsommer, da klebt nichts am Körper. Ganz neue Maßstäbe hat die Mikrofaser gesetzt. Sie ist dreimal dünner und leichter als Seide und Tausende von mikrofeinen Luftkammern sorgen für Isolation. Der Schweiß wird vom Körper direkt abgeleitet.

Klassische T-Shirts sind Nässespeicher. Hemden aus Mikrofasern laufen ihnen den Rang ab. Sie sind leichter als Seide und saugen sich nicht mit Schweiß voll.

Chic und funktional – Shorts & Tights

Auch die kurzen Laufhosen sollten aus Kunstfasern sein. Sie sind leichter, auch pflegeleichter, und glatter als Shorts aus Baumwolle – da kann nichts wund scheuern. Praktisch, wenn ein Innenslip (möglichst mit einem Täschchen für Schlüssel oder Kleingeld) eingearbeitet ist. Bei kühlerem Wetter bewähren sich bestens so genannte Tights, also eng anliegende Hosen (kurze oder lange) aus leichtem Kunststoff (z. B. Nylon-Lycra, Dry II, Nordic). Vorteil: Sie sind sehr elastisch – wie eine zweite Haut –, halten prima warm und ermöglichen optimale Bewegungsfreiheit. Und sie saugen sich nicht voll – wie traditionelle Trainingshosen aus Baumwolle.

Bei Kälte sind Kopfbedeckung und Handschuhe extrem wichtig, weil ein Großteil der Körperwärme über die Extremitäten verloren geht.

Laufkleidung für Wind und Wetter

Der gute alte Trainingsanzug hat heute fast völlig ausgedient – es gibt Besseres. Vor allem, wenn es regnet, nebelt, stürmt oder schneit. Für die Übergangszeit eignen sich Kombinationen wie Tights und leichte Windjacken. Für Mistwetter lohnt die nicht ganz billige Anschaffung einer winterfesten, eng anliegenden Jacke (sie darf die Armarbeit nicht behindern), die aus drei Lagen besteht: Innenfutter, Folienmembran, Außenhaut.

Die Eigenschaften einer solchen Jacke: wind- und wasserdicht, zugleich atmungsaktiv. Die Folge: kein Saunaeffekt mehr. Und selbst die Bewegungsfreiheit leidet nicht. Wenn Sie bei Kälte zudem noch schnell trocknende Coolmax- oder Dry-II-Unterwäsche tragen, können Ihnen weder Schnee noch Regen etwas anhaben. Und denken Sie immer daran: Beim Laufen macht auch die Bewegung warm.

Stirnband und Mütze

Verblüffend: Rund 40 Prozent der Körperwärme kann man über Kopf und Hals verlieren. In der kalten Jahreszeit sollte eine Mütze vor unnötigem Wärmeverlust schützen. Manche haben mit Mützen einfach nichts am Hut. Empfehlenswerte Alternative: ein Stirnband. Kein attraktives, aber immerhin ein nützliches Utensil. Denn das Stirnband

- Verhindert, dass Schweiß in die Augen läuft
- Wärmt an kalten Tagen die Stirn und schützt vor Zugluft
- Kühlt an heißen Tagen, wenn man es vor dem Laufen anfeuchtet

Handschuhe

Dünne Baumwollhandschuhe sind nicht nur zur Winterszeit zu empfehlen, sondern auch in den Übergangszeiten, also in Spätherbst und Vorfrühling. Handschuhe aus Baumwolle oder Wolle sind übrigens für die Temperaturregulation besser geeignet als Lederhandschuhe, denn sie halten Körperwärme zurück, die sonst verloren ginge. Besonders in den ersten Minuten Ihres Trainingslaufs macht sich das auf angenehme Weise bemerkbar – Sie frösteln weniger.

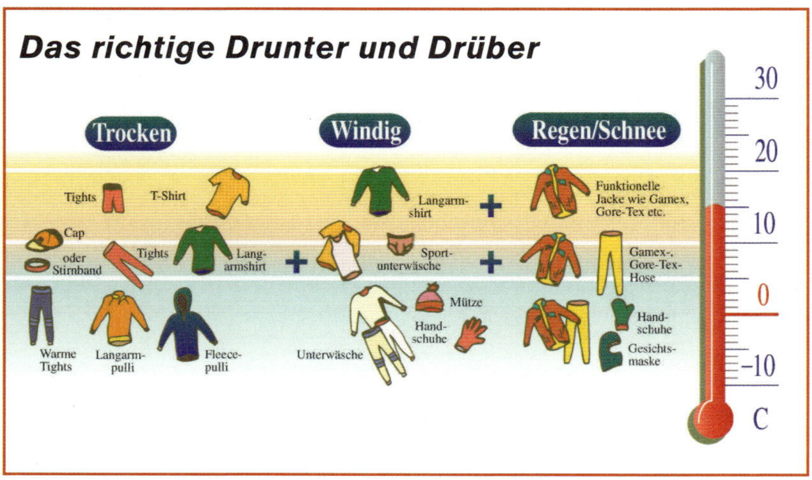

Wichtig bei Wind: Lange Ärmel schützen vor Auskühlen. Stirnband, Mütze und Gesichtsmaske sind bei kaltem Wetter ratsam – sie bewahren vor Stirnhöhlenentzündungen und Ohrensausen. Grafik aus Fit For Fun 10/1996

Wie leicht Sie laufen LERNEN

Schritt für Schritt in Schwung: Wie Sie Anlaufschwierigkeiten überwinden und problemlos über die Runden kommen.

Schritt **für Schritt** in Schwung

Laufen ist leicht? Das sagt sich so leicht. Aber es stimmt: Wenn es erst einmal läuft, ist Laufen wirklich ganz einfach. Leider stimmt auch folgende Binsenweisheit: Aller Anfang ist schwer.

»Laufen kann jeder, wenn er nur will. Ein paar Laufschuhe, ein bisschen Liebe zu dir selbst, ein paar Freunde und die innere Ruhe, es zu machen – mehr brauchst du nicht.«
Uta Pippig, Weltklasse-Marathonläuferin

Wenn Sie Laufanfänger sind oder längere Zeit mit dem Lauftraining ausgesetzt haben, sollten Sie sich zunächst auf eine kleine Durststrecke einstellen, mehr oder weniger mühselige Trainingstage, ehe Sie erste Erfolge sehen. Erst nach zwei, drei Monaten fällt das Laufen leichter, ja sogar leicht – und macht richtig Spaß.

Es ist ganz normal, wenn Sie sich anfangs marode fühlen. Die Gelenke sind steif, die Oberschenkel, die Waden, das Herz, die Lunge sind einfach noch nicht an diese neue Bewegung und Belastung gewöhnt. Vielleicht hat es ja 20 Jahre gedauert, allmählich die Kondition zu verlieren. Da können Sie eigentlich nicht erwarten, dass Sie in 20 Tagen Ihre Kondition wieder aufbauen. Also: Zu Beginn ist Geduld gefragt. Sie müssen einfach akzeptieren, dass es seine Zeit braucht, bis sich Ihr Organismus an die neuen Anforderungen anpassen kann.

Bloß nichts überstürzen, den Körper anfangs nicht überbelasten. Sonst verlieren Sie schnell die Lust. Wenn Ihre Muskulatur leicht schmerzt: wunderbar. Wenn Sie die Anstrengung spüren, wissen Sie: Jetzt setzt der Trainingseffekt ein. Betrachten Sie Ihre muskuläre Müdigkeit als den besten Beweis, dass Sie auf einem guten Weg sind – zu mehr Fitness. Vor allem: Geben Sie Ihrem Körper Zeit zur Erholung. Sie werden sich schon bald an die Belastung gewöhnen. Stück für Stück. Das ist eine gesunde Basis, um Ihrem Körper nach und nach eine etwas höhere Belastung zuzumuten.

Anlaufschwierigkeiten überwinden

- Lassen Sie, wenn Sie unnötige Risiken vermeiden wollen, vorher unbedingt einen Gesundheitscheck (Arztgespräch, Ruhe-EKG, Blutdruckmessung, Belastungstest) machen. Wenn Sie über 35 Jahre alt sind, gehört eine allgemeine ärztliche Untersuchung ohnehin zum Service der Krankenkassen.
- Gehen Sie am Anfang einfach nur zehn Minuten in flottem Tempo, ehe Sie mit dem Laufen beginnen. Das hilft, um überhaupt erst einmal in Gang zu kommen. Aber auch, um den Kreislauf in Schwung zu bringen.
- Wählen Sie für Ihre ersten Trainingseinheiten eine flache Strecke, auf der Sie ungestört sind. Da müssen Sie keine Foppereien von Passanten ertragen, da ist die Versuchung geringer, über die eigenen Verhältnisse zu laufen.
- Belasten Sie zwei Stunden vor Ihrem Training den Magen nicht mehr mit schwerer Kost.
- Trinken Sie rechtzeitig reichlich Mineralwasser und Fruchtsaft.
- Laufen Sie zunächst deutlich langsamer, als Sie es sich vorgenommen haben.
- Laufen Sie erst eine kürzere Strecke, als Sie es sich vorgenommen haben.
- Vermeiden Sie diesen typischen Anfängerfehler: zu große Schritte zu machen. Sie werden rasch merken, dass kurze Schritte für Sie weniger anstrengend sind.
- Verabreden Sie sich, wenn möglich, mit einem Gleichgesinnten, der auf einem ähnlichen Niveau läuft. Gemeinsam läuft es sich gleich viel leichter. Vielleicht gibt es in Ihrer Nähe sogar einen der rund 2000 Lauftreffs.
- Legen Sie Ihre Lauftermine für die Woche im Voraus fest. Lassen Sie sich keine Ausreden durchgehen. Machen Sie aus Ihrem Trainingslauf eine feste Gewohnheit – damit Sie sich nicht jedes Mal neu überwinden müssen.
- Tauschen Sie mit anderen Lauferfahrungen aus. Das erhöht nicht nur Ihre Motivation, Sie lernen sicher auch aus den Fehlern anderer – und Ihren eigenen.
- Besuchen Sie ein Laufseminar.

Ausdauertraining braucht Ausdauer – eine Trainingstatsache. Stecken Sie sich realistische Ziele, denn das erspart unnötige Enttäuschungen.

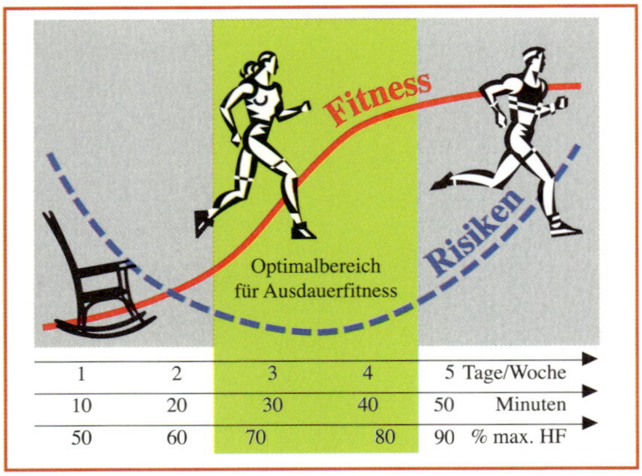

Fitnesszuwachs und Risikofaktoren: Optimal ist es, jeden zweiten Tag 30 bis 40 Minuten lang bei 75 Prozent der maximalen Herzfrequenz (HF) zu trainieren. Nichtstun schwächt Gelenke, Herz und Immunsystem genauso wie Übertraining. Quelle: Steffny Run Fit Fun 97

Wie oft soll ich laufen?

Unsere Muskeln haben kein Gedächtnis. Schon nach drei, vier Tagen vergessen sie einen Trainingsreiz wieder. Wenn Sie also spürbare Fortschritte erzielen wollen, wäre

- Einmal pro Woche Laufen – besser als nichts
- Zweimal pro Woche Laufen – besser
- Dreimal pro Woche Laufen – optimal

Übertreiben Sie es am Anfang aber nicht – öfter sollten Sie als Einsteiger in den ersten Monaten noch nicht laufen. Die Muskulatur muss in dieser Phase nach jeder Belastung jeweils einen Tag Zeit zur Regeneration bekommen.

Wann soll ich laufen?

Im Lauf des Tages schwankt Ihre Leistungsbereitschaft. Das Stich- und Schlüsselwort dazu lautet Biorhythmus. Logischerweise sollten Sie möglichst dann trainieren, wenn Ihr Körper gerade eine Hochphase hat.

- Morgens (zwischen acht und zehn Uhr) erleben die meisten Menschen ihr erstes Hoch. Das ist auch fürs Laufen eine gute Zeit – wenn Sie Ihren Kreislauf nicht abrupt und mit aller Gewalt von 0 auf 100 bringen.
- Mittags sackt die Leistungskurve ab. Sie können laufen, um durch diesen Tiefpunkt zu kommen. Aber das ist doppelt anstrengend und belastend.
- Spätnachmittags oder am frühen Abend (zwischen 16 und 19 Uhr) wäre der beste Zeitpunkt mit dem besten Trainingseffekt. Ihr Organismus kann dann auch leichter Stresshormone Ihres Arbeits- oder Familienalltags abbauen.

Der Körper stellt sich leichter auf die zusätzliche Beanspruchung ein, wenn Sie möglichst regelmäßig, also immer zur gleichen Tageszeit, trainieren.

Das Aufbauprogramm für Einsteiger

Beginnen Sie bescheiden. Nein, Sie müssen anfangs keine halbe Stunde laufen. Es muss noch nicht einmal ein viertelstündiger Dauerlauf sein. Lassen Sie sich weder von anderen noch von sich selbst unter Druck setzen. Wichtig ist nur: Verlieren Sie Ihr Ziel nicht aus den Augen. Und das lautet: langsam Schritt für Schritt zum Erfolg. Geben Sie sich acht Wochen Zeit. Dann sind Sie so richtig fit für eine gute halbe Stunde Laufen. In der ersten Woche sind Sie eine halbe Stunde unterwegs. Aber Sie laufen jeweils nur zwei Minuten am Stück, dann eine Minute zügiges Gehen. Zwei Minuten Laufen, eine Minute Gehen – insgesamt neunmal. Als Joschka Fischer (mit 110 Kilogramm Gewicht) sein Lauftraining startete, lief er einmal die 500 Meter um den Bundestag. Ein Jahr später bereitete er seinen ersten Marathon vor!

Acht-Wochen-Programm für Laufeinsteiger

1. Woche	■ 2 LM • 2 LM • 2 LM • 2 LM • 2 LM • 2 LM • 2 LM • 2 LM • 2 LM ••• ■
2. Woche	■ 3 LM • 3 LM • 3 LM • 3 LM • 3 LM • 3 LM • 3 LM ••• ■
3. Woche	■ 5 LM • 4 LM • 5 LM • 4 LM • 5 LM ••• ■
4. Woche	■ 6 LM • 6 LM • 6 LM • 6 LM ••• ■
5. Woche	■ 7 LM • 7 LM • 7 LM • 7 LM ■
6. Woche	■ 10 LM •• 10 LM •• 10 LM ■
7. Woche	■ 15 LM •• 15 LM ■
8. Woche	■ 30 LM ■

Zeichenerklärung: ■ = Gymnastik mit Lockern und Dehnen, • = 1 Minute Gehpause, LM = Laufminuten, ohne zu schnaufen (ca. 75 % Maximalpuls)
Das Schema gilt für drei bis vier Trainingseinheiten in der Woche. (Quelle: Steffny Run Fit Fun 1997.)

Der Puls bestimmt das Training. Richtzahl für die optimale Herzfrequenz: 180 minus Lebensalter (plus/minus 10 Schläge).

Wie Sie das Pensum von der zweiten bis zur achten Woche sinnvoll und erfolgreich steigern können, sehen Sie in der Grafik auf Seite 43. Nach ein paar Wochen werden Sie vielleicht schon feststellen, dass Ihnen das Training immer leichter fällt. Aber lassen Sie sich nicht dazu verleiten, jetzt schneller zu laufen. Das wäre ein Fehler. Es ist viel besser, jetzt etwas länger zu laufen.

Wie schnell soll ich laufen?

Sogar jemand wie Dieter Baumann wundert sich. Wenn er Hobbyläufer beobachtet, denkt er: Donnerwetter, wie schnell die allermeisten doch unterwegs sind. Und Hobbyläufer wiederum staunen, wenn sie Dieter Baumann bei einem seiner Trainingsläufe begegnen. Donnerwetter, sagen manche, wie langsam der Baumann doch unterwegs ist. »Irgendwer«, juxt der Olympiasieger dann gern, »macht da wohl was falsch.«

Im Ernst: Die meisten laufen zu schnell. Es ist ein weit verbreitetes Missverständnis, ein großer Irrtum, dass nur schnelles Laufen Ausdauerfitness bringt. Im Gegenteil: langsames Laufen, längere Strecken und langfristige Planung – das macht den Erfolg.

Was ist das richtige Trainingstempo für mich? Da zeigt der Puls den richtigen Weg. 130 wird nicht zu Unrecht Gesundheitspuls genannt. Das ist ein Dauerlauftempo, bei dem Sie sich noch gut unterhalten können (»Laufen, ohne zu schnaufen«). Aber diese Frequenz kann nur ein grober Richtwert sein. Jeder hat seinen individuellen optimalen Bereich.

Wie finde ich meine optimale Herzfrequenz?

Sie können sich zunächst nach der Faustregel richten: 180 minus Lebensalter plus/minus 10 Schläge. Eine grobe, aber ziemlich zutreffende Richtzahl für die Trainingspulsfrequenz. Wenn Sie also als 30-Jähriger zwischen 140 und 160 Schlägen pro Minute oder als 40-Jähriger zwischen 130 und 150 laufen, liegen

Natürlicher Bodenkontakt: Wenn Sie öfter mal barfuß laufen, stärken Sie Ihren Abstoß und verringern das Verletzungsrisiko.

Sie voll im grünen Bereich. Im Kapitel »Training nach Puls und Laktat« (Seite 78ff.) können Sie genauere Informationen nachlesen.

Wenn Sie sich wesentlich mehr belasten, wenn die anaerobe Schwelle überschritten wird, wenn Sie in Sauerstoffnot geraten, hastig atmen, wenn die Muskeln vermehrt Milchsäure (bzw. Laktat, das Salz der Milchsäure) produzieren, sind Sie zu schnell. So trainieren allenfalls gelegentlich Profis und Sprinter.

Eine andere Möglichkeit für den Anfang, wie Sie Ihre optimale Herzfrequenz herausfinden: Sie machen im Fachgeschäft einen Test auf dem Laufband. Beispiel: Mal drei Minuten mit der Pulsfrequenz 110 laufen, dann drei Minuten mit 120, 140, 160 – und herausfinden: Was tut mir gut? Was kann ich locker laufen?

Vorteil Herzfrequenzmesser: Mit einer Pulsuhr wissen Sie jederzeit, ob Sie im optimalen Trainingsbereich unterwegs sind. Wenn nicht, dann piept's.

Das Wohlfühltempo entdecken

Ein entscheidender Punkt beim Laufen ist immer das persönliche Wohlbefinden. Der nächste Schritt: Das Wohlfühltempo auf der Bahn ausprobieren und testen, in welchem Tempobereich dieser Puls dann tatsächlich liegt. Denn auf dem Laufband herrschen gewissermaßen Laborbedingungen, weil man da nur die Beine mehr heben, aber nicht so aktiv nach vorne laufen muss. Das erzeugt natürlich einen höheren Puls. Draußen im Gelände sind die Bedingungen

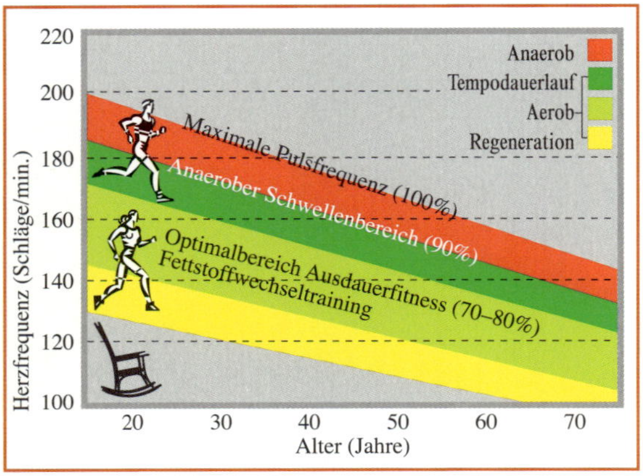

Im Alter sinken die maximale Herzfrequenz und die Trainingszonen. Bei 70 bis 80 Prozent Maximalpuls trainieren Sie optimal. Der Fettstoffwechsel wird vor allem beim ruhigen Joggen aktiviert. Quelle: Steffny Run Fit Fun 97

noch mal anders, schwieriger. Es wäre Quatsch, alle paar Minuten zu stoppen, um jedes Mal den Puls zu messen. Deshalb ist für alle, die im optimalen Bereich trainieren möchten, die Anschaffung eines Herzfrequenzmessers durchaus sinnvoll.

Pulsuhren als Hilfe

Diese Uhren sind sehr einfach zu bedienen. Man befestigt einen Brustgurt in Höhe des Herzes und kann die Herzfrequenz dank elektronischer Übermittlung auf einer Art Armbanduhr ablesen. So ist man jederzeit auf dem Laufenden, ob man im idealen Trainingsbereich unterwegs ist. Wenn nicht, piept's.

Problemlos über die Runden kommen

Langsam starten und beenden

Aufwärmen: Ein Kaltstart ist nicht nur beim Auto bedenklich. Bevor Sie Ihren Körper stärker belasten, sollten Sie erst mal sanft seine Betriebstemperatur erhöhen. Sie kennen das vielleicht von Leistungssportlern: wie gründlich sich die vor Wettkämpfen, aber auch vor dem Training einlaufen, um Muskulatur und Organismus auf Höchstleistungen vorzubereiten.

So weit sind Sie noch nicht. Vor Ihrem Lauftraining ist spezielles Aufwärmen nicht nötig. Aber powern Sie nicht gleich los. Drosseln Sie in den ersten Minuten bewusst Ihr Tempo, laufen Sie noch langsamer als gewöhnlich – um Ihren Organismus langsam auf Touren zu bringen. Auslaufen: Bitte zum Schluss keinen Endspurt und dann abrupt die Belastung beenden. Drosseln

Sie am Ende Ihrer Trainingsrunde noch mal das Tempo. Geben Sie Ihrem Kreislauf Gelegenheit, sich allmählich zu normalisieren. Am besten ist es, wenn Sie die letzten Minuten Ihres Trainingslaufs ausgehen. Dabei kräftig ein- und ausatmen.

Muskelkater – das ist ein ganz normales Signal des Körpers, wenn er noch Anpassungsschwierigkeiten an neue Belastungen hat. Auch Laufprofis können einen Muskelkater kriegen.

Was tun gegen Muskelkater?

Der Muskelkater ist ein Muskelschmerz, der ein, zwei Tage nach einer neuartigen Belastung auftritt – ein ganz natürliches Signal des Körpers, wenn er noch Anpassungsschwierigkeiten hat.

Früher meinte man, dass Muskelkater das Resultat von zu viel produzierter Milchsäure (Laktat) in den Muskeln sei. Stimmt nicht. Für den Muskelkater sind kleinste Verletzungen (Mikrotraumen) in der Muskulatur verantwortlich, wenn die Muskeln diese Belastung noch nicht gewohnt waren. Er dauert meist drei, vier Tage.

Vorwärmphase: Vor dem Training empfiehlt sich fünf Minuten Stretching. Wer das nicht mag, sollte in den ersten Minuten gehen oder betont langsam laufen.

Sofortmaßnahmen bei Muskelkater

Leichter Muskelkater ist unangenehm, aber nicht weiter schlimm. Was hilft, sind durchblutungsfördernde Maßnahmen wie:

- Warme Bäder
- Saunabaden
- Leichtes Stretching
- Zur aktiven Erholung betont langsam (nur mit 50% Intensität) laufen

Massagen haben übrigens wenig Einfluss auf den Verlauf eines Muskelkaters. Starker Muskelkater sollte grundsätzlich vermieden werden. Er ist ein schmerzhaftes Zeichen von Überlastung und ungenügender Vorbereitung.

Wie Sie vorbeugen können

Lassen Sie es gar nicht erst zum Muskelkater kommen. Vorbeugend helfen:

- Regelmäßiges Stretching
- Planmäßiger Aufbau des Trainings
- Überlastungen vermeiden

Seitenstiche sind häufig auch Resultat einer schwachen Bauchmuskulatur. Also: Kräftigen Sie Ihre Bauchmuskeln.

Was tun gegen Seitenstechen?

Es gibt mehrere Gründe für diese unangenehm schmerzenden Stiche unter dem Rippenbogen.

- Bei unerfahrenen Läufern provoziert meist ein zu hohes Anfangstempo das Seitenstechen. Vermutlich ist das Zwerchfell, der wichtigste Atemmuskel, dann noch überfordert, also nicht hinreichend durchblutet und schlecht mit Sauerstoff versorgt.
- Manchmal können einfach auch nur Blähungen oder eine zu umfangreiche Mahlzeit (voller Magen) schuld sein. Durch die Erschütterungen beim Laufen wird an den »Aufhängungen« der Verdauungsorgane, die am Zwerchfell befestigt sind, gezerrt. Die wehren sich dann mit Schmerzen.

Sofortmaßnahmen bei Seitenstechen

Was Sie tun können, wenn Sie während des Laufens von Seitenstechen überrascht werden:

- Laufen Sie deutlich langsamer.
- Machen Sie so lange eine Pause, bis die Schmerzen völlig abgeklungen sind.
- Drücken Sie mit der Hand in die schmerzende Stelle im Bauch, lassen Sie synchron mit dem Ausatmen los.

Wie Sie vorbeugen können

Sie können Seitenstechen vermeiden, wenn Sie:

- Das Training nach reichhaltigen Mahlzeiten um zwei, drei Stunden verschieben
- Zu schnelles Anfangstempo vermeiden
- Das Tempo vorsichtig steigern
- Sehr kontrolliert atmen
- Die Bauchatmung beherzigen
- Die Bauchmuskeln kräftigen

Wie Sie typische Anfängerfehler vermeiden, erfahren Sie auch in der Übersicht auf der vorderen Umschlagklappe.

Wie Sie Anlaufschwierigkeiten begegnen

Ihre mentale Einstellung zum Laufen ist sehr wichtig. Haben Sie Geduld, besonders am Anfang. Erwarten Sie nicht gleich Wunderdinge. Es dauert eine Weile, bis sich Ihr Körper, bis sich Ihre Persönlichkeit ans Laufen gewöhnt hat. Als Einsteiger sollten Sie die Tatsache respektieren, dass anfangs – und auch später noch – gewisse Schmerzen vollkommen normal und natürliche Begleiterscheinungen sind. Schmerzen haben auch ihre guten Seiten: Sie fühlen dadurch intensiv Ihren Körper, Sie machen vielleicht neue Bekanntschaft mit Ihrem Körper – und Sie lernen, Ihren Körper auf eine ganz neue Art und Weise zu schätzen. So lernen Sie laufend, Ihren Körper zu lieben.

So läuft´s richtig – DER OPTIMALE LAUFSTIL

Ein zweites Mal laufen lernen: Wie Sie Ihren Laufstil optimieren, richtig atmen und die Koordination verbessern.

Ein zweites Mal **laufen lernen**

Es gibt viele Wege, um voranzukommen. Man kann stieben, stürmen oder spurten, man kann aber auch schlurfen, schlurren, tippeln, trippeln, zockeln, zuckeln, staksen, flitzen, huschen oder hasten.

Der ökonomischste und einfachste Weg, um voranzukommen, ist – zu laufen. Doch beim Laufen, der natürlichsten Sache der Welt, kann man viele Fehler machen.

Sie können das täglich beobachten. Wie sich manche schwerfällig, eckig, verkrampft bewegen, mit Stampfschritten oder diesem seltsamen Sichelschritt. Wie sie den Oberkörper viel zu sehr vornüber beugen, wie sie heftig mit dem Kopf rollen, mit den Armen schlenkern, den Händen paddeln, watscheln usw.

Laufen ist kinderleicht – von wegen. Beim Laufen, dieser scheinbar selbstverständlichsten Sache der Welt, kann man viele Fehler machen.

Perfektes Laufen – das ist ein leichter, vollkommen fließender, automatischer, eleganter Bewegungsablauf:

- Die Schritte sind flüssig und nicht zu groß (denn das kostet bloß unnötig Kraft und Energie).
- Das Kinn bzw. den Kopf hochnehmen, die Augen schauen dabei geradeaus.
- Der Oberkörper ist aufrecht und nur leicht nach vorne geneigt.
- Die Schultern sind entspannt und ruhig, sie pendeln keinesfalls vor und zurück.
- Das Becken ist leicht nach vorne gekippt.
- Die Arme – nicht der Oberkörper! – schwingen im Schultergelenk mit: zügig und parallel zum Körper schwingen (die Ellbogen dabei im rechten Winkel halten).
- Die Hände bleiben locker (keine feste Faust machen).

So perfekt laufen die wenigsten. Die meisten haben nun mal ihren eigenen, eigenwilligen Stil. Es kann auch keine Norm geben. Der Laufstil ist bis zu einem gewissen Grad durch den Körperbau und die Struktur der Muskulatur vorgegeben. Oft ist ein verspannter Nacken oder Rücken Ursache für ungelenke Armführung. In so einem Fall ist gezieltes Stretching wichtig, um Verspannungen zu lösen. Einen ganz neuen, lupenreinen Stil können Sie sich kaum mehr zulegen. Aber: Sie können Ihren Laufstil korrigieren, verbessern, optimieren – und das sollten Sie auch tun. Hilfreich ist eine Video-Laufstilanalyse, z. B. bei einem Laufseminar. Denn wenn Sie stilistisch richtig laufen, haben Sie nicht nur mehr Spaß dabei, Sie laufen auch müheloser (und schneller) – und Sie vermeiden vor allem Verletzungen.

So laufen Sie am besten

Laufen ist für den Menschen die ursprünglichste Bewegungsform. Darauf sollten wir uns besinnen – wenn wir darüber nachdenken, wie wir unseren Laufstil verbessern können. Und außerdem: Wir kommen barfuß auf die Welt. Daran sollten wir uns orientieren, wenn wir unseren Laufstil optimieren wollen. Achten Sie mal darauf, wie der natürliche Bewegungsablauf ist, wenn Sie barfuß laufen.

Perfektes Laufen soll und kann so natürlich sein wie andere Bewegungsabläufe auch.

Die natürliche Bewegung – flüssig und rund

Unser natürlicher Bewegungsablauf ist nicht so, dass wir mit jedem Schritt plump aufprallen – mit der Ferse als Puffer. Instinktiv fängt unser Körper die großen Kräfte ab (immerhin das Zwei- bis Vierfache unseres Körpergewichts – je nach Tempo). Mit Hilfe der Bindegewebepolster im Fersenbereich, der Einwärtsdrehung bei der Landung (Pronation), der Beinmuskulatur des Sprung-, Knie- und Hüftgelenks wird jeder Schritt gedämpft und abgefedert. Und das geht so:

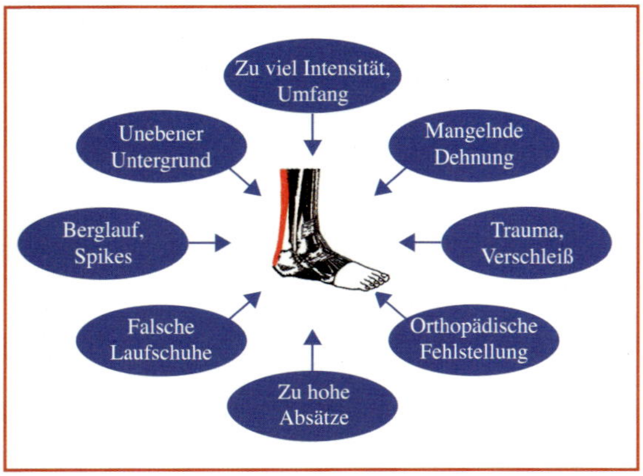

Meist gibt es für Verletzungen, wie hier am Beispiel der Achillessehne, mehrere Gründe. Gymnastik, vernünftiges Training und gute Laufschuhe helfen, gesundheitlichen Problemen vorzubeugen. Quelle: Steffny Run Fit Fun 97

- **Aufsetzen:** Während der Landephase berührt der Fuß den Boden normalerweise hinten außen. Gebeugtes Hüft-, Knie- und oberes Sprunggelenk dienen bei vorgespannter Beinmuskulatur als Federungselemente.
- **Stützphase:** Kurzfristig wird der ganze Fuß aufgesetzt und geht dann in die Abrollphase über.
- **Abdrücken:** Die Abstoßbewegung läuft über den Mittelfuß und über den Großzehenballen ab.

Eine wichtige Rolle spielt der Körperschwerpunkt. Der liegt leicht vor der Hüfte. Während Sie laufen, bewegt sich der Körperschwerpunkt nicht nur nach vorne, sondern auch ständig auf und ab (Schwebephase/Stützphase). Ein flüssiger Laufstil, nicht »springen«, sollte Ziel unserer Bemühungen sein. Er kostet weniger Energie, weil sich Ihr Körperschwerpunkt dann nur minimal auf- und abbewegt.

Je nach Strecke ändert sich der Laufstil

Was ist orthopädisch besser, was ist besonders ökonomisch, was bringt am schnellsten voran? Sollen Sie über die Ferse abrollen? Oder ist es besser, mit dem Vorfuß zu landen? Es kommt ganz darauf an, was Sie vorhaben.

- **Fersenlauf:** Häufigster Laufstil für längere Strecken. Der Fuß setzt mit dem Fersenaußenrand am Boden auf, knickt dann leicht nach innen, bis die ganze Sohle aufliegt, und rollt schließlich über den Großzehenballen ab, während er sich gleichzeitig abdrückt.
- **Ballenlauf (Vorfußlauf):** So laufen vor allem Sprinter. Außerdem ist das der natürliche Laufstil, wenn wir barfuß laufen. Der Aufprall findet im

Bereich des Großzehenballens statt. Dann folgt eine kurzfristige Aufsetzbewegung des Mittelfußes bis zur Ferse, schließlich das Abstoßen über den Großzehenballen.

Der Kompromiss – Laufen auf dem Mittelfuß

Eine längere Distanz zu laufen oder gar einen Marathonlauf auf dem Ballen zu absolvieren, wäre viel zu kraftraubend. Allerdings: Inzwischen laufen immer mehr leichtgewichtige afrikanische (Weltklasse-)Athleten so. Aber das ist ja eher die Ausnahme. Wer auf den Ballen tänzelt, hat auch häufiger mit Achillessehnen und muskulären Verletzungen zu kämpfen. Auch wenn Sie extrem über die Ferse laufen, können Sie sich Probleme einhandeln – mit Knochen und Gelenken.

Ein guter Kompromiss für Jogger und Hobbyläufer – wie die meisten von uns – ist deshalb der so genannte Mittelfußlauf.

- **Mittelfußlauf:** Die ganze Sohlenfläche wird fast gleichzeitig auf den Boden gesetzt. Mit nicht zu steilem Winkel tippen Sie nur kurz außen über die Ferse und rollen dann ab – so, als liefen Sie barfuß.

Vermeiden Sie allzu große Schritte. Wenn Sie glauben, Sie kämen schneller voran – zu kurz gedacht. Sie verpulvern nur unnötig Energie.

Wie Sie die richtige Schrittlänge finden

Nein, es geht nicht um möglichst große, raumgreifende Schritte. Ganz im Gegenteil: Bei vielen Läufern ist der Laufschritt zu lang. Sie vergeuden dadurch unnötig Energie, weil der Fuß zu weit vor dem Körperschwerpunkt aufsetzt und den Schwung abbremst, der gerade durch die Vorwärtsbewegung entsteht. Für jeden Schritt muss damit also unnötig Kraft fürs Abstoßen aufgebracht werden.

Die optimale Schrittlänge: wenn der Fuß knapp vor der Körperachse, also genau unter Ihrem Körperschwerpunkt, aufsetzt. Dafür ist ein gutes Gefühl für die Koordination wichtig.

Das können Sie auf natürliche Weise im Gelände trainieren, wenn Sie gelegentlich im Wald oder querfeldein über Stock und Stein laufen. Da wird der Schritt auch automatisch kürzer. Die Schrittlänge hängt allerdings auch von den individuellen Hebelverhältnissen ab.

Sie laufen auch mit den Armen. Mit kräftigen, effektiven Armbewegungen können Sie die Arbeit der Beine erheblich unterstützen – Sie kommen dadurch leichter und schneller vorwärts.

Wie Sie die Arme richtig bewegen

Die Arme sollen eine Hilfe beim Laufen sein, nicht bloß ein Anhängsel. Schlecht, wenn Sie die Arme kaum oder nur wenig einsetzen. Denn mit effektiven Armbewegungen können Sie die Arbeit der Beine, also die Vorwärtsbewegung, erheblich unterstützen. Eine einfache Rechnung: je ökonomischer Ihre Bewegungen, umso geringer der Energieverbrauch, umso größer Ihre Leistungsfähigkeit.

- Die Arme sollen leicht angewinkelt sein und parallel zum – nicht vor dem – Körper schwingen. Ober- und Unterarme bilden einen rechten Winkel.
- Die Hände sollen immer leicht geöffnet sein, die Handrücken zeigen nach außen und die Daumen nach oben. Bitte keine Faust machen, das kostet nur unnötig Kraft.
- Die Schulter und der Nacken sind entspannt und nicht aktiv an der Bewegung beteiligt.
- Korrigieren Sie Ihre Armbewegung bewusst. Gewinnen Sie langsam ein Gefühl dafür, sonst könnten Sie verkrampfen.

Wie Sie richtig atmen

Meine Güte, machen wir diesen simplen Vorgang doch nicht unnötig kompliziert. Von wegen durch den Mund oder durch die Nase, im Dreier- oder Vierertakt ein- und ausatmen – starre Vorgaben darüber sind Quatsch.

Sie können sich darauf verlassen: Ihr Organismus regelt den Sauerstoffbedarf ganz automatisch, die Atmung passt sich dem Schrittrhythmus an, bei

Trockenübung: Atmen Sie einmal ganz bewusst in den Bauch ein. Dazu können Sie sich ein Buch als Hilfsmittel auf den Bauch legen. Es sollte sich beim richtigen Atmen heben und senken.

Anstrengung holt sich der Organismus schon die nötige Portion Luft – durch schnelleres Atmen.

Atmung ist ein natürlicher Vorgang und soll es auch bleiben. Allerdings: Sie sollten ganz bewusst auf tiefes, vollständiges Ausatmen achten. Durch intensives Ausatmen vergrößern Sie die Vitalkapazität Ihrer Lunge, also die maximal nutzbare Luftmenge. Je kräftiger Sie ausatmen, umso tiefer werden Sie anschließend auch wieder einatmen. Durch zu flaches Atmen (Brustatmung) verhindern Sie einen vollständigen Luftaustausch in Ihrer Lunge. Optimal versorgt wird Ihr Organismus nur durch die Bauchatmung (Zwerchfellatmung). Die können Sie trainieren.

Die optimale Bauchatmung (Zwerchfellatmung) können Sie mit einer einfachen Trockenübung zu Hause trainieren.

Eine einfache Trockenübung für zu Hause, wie Sie sich die Bauchatmung bewusst machen können: Legen Sie sich flach auf den Rücken. Legen Sie ein Buch auf den Bauch. Nun versuchen Sie, das Buch beim Einatmen zu heben, beim Ausatmen zu senken. Es ist gar nicht schwer, diese Erfahrung beim Laufen umzusetzen.

Die Koordination verbessern

Der Laufstil lässt sich immer noch verbessern und optimieren. Das gilt nicht nur Spitzenläufer, sondern auch für jeden Hobbyläufer. Mehr noch: Techniktraining und Koordinationsarbeit bringen zudem willkommene Abwechslung in Ihren Trainingsplan. Neuartige Bewegungen führen zu neuen neuromuskulären Verschaltungen des Bewegungsspektrums, die Gewandtheit wird verbessert. Dadurch verbessern Sie Ihren Laufstil. Ein besserer Laufstil ist doppelt wichtig: Er hilft Ihnen, Energie zu sparen, und schützt wirksam gegen Verletzungen.

Laufen Sie immer wieder mal barfuß. Denn durch Barfußlaufen kräftigen Sie die Füße, Sie entwickeln einen dynamischen Abdruck und mindern Ihr Verletzungsrisiko.

Laufschule mit Uta Pippig

Die folgenden Übungen sollten Sie vor dem Lauftraining absolvieren, wenn die Muskeln noch nicht erschöpft und deshalb »lernfähiger« sind. Nach einem kurzen Einlaufen von fünf bis zehn Minuten werden die Übungen jeweils zwei- bis dreimal 15 bis 20 Sekunden lang ausgeführt.

Unser Model Uta Pippig legt, wie alle Weltklasseläufer, sehr viel Wert auf saubere Technik. Die Berlinerin, die heute vor allem in Boulder, Colorado trainiert, gewann in den 90er-Jahren unter anderem die Marathons in Boston, New York und Berlin – bis zu ihrer Wettkampfsperre. Hier zeigt sie Übungen, die sich für jeden Läufer empfehlen.

Am Anfang reicht es, dieses Techniktraining ein- oder zweimal wöchentlich einzuplanen, nach vier Wochen können Sie dann dreimal pro Woche üben. Besonders wichtig: Lassen Sie sich viel Zeit, und führen Sie die Bewegungen möglichst langsam und exakt aus. Hören Sie auf, wenn die Konzentration nachlässt, denn angelernte Stilfehler wird man schwer wieder los.

Übung 1 – Fußgelenkslauf

1

2

3

4

1 Für Anfänger ist diese Übung beträchtlich schwerer, als es scheint: Laufen Sie auf der Stelle.

2 Die Vorwärtsbewegung wird durch die Waden- und Schienbeinmuskulatur erzeugt.

3 Die Wade streckt das Fußgelenk und schiebt das Knie dabei nach vorne.

4 In der »Flugphase« müssen Sie das Fußgelenk wieder anziehen, um sich nach kurzem Bodenkontakt dann erneut abzudrücken.

Übung 2 – Skippings

1 Dies ist ein ähnlicher Bewegungsablauf wie beim Fußgelenkslauf: Treten Sie wieder auf der Stelle.

2 Die Knie werden dabei jedoch deutlich höher geführt, die Arme arbeiten betont kräftig mit.

3 Die Fußgelenke sollten sich aber genau wie bei der Übung vorher schnell vom Boden lösen.

4 Achten Sie darauf, die Hüfte möglichst gestreckt zu halten und nicht zu verdrehen.

1

2

3

4

Übung 3 – Anfersen

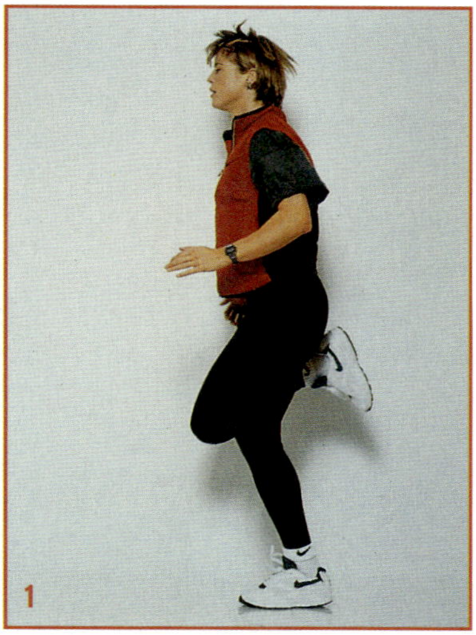

1 Versuchen Sie, bei leichter Vorlage des Oberkörpers das Gesäß mit den Fersen zu erreichen.

2 Dabei sollten lediglich die Fußballen den Boden berühren und die Hüfte möglichst gestreckt bleiben, also nicht verdreht werden.

3 Die Arme arbeiten wieder mit kräftigen Pendelbewegungen mit …

4 … und unterstützen ein sanftes Nachfedern.

Übung 4 – Trethopser

1 Diese Übung ist anfangs ziemlich schwierig. Dafür hüpft man beidbeinig hoch.

2 Ein Bein als Schwungbein nach vorne führen und wieder zurückpendeln lassen. Auf beiden Füßen landen.

3 Beim nächsten Hüpfer das Bein wechseln. Der Absprung sollte lediglich aus dem Sprunggelenk erfolgen.

4 Die Hüfte bleibt dabei möglichst gestreckt und darf nicht verdreht werden.

1

2

3

4

Übung 5 – seitliches Übersetzen

1

2

1 Keine Bange, am Ende dieser Übung werden Sie keinen Knoten in den Beinen haben.

2 Laufen Sie seitlich nach links, indem Sie das rechte Bein über das linke setzen. Ziehen Sie das linke Bein nach.

3

4

3 Beim nächsten Schritt das rechte Bein hinter dem linken vorbeisetzen.

4 Halten Sie den Oberkörper immer gerade, und drehen Sie möglichst nur die Hüfte.

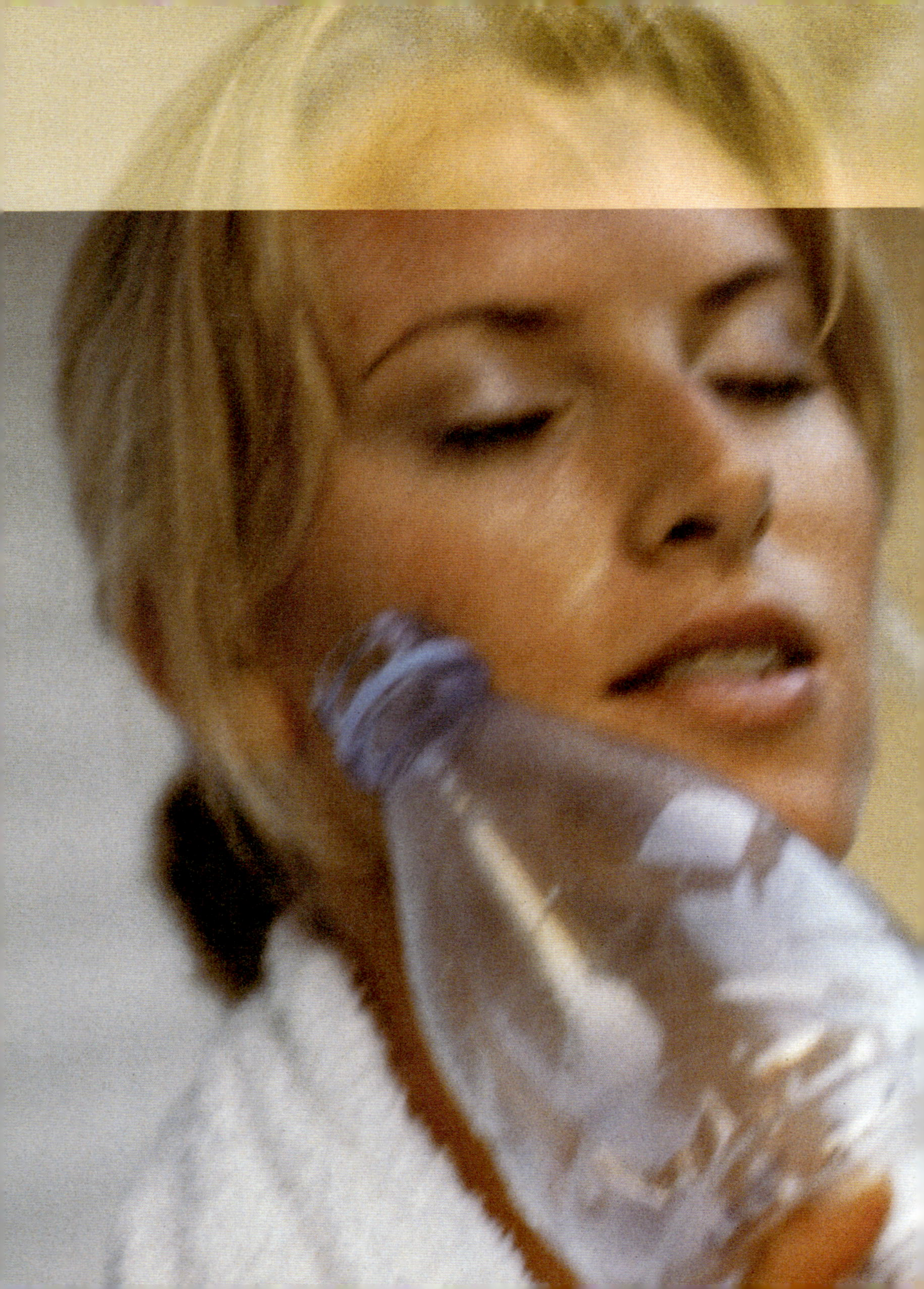

Was im Körper beim Laufen PASSIERT

Grundlagen & Trainingsprinzipien: Wie Sie die Systeme des Körpers den Belastungen anpassen und sich vor Überlastungen schützen.

Grundlagen des **Biosystems**

Wir kennen den Motor unseres Autos oft besser als unseren eigenen Körper. Dieses Kapitel dient der Vertiefung und einem besseren Verständnis vieler Trainings-, Regenerations- und Ernährungsempfehlungen. Beschäftigen wir uns also ein wenig mit Biologie, Physiologie und Biochemie, denn Training findet in unserem Körper, aber auch mit Köpfchen statt. Wer nämlich wild drauflos trainiert, wird bald an seine biologischen Grenzen stoßen. Wer gut informiert ist und mitdenkt, kann den Trainingsprozess oder das Fitnessprogramm besser verstehen und steuern.

Alle Trainingsanpassungen geschehen auf zellulärer Ebene. Diese Wachstums- und Reparaturprozesse und die neuromuskulären Verschaltungen benötigen mehr Zeit, als der Kopf manchmal einräumt.

Ein grundlegendes Kennzeichen des Lebens ist Reizbarkeit. Biologische Systeme benötigen zu ihrer Erhaltung im Gegensatz zu technischen einen entsprechenden (Trainings-)Reiz. Ein Gelenk muss durch Bewegung geschmiert werden. Ein Muskel muss ständig bewegt werden, im Gipsverband z. B. baut er schnell ab, das haben Sie vielleicht schon selbst erlebt. Einen Computer kann man aber nach zehn Jahren Pause hervorholen und einschalten, er läuft noch. Bei uns ist das komplizierter.

Stress ist lebensnotwendig

Ein wenig Stress durch Belastung ist für uns überlebensnotwendig. Training besteht aus ständiger Belastung und Entlastung biologischer Systeme, die auf einen entsprechenden Trainingsreiz mit einer Erhaltung, Anpassung und Verbesserung von Funktionen und Strukturen auf zellulärer Ebene antworten. Jede Belastung muss aber in einen ausreichenden Erholungsprozess eingebettet sein, denn Änderungen brauchen Zeit. Die Trainingseffizienz und somit die Qualität hängen also nicht nur von der Intensität und dem Umfang

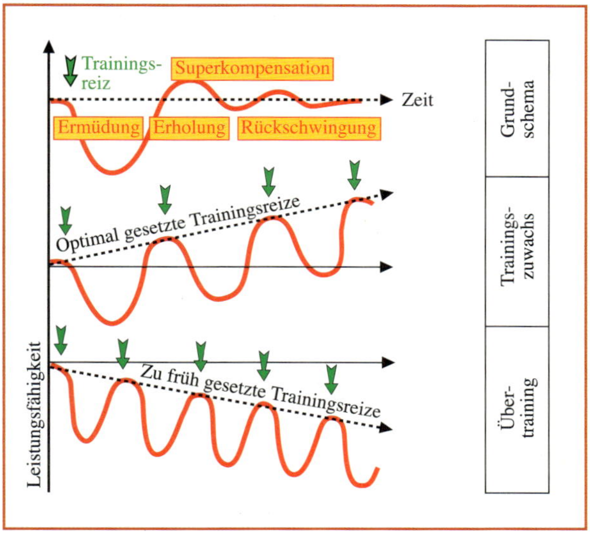

Im Grundschema oben verbessert sich das Leistungsvermögen nach einer Ermüdungs- und Erholungsphase. Erfolgt kein Reiz mehr, geht der Trainingseffekt verloren. Erfolgen die Reize im optimalen Abstand, verbessert man sich (Mitte). Bei zu hoher Reizdichte kann sich der Körper nicht erholen (unten). Quelle: Steffny Run Fit Fun 97

eines Trainingsreizes ab, sondern auch von der Art und zeitlichen Dauer der Regenerationsmaßnahmen vorher- und hinterher. Hierin liegt die eigentliche Kunst, gute und individuelle Trainingspläne zu schreiben. Jeder Körper reagiert aufgrund seiner individuellen Ausstattung anders.

Trainingseffekt Superkompensation

Das Modell der biologischen Adaptation oder Superkompensation beschreibt die zeitliche Abfolge der Reizantwort des Körpers auf den Stressfaktor Trainingsreiz. Ein Trainingsreiz muss überschwellig sein, also beim betreffenden System eine Alarmreaktion auslösen, z. B. durch Erschöpfung von Energiereserven, Verbrauch von Enzymen und Zerstörung von Strukturen wie Zellmembranen.

Locker formuliert, könnte unser Körper nach einem ungewohnt langen Lauf sagen: »So etwas ist mir noch nie passiert, dass mir der Sprit ausging. Ich will mich bessern, aber ich brauche dafür ein wenig Zeit!«

Systeme werden repariert und angepasst

Nach einer Phase der Erschöpfung beginnt in der Kompensationsphase der Reparaturbetrieb. Die lädierten Systeme werden verbessert. Das kann eine Vergrößerung des Glykogendepots, eine wirksamere oder vermehrte Enzymausstattung oder Umstrukturierungen in den Muskelfasern bedeuten. Je nachdem, wie hart oder ungewohnt ein Reiz war, dauert die Anpassung länger oder kürzer. Der gewünschte Trainingseffekt ist die Verbesserung des Ausgangsniveaus (Superkompensation).

Der Urmensch war als Jäger und Sammler eigentlich ein ausdauernder Walker und Jogger, der täglich viele ruhige Kilometer zurücklegte, um seine Nahrung zu beschaffen.

Die Reizstärke muss stimmen

Ein Athlet mit einer guten Grundlagenausdauer wird intensivere Reize schneller wegstecken, weil bei ihm beispielsweise mehr Blut durch die vielen Kapillaren in den Muskeln fließt. Wenn der Reiz zu hart war, dauert die Anpassung sehr lange, weil zu viel Schaden angerichtet wurde. Leichte Spannung in den Muskeln ist ein Zeichen richtig dosierten Trainings, starker Muskelkater ist hingegen ein Zeichen einer Überlastung. Wenn der Reiz unterschwellig war, also zu schwach, sagt der Körper: »Kalter Kaffee, kann ich schon!« Erfolgt innerhalb eines bestimmten Zeitraums kein ähnlich harter Reiz, geht die verbesserte Anpassung wieder verloren, das System schwingt auf das Ausgangsniveau zurück.

Werden ähnlich gelagerte harte Reize in einem optimalen Abstand, nicht zu früh und nicht zu spät, gesetzt, so ist der Leistungszuwachs optimal. Werden dieselben Reize hingegen zu dicht gesetzt, dann kommt der Körper mit der Reparatur und Anpassung nicht nach. Die Reise geht in den Keller. Man ist übertrainiert.

Wie lange es dauert, bis ein Reiz verdaut ist, hängt ab von mehreren Faktoren: der Reizstärke, der Regeneration, der genetischen Konstitution, dem Trainingszustand und dem System, das gefordert worden ist. Ein Intervalltraining

beansprucht den anaeroben Kohlenhydratstoffwechsel, ein langer ruhiger Dauerlauf den aeroben Kohlenhydrat- und den Fettstoffwechsel. Das Glykogendepot braucht bis zu drei Tage zur Auffüllung, der Wasserhaushalt ist schnell ausgeglichen. Die meiste Zeit braucht aber die Orthopädie. Gut durchblutete Muskeln passen sich schneller an als die schlecht durchbluteten Sehnenansätze. Man muss also im Trainingsprozess immer auf das langsamste Glied warten. Es ist sinnvoll, nach zwei bis drei Wochen Trainingssteigerung eine ruhigere Zwischenwoche einzuschieben.

Beim Training ist Abwechslung Trumpf

Sie sind außerdem gut beraten, möglichst variabel zu trainieren. Während sich ein System gerade erholt, kommt überlappend ein anderes an die Reihe. Ruhetage oder Zwischentage mit sehr langsamem Regenerationsjogging bedeuten aktive Erholung und Luxusdurchblutung ohne Stress. Ein weit verbreiteter Fehler ist es, die regenerativen Läufe zu schnell zu laufen. Der Athlet glaubt zwar, mehr Qualität in sein Training gebracht zu haben, in Wirklichkeit hat er aber die Erholung von den entscheidenden Wocheneinheiten verzögert.

Regenerationsdauer

	Stunden	Tage	Woche	Monat
Laktatabbau	•			
Wasserdefizit	•			
Elektrolytdefizit	•			
Muskuläre Fettdepots		•		
Glykogendepot		•		
Enzymsynthesen		•		
Kontraktile Proteine		•	•	
Mitochondrienaufbau			•	
Zellmembranen			•	
Hormonsystem			•	•
Immunsystem				•
Binde- und Stützgewebe				•

So funktioniert ein gutes Laufprogramm

Ein Beispiel aus dem Zehn-Kilometer-Training eines Routiniers soll das Ineinander-

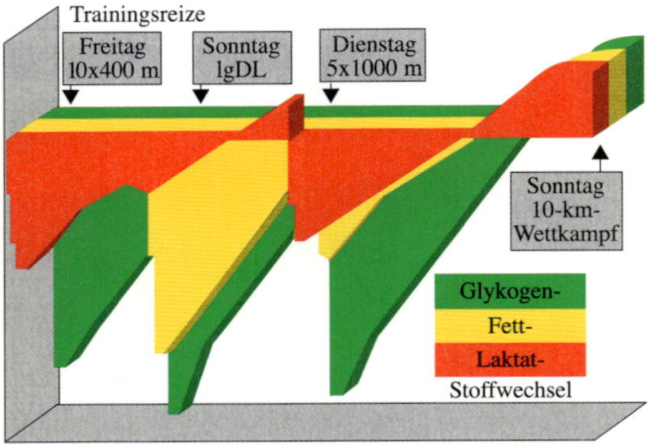

Komplexe Superkompensation: Im Trainingsalltag werden gleichzeitig unterschiedliche Systeme beansprucht. Variable Einheiten ermöglichen ein effizientes Überlappen von Trainingsreizen und Erholungsphasen. Quelle: Steffny Run Fit Fun 97

greifen von drei unterschiedlichen Systemen veranschaulichen. Gute Trainingspläne berücksichtigen die verschiedenen Regenerationszeiten der Systeme (siehe dazu Abbildung Seite 69).

- Neun Tage vor einem Zehn-Kilometer-Wettkampf, beispielsweise an einem Freitag, könnte ein versierter Läufer ein Intervalltraining über 10-mal 400 Meter im Tempo der Unterdistanz 3000 bis 5000 Meter durchführen. Dabei werden der Kohlenhydratstoffwechsel und somit das Glykogendepot und die zugehörigen aeroben und anaeroben Enzyme in Anspruch genommen.
- Am Samstag wird nur regenerativ gejoggt, die Systeme erholen sich von der Anstrengung vom Vortag.
- Am Sonntag wird mit einem ruhigen, 22 Kilometer langen Dauerlauf die aerobe Grundlagenausdauer, also etwas ganz anderes trainiert. Das beansprucht zwar wieder das Glykogendepot, aber auch die Enzyme des Fettstoffwechsels, während sich zwischenzeitlich die anaeroben Systeme erholen können.
- Am Montag wieder nur regenerativ zur Erholung joggen wie am Samstag.
- Am Dienstag, fünf Tage vor dem Wettkampf, erfolgt mit 5-mal 1000 Meter im geplanten Wettkampftempo der Feinschliff. Die anaeroben Systeme sind zuvor wieder erholt, das Glykogendepot ist durch kohlenhydratreiche Kost

Die eigentliche Leistungsverbesserung geschieht in der Regenerationsphase nach dem Training, nicht im harten Training selbst. Dazu gehören ruhiges Jogging, Gymnastik, genügend Schlaf und eine hochwertige Ernährung.

einigermaßen aufgefüllt. Das Intervalltraining stresst diese Systeme erneut und schult das Tempogefühl für den Wettkampf.

- In den letzten vier Tagen vor dem Wettkampf ruhen oder regenerativ joggen.
- Am Wettkampftag sind durch dieses sorgfältig geplante Trainingsprogramm alle Systeme auf höherem Niveau voll erholt und leistungsbereit.

Dieses Zehn-Kilometer-Beispiel ist nur ein kleiner Ausschnitt vieler verschiedener Systeme, die beim Training überlappend beansprucht werden und die sich anschließend auch unterschiedlich lang wieder erholen müssen. Vor einem Marathon würde man nicht nur die letzten drei bis vier Tage, sondern bereits eineinhalb Wochen zuvor den gewohnten Trainingsumfang reduzieren.

Adenosintriphosphat (ATP) ist der wichtigste Energiespeicher und -überträger im Körper. Als Kreatinphosphat wird es im Muskel gespeichert. ATP entsteht im Energiestoffwechsel und wird bei energiebedürftigen Prozessen wieder verbraucht.

Unser Antrieb – der Energiestoffwechsel

Grundlegende Kenntnisse zum Energiestoffwechsel sind notwendig und helfen beim Verständnis der Trainings- und Ernährungslehre. Wer schlanker werden möchte, sollte z. B. wissen, wie sich der Fettstoffwechsel optimal aktivieren lässt. Wer als Marathonläufer den Fettstoffwechsel nicht richtig trainiert hat, auf den wartet jenseits der 30-Kilometer-Marke unweigerlich der »Mann mit dem Hammer«.

Zusätzliche Reserven für Ausdauersport

Vorteil unseres Körpers gegenüber einem Auto: Er hat neben den zwei nur für kurzfristige, schnellkräftige Leistungen bedeutsamen Energiesystemen (ATP und Kreatinphosphat) zwei weitere Spritttanks für Ausdauersport:

- Das Fettdepot, ein relativ leichter, aber riesiger Energiespeicher, der für wenigstens 20 Marathons ausreichen würde
- Die Kohlenhydrate, deren Vorräte im so genannten Glykogendepot in Leber und Muskulatur nur begrenzt gespeichert sind und schnelle Energie liefern

So unterschiedlich wie Diesel und Super

Ein Marathonläufer könnte mit Glykogen allein nur etwa 90 Minuten laufen. Fette werden, da ausreichend vorhanden, wie Diesel als Dauerbrennstoff bei geringen bis mittleren Intensitäten eingesetzt. Glykogen hingegen ist Superkraftstoff, der fürs Gasgeben, also mittlere bis hohe Intensität, reserviert bleibt. Marathonläufer müssen daher neben einem großen Glykogentank auch über einen trainierten Fettstoffwechsel verfügen. Pro eingesetzter Sauerstoffmenge liefern Kohlenhydrate aber mehr Energie als Fette, ein Grund, warum der Körper, wenn die Atmung an ihre Grenzen stößt, vermehrt Kohlenhydrate einsetzt. Aus Protein wird überwiegend Körpersubstanz aufgebaut. Auf einem Nebenweg kann allerdings, wenn die Kohlenhydrate zu Ende gehen, aus Proteinen auch Glukose, die Gehirnnahrung, erzeugt werden (Glukoneogenese).

Volles Korn: Wegen der langkettigen Kohlenhydrate ist Vollkornbrot besonders wertvoll.

Der Fettstoffwechsel mobilisiert Reserven

Die Fettreserven sind nicht nur im Unterhautfettgewebe und innen im Bauchraum gespeichert. Vor allem bei Ultraläufern stehen Lipidtröpfchen als schnell verfügbare funktionelle Fette in den Muskelzellen bereit.

Der Fettabbau (Lipolyse) erfolgt durch eine Aufspaltung in Glyzerin und Fettsäuren, die mit Sauerstoff (= aerob) in den Kraftwerken der Zellen (Mitochondrien) zur Energiegewinnung oxidiert werden (Beta-Oxidation).

Körpereigenes Karnitin fördert die Einschleusung der Fettsäuren in die Mitochondrien. Bei mehrstündigen Belastungen kann der Energiebedarf zu

90 Prozent aus dem Fettabbau gedeckt werden. Beim Elitemarathonläufer sind es immerhin fast 70 Prozent. Dies zeigt, wie wichtig ruhige Dauerläufe (Fettstoffwechseltraining) für Langstreckler sind.

Bei starker muskulärer Übersäuerung (Blutlaktatwerte über sieben Millimol pro Liter als biochemische Maßeinheit) wird der Fettabbau gehemmt. Um abzunehmen, trainieren leider viele Freizeitsportler in dieser dafür vollkommen unwirksamen Belastung.

Bei hoher Intensität verbraucht man zwar mehr Kalorien, aber leider die falschen. Es geht dabei nicht an die Fettpolster, sondern an die Glykogenvorräte, die hinterher schnell wieder aufgefüllt werden. Wer also Fett abbauen möchte, der sollte es etwas gelassener angehen und lieber langsam und länger trainieren.

Normalerweise liefern Fette und Kohlenhydrate den Sprit mit Sauerstoff. Reicht dieser bei hohem Tempo nicht aus, kann kurzfristig über das störende Nebenprodukt Laktat noch zusätzlich Energie erzeugt werden.
Quelle: Steffny Run Fit Fun 97

Kohlenhydrat- und Laktatstoffwechsel

Aus Fetten und Kohlenhydraten wird hauptsächlich mit Sauerstoff (aerob) Energie gewonnen. Dabei entstehen als Abbauprodukte Kohlendioxid (CO_2) und Stoffwechselwasser. Über den anaeroben Kohlenhydratstoffwechsel (Glykolyse), bei dem das Zwischenprodukt Milchsäure (Laktat) entsteht, kann im Zellplasma auch ohne Sauerstoff aus Kohlenhydraten noch zusätzlich ein Quäntchen Energie für einen kurzfristigen Spurt erzeugt werden. Die hohe Milchsäureanhäufung führt jedoch bereits nach kurzer Zeit (ein bis zwei Minuten) zu einem abrupten Leistungseinbruch.

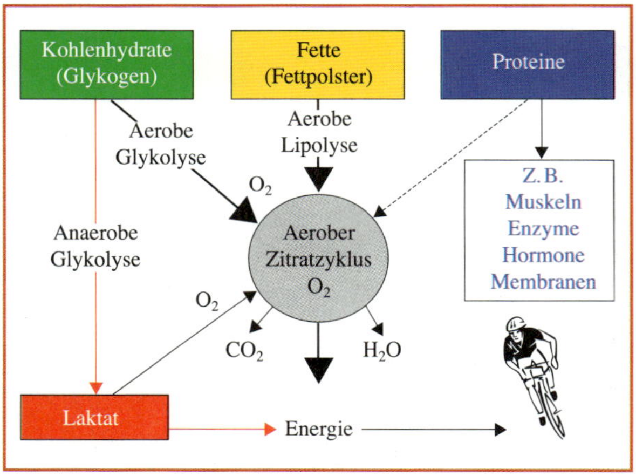

Jogging und Dauerlauf trainieren andere Systeme als Tempoläufe und Intervalle. Fettstoffwechsel, Kapillaren und orthopädische Stabilität werden bei ruhigem Tempo trainiert, Kraft, Herzgröße, aerober Kohlenhydrat- und anaerober Laktatstoffwechsel bei höherer Intensität. Quelle: Steffny Run Fit Fun 97

Ruhiges Laufen hält die Laktatwerte niedrig

Marathonläufer versuchen, während des Rennens gar nicht erst zu übersäuern, ihre Blutlaktatkonzentration bleibt deutlich unterhalb von vier Millimol pro Liter. 10 000-Meter-Läufer laufen im Wettkampf mit sechs bis sieben Millimol pro Liter etwas über der anaeroben Schwelle, und 400-Meter-Läufer erreichen kurzfristig 25 Millimol Laktat pro Liter Blut. Man könnte überspitzt formulieren, dass Mittelstreckler versuchen, trotz einer Stoffwechselvergiftung noch weiterzulaufen, während Langstreckler hohe Laktatwerte vermeiden. Geringere Laktatmengen (0,7 bis 2 Millimol pro Liter) entstehen auch beim ruhigen Dauerlauf, diese niedrigeren Mengen werden aber in Leber, Nieren und nicht beanspruchter Muskulatur gleichzeitig wieder abgebaut.

Das Training bestimmt die Energiebereitstellung

Art und Anteil der Energiebereitstellung sind intensitätsabhängig und trainierbar. Ein Mittelstreckenläufer wird große Anteile seines Trainings im anaeroben Bereich (Laktattoleranztraining) durchführen. Ein Marathonläufer muss große Prozentsätze der Laufkilometer im ruhigen Dauerlauftempo (Lipolyse und aerobe Glykolyse) durchführen. So verbessert er die aerobe Leistungsfähigkeit. Ein trainierter Fettstoffwechsel schont die Kohlenhydratvorräte im Wettkampf. Schlecht vorbereitete oder zu schnell beginnende Marathonläufer haben vorzeitig ihr Glykogendepot verbraucht. Der Fettstoffwechsel wurde mangels langer Läufe oder durch zu schnelles Trainingstempo nur unzureichend trainiert. Um Kilometer 30 geht ihnen der Saft aus.

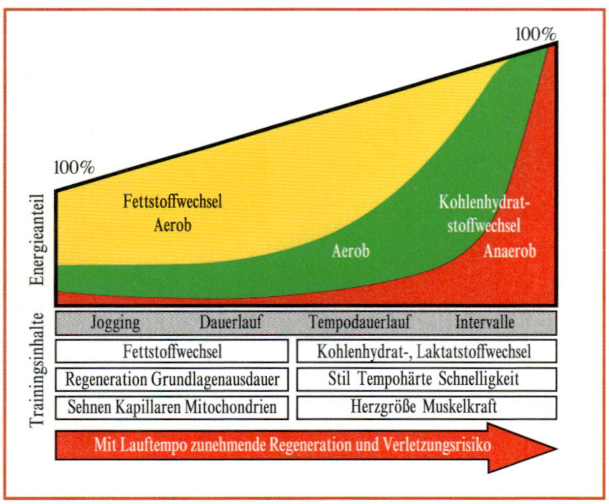

Wie die Muskeln sich anpassen

Muskelkontraktionen werden durch Nervenimpulse ausgelöst. Die Ausläufer der Nervenzellen schütten an ihren Enden Azetylcholin aus, das die Erregung an die Muskelfasern weiterleitet. Dabei wird Kalzium freigesetzt, das in die Muskelzellen einwandert und zusammen mit dem Enzym ATPase (Adenosintriphosphatase) den Abbau der energiereichen Verbindung ATP (Adenosintriphosphat) zum energieärmeren ADP (Adenosindiphosphat) einleitet. ATP ist sozusagen das schnelle Kleingeld im Stoffwechsel.

Sprinter sehen sehr athletisch aus, haben aber kein gut trainiertes Herz. Ausdauersport fördert im Gegensatz zum Schnellkrafttraining die sauerstofftransportierenden Systeme wie Herz, Kreislauf und Lunge.

Die Biochemie setzt Kräfte frei

Die Abspaltung des Phosphatrests setzt die Muskelkontraktion so lange in Gang, bis der ATP-Vorrat erschöpft ist, was für etwa zehn Sekunden maximale Arbeit reicht (Sprung, Sprint). Die ATP-Vorräte können zwar vorübergehend durch muskuläre Phosphatspeicher (Phosphagene) regeneriert werden, bei längeren Belastungen aber wird das ATP im Energiestoffwechsel durch Fett- und Kohlenhydratabbau neu synthetisiert.

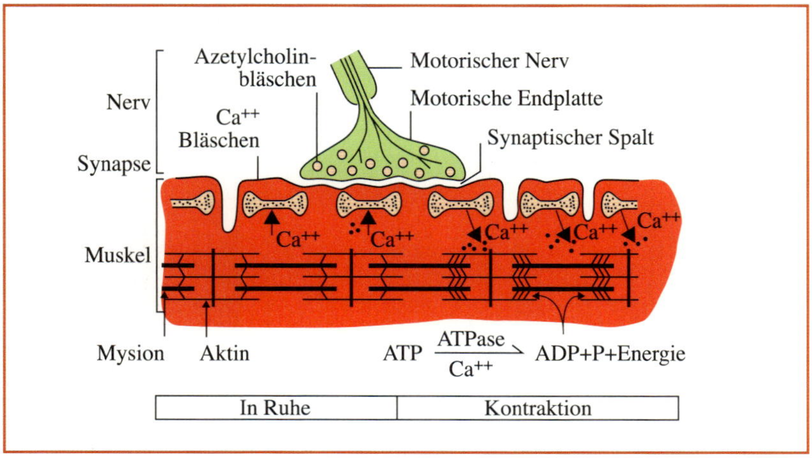

Ein komplexes Zusammenspiel von Nerv und Muskel ermöglicht die Muskelkontraktion. Bei Energieverbrauch schieben sich Eiweißfilamente ineinander und erschlaffen danach wieder.
Quelle: verändert nach H. de Marées 1981

Anpassung des Körpers

	Normalperson, untrainiert	Ausdauersportler bis Eliteläufer
Herzvolumen (ml)	750–850	950–1200
Herzvolumen (ml/kg)	9–12	15–20
Herzschlagvolumen (ml)	55–110	100–220
Ruhepuls (Schläge/min)	60–80	50–30
Maximale Sauerstoff-aufnahme (ml/kg x min)	35–50	55–80
Blutvolumen Mann (l)	4,7–5,6	6,0–7,4
Gesamthämoglobin		20 % höher
Blutdruck in Ruhe (mmHg)	135/78	120/65
Lungenvitalkapazität (l)	5,8	6,2
Atemminutenvolumen (l/min)	120	240
Muskelmyoglobingehalt		75–80 % erhöht
Glykogendepot (g)	350	600
Anteil ST-Muskelfasern	50 %	60–85 %
Muskelkapillaren/mm^2	200–300	300–500
Muskellipidvorrat		verdoppelt
Aerobe Enzymkapazität		2–3fach erhöht
Körperfettanteil Männer	15–25 %	6–13 %
Körperfettanteil Frauen	23–30 %	12–20 %
Körperkaliumgehalt (g/kg)	1,9	2,4

Die eigentliche Muskelkontraktion geschieht durch Ineinanderschieben von feinsten Eiweißfilamenten. Durch die bei der ATP-Spaltung freigesetzte Energie haften sich Köpfchen des Myosinfilaments an die Aktinfilamente und ziehen diese gleitend an sich vorbei. Dabei kann sich ein Muskel um bis zu zwei Drittel seiner Länge zusammenziehen. Wenn sich die Köpfchen dann wieder lösen, erschlafft der Muskel schließlich.

Die intramuskulären Fett- und Glykogenspeicher können sich durch Ausdauertraining verdoppeln. Langzeitausdauersportler haben rund 2000 Gramm Lipide in den Muskelzellen eingelagert.

Muskelfasertypen – Sprinter oder Marathonläufer?

Es gibt schnell kontrahierende FT-Fasern (fast twitch fibers) und langsamere ST-Fasern (slow twitch fibers). Die Verteilung ist bei jedem Menschen angeboren. Sie lässt sich durch Training kaum ändern. Während Normalpersonen von beiden Typen etwa gleich viel besitzen, haben Weltklassemarathonläufer oder Skilangläufer um 80 und mehr Prozent ST-Fasern, deren Stoffwechsel und Eigenschaften zu aeroben Ausdauerleistungen wie geschaffen sind. Selbst durch Training könnten sie nicht mehr zum Elitesprinter werden. Bei ruhigem Lauftempo werden zunächst die ST-Fasern aktiviert, bei intensivem Training erst die FT-Fasern dazugeschaltet.

Training bringt bessere Durchblutung

Die günstige Ausstattung der ST-Fasern kann durch Training weiter verbessert werden. Ausdauertrainierte weisen eine etwa 40 Prozent höhere Kapillarisierung auf als Untrainierte, was eine erheblich verbesserte Durchblutung mit sich bringt. Es dauert bis zu zwei Jahre, ehe die Kapillarisierung maximal ausgeprägt ist.

Im Lauf des Ausdauertrainings können die Muskelfasern ihren aeroben Enzymbestand, Glykogen und funktionelle Fettreserven verdoppeln. Die Zahl der Mitochondrien (Zellkraftwerke), in denen der aerobe Energiestoffwechsel abläuft, ist erhöht.

Muskelfasertypen

Eigenschaft	ST-Faser	FT-Faser
Kontraktion	Langsam (110 msec)	Schnell (50 msec)
Ermüdung	Spät	Früh
Kapillarisierung	4,8 Kap./Faser	2,9 Kap./Faser
Mitochondrien	Sehr viele	Mittel
Myoglobin	Sehr viel	Mittel
Durchmesser	Dünner	Dicker
Stoffwechsel	Vor allem aerob	Vor allem anaerob
Energiespeicher	Fett, Glykogen	Glykogen, Phosphagene

Intensives anaerobes Training würde diese aeroben Anpassungen wieder rückgängig machen. Das ist der Grund, warum beispielsweise im Gesundheits-, aber auch im Marathontraining zu hohe Intensitäten (über sieben Millimol pro Liter Laktat) das aerobe Leistungsvermögen verschlechtern. Marathon- und Bahntraining für kurze Distanzen wie 5000 Meter und 10 000 Meter gleichzeitig vertragen sich deshalb meist nicht gut!

Training nach Puls und Laktat

Für die optimale Trainingsqualität ist auch die richtige Intensität von entscheidender Bedeutung. Leider ist vielen, vor allem den Späteinsteigern, das rechte natürliche Maß verloren gegangen. Sie vergreifen sich oft im Trainingstempo und trainieren meist zu hart oder zu gleichförmig. Ihnen fehlt ein so gutes Körpergefühl wie den Kenianern, die schon in frühester Kindheit regelmäßig auf den Beinen sind. Denen gibt quasi eine innere Stimme das Optimum vor. Die richtige Belastung und der derzeitige Leistungsstand lassen sich aus Trainings- und Wettkampfresultaten oder über Tests mit einer Messung der Herzfrequenz oder der Laktatkonzentration im Blut ermitteln.

Untersucht man mittels Muskelbiopsie Durchschnittspersonen, so haben sie etwa gleiche Anteile an ST- und FT-Muskelfasern. Bei Eliteausdauersportlern überwiegen die ST-Fasern, bei Schnellkraftsportlern die FT-Fasern.

So messen Sie den Puls

Früher musste man im Training kurz stehen bleiben und sofort die Hand auf das Herz legen oder besser die Pulsadern am Handgelenk ertasten, für zehn Sekunden konzentriert die bereits langsamer werdenden Schläge zählen und dann mit Sechs multiplizieren, um auf den Minutenwert zu kommen – der

dann aber etwas zu niedrig war. Genauer und bequemer geht das mit den modernen Herzfrequenzcomputern mit Brustgurt nach EKG-Methode. Die einfachsten Geräte kosten heute nicht mehr als ein Paar Laufschuhe. Man kann eine Pulsober- und Untergrenze einstellen, vor deren Überschreitung ein Piepston warnt. Die Topmodelle können darüber hinaus zur Dokumentation und Auswertung die Pulsfrequenzen speichern, die man über ein Interface mit entsprechender Software direkt in einen Computer einlesen kann. Dort können sie archiviert, ausgewertet, grafisch dargestellt und miteinander verglichen werden.

Ein über Wochen und Monate im Trainingsprozess abnehmender morgendlicher Ruhepuls ist ein Zeichen für ansteigende Form. Ein plötzlich erhöhter Wert kann auf harte Belastung, Übertraining, eine mögliche Erkrankung, zu wenig Schlaf oder (alkoholische) Sünden am Vorabend hinweisen. Man misst ihn am besten morgens vor dem Aufstehen. Der Puls des Durchschnittsbürgers liegt zwischen 60 und 70, bei gut trainierten Ausdauersportlern zwischen 50 und 30.

Eine Faustformel zur Berechnung des Maximalpulses lautet 220 minus Lebensalter. Gesunde Sportler können ihren individuellen Maximalpuls genauer am Ende einer vollen Belastung (Berglauf, Zehn-Kilometer-Wettkampf, harte 1000-Meter-Intervalle) ermitteln.

Belastungs- und Erholungspuls ermitteln

Vergleicht man in regelmäßigen Abständen die Herzfrequenz bei ähnlicher Belastung und die Erholungswerte in Minutenabständen danach, kann man Trainingsfortschritte gut dokumentieren. Auch die Trainings- und Wettkampfgeschwindigkeit selbst lässt sich nach der Herzfrequenz kontrollieren. Im Alter wird man ruhiger, das gilt auch für das Herz. Fitnessläufer können mit der Herzfrequenz sehr einfach die richtige altersabhängige Trainingsdosierung kontrollieren. Eine optimale Belastung erhalten Sie nach der simplen Formel: Trainingspulsfrequenz ist 180 minus Lebensalter plus/minus 10 Schläge. Ein 40-Jähriger sollte also zwischen 130 und 150 Schlägen pro Minute laufen. Diese Formel trifft auf die meisten Läufer zu.

Kleines Stoffwechsellexikon

Aerob Mit Sauerstoff

Anaerob Ohne Sauerstoff

Anaerober Schwellenbereich Intensität, bei deren Überschreitung die Milchsäurekonzentration stark ansteigt, da die Sauerstoffversorgung des Muskels nicht mehr reicht

Vier-Millimol-Schwelle Intensität, bei der im Blut die Konzentration von vier Millimol Laktat pro Liter Blut gemessen wird; grob der anaeroben Schwelle gleichzusetzen

Enzym Ferment; spezialisierte Eiweiße, die Stoffwechselvorgänge ermöglichen, lenken oder beschleunigen

Glykogen Tierische Stärke; verzweigtes Makromolekül aus Glukoseeinheiten für Aufbau und Speichern von Kohlenhydraten in Leber und Muskulatur; Aufbau wird durch Insulin gefördert, durch Adrenalin gehemmt

Glykogenolyse Abbau des Glykogens

Glykolyse Energiegewinnung aus Kohlenhydraten (Glukose) im Zellplasma

Laktat Salz der Milchsäure

Lipolyse Energiegewinnung aus Fetten in den Mitochondrien (Zellkraftwerken)

Maximale Sauerstoffaufnahme VO_2 max.; maximal über die Lunge aufnehmbare Sauerstoffmenge, sie gibt über die Herz-Lungen- und so über die aerobe Leistungsfähigkeit Aufschluss (Einheit: ml O_2 / min x kg), Untrainierte liegen bei 35 bis 50, Topausdauersportler bei 75 bis 85 ml O_2 / min x kg

Milchsäure Zwischenprodukt der Energiegewinnung aus Kohlenhydraten bei Sauerstoffmangel im Zellplasma

Sauerstoffschuld Sauerstoffmenge, die nach intensiven anaeroben Belastungen zum Abbau entstandener Milchsäure benötigt wird

Steady state Gleichgewichtszustand bei submaximalem Tempo, bei dem sich Sauerstoffaufnahme und -verbrauch gerade noch die Waage halten (maximales steady state); grob der anaeroben Schwelle gleichzusetzen

Ausdauertraining weit unter Maximalpuls

Wer schon lange Ausdauersport betreibt, erhält sich allerdings oft einen höheren Maximalpuls. Wirksames Ausdauertraining ist bei 65 bis 85 Prozent des Maximalpulses, dem Bereich, in dem man aerob, also ohne Sauerstoffschuld bei geringen Milchsäurewerten, trainiert. Ein 40-Jähriger hätte nach der Formel einen Maximalpuls von rund 180 (220 minus 40). 65 bis 85 Prozent davon ergäben einen Trainingsbereich von 117 bis 153, in dem auch Leistungslangstreckler den größten Teil ihres Trainings absolvieren sollten.

Schneller durch ruhiges Laufen: Es klingt paradox, aber den meisten Läufern, die schneller werden möchten, mangelt es nicht an Tempotraining, sondern an regenerativen Dauerläufen und Trainingskilometern.

Weniger ist oft mehr

»Je schneller ich laufe, desto besser werde ich!« Diese Annahme ist ebenso weit verbreitet wie falsch. Wer schneller läuft, der übersäuert, es entsteht im Muskel Milchsäure (bzw. Laktat, das Salz der Milchsäure), die den Muskel hemmt und bei hohen Werten schädigen kann. Diese so genannte anaerobe Schwelle ist auch dort weit überschritten, wo stilistisch locker-flottes Laufen in verkrampftes Abhetzen mit überschlagender hastiger Atmung und rotem Kopf übergeht.

Trainingssteuerung mit Laktatmessung

Ein weiteres, die Herzfrequenzkontrolle gut ergänzendes Messverfahren ist die direkte Ermittlung der Milchsäurekonzentration im Blut. Dazu wird das Training oder der Testlauf kurz unterbrochen, um aus dem Ohrläppchen oder der Fingerkuppe ein Tröpfchen Blut zu entnehmen. Milchsäure entsteht in größeren Mengen bei höherer Geschwindigkeit, wenn die Muskulatur über Lunge und Kreislauf nicht mehr genügend Sauerstoff zur Deckung des Energiebedarfs erhält. Als kurzfristige Notlösung (Flucht, Endspurt) kann auf diesem Stoffwechselnebenweg (anaerobe Glykolyse) allerdings noch etwas zusätzliche Energie erzeugt werden.

Im ruhigen Dauerlauf liegt die Ausdauer

Für Langstreckler und Fitnessläufer spielt das nur eine untergeordnete Rolle. Eine stärkere Übersäuerung der Muskulatur sollte sogar möglichst vermieden werden. Ein Zehn-Kilometer-Läufer hängt zu 90 Prozent, ein Marathonläufer sogar zu 95 Prozent von der aeroben Energieversorgung ab; daher sind bei ihnen die für die Sauerstoffversorgung so wichtigen Bereiche Herz-Kreislauf-System und Lunge im Gegensatz zum Sprinter auch gut ausgebildet. Der ruhige Dauerlauf ist die Haupttrainingskomponente.

Die Puls- und Laktatleistungskurve

Während die Herzfrequenz mit der Laufgeschwindigkeit bis zur anaeroben Schwelle linear ansteigt, zeigt die Laktatleistungskurve einen anderen Verlauf. Erst ab der Geschwindigkeit um die anaerobe Schwelle treten schlagartig höhere Milchsäurewerte im Blut auf. Die Laktatkonzentration in diesem Schwellenbereich liegt bei etwa vier Millimol pro Liter Blut. Bei höherem Tempo geht man vorübergehend eine Sauerstoffschuld ein, die nach der Belastung (langsames Auslaufen!) durch Abbau des Laktats schnell wieder verschwindet. 400-Meter-Läufer, die mit sehr hohen Laktatwerten laufen, ringen im Ziel nach Luft, Marathonläufer, die den Wettkampf im aeroben Bereich absolvieren, geben sofort nach dem Zieleinlauf ein Interview.

Die Herzfrequenz (HF) steigt linear mit der Laufgeschwindigkeit an. Die Laktatproduktion im Muskel hingegen erhöht sich erst im Bereich der anaeroben Schwelle (ca. vier Millimol) explosionsartig. Quelle: Steffny Run Fit Fun 97

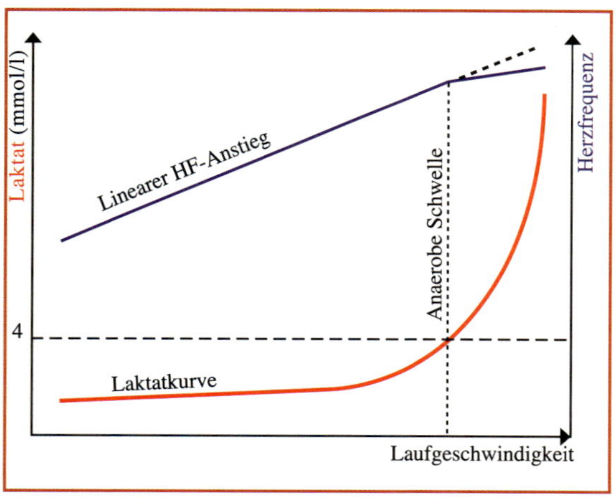

Für die Praxis bedeutet der unterschiedliche Kurvenverlauf, dass man im aeroben Bereich sehr gut nach Herzfrequenz, im Schwellenbereich und darüber oder im Krafttraining genauer nach Laktatmessung

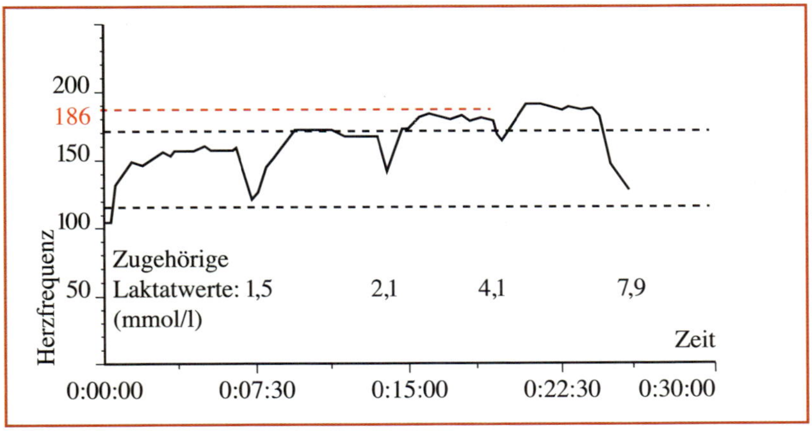

Beim Stufentest wird allmählich das Tempo gesteigert und dabei Herzfrequenz und in einer kurzen Pause der zugehörige Laktatwert ermittelt. Im Beispiel liegt die anaerobe Schwelle (vier Millimol Laktat) bei Puls 186. Quelle: Steffny Run Fit Fun 97

dosieren kann. Absolviert ein Laufprofi beispielsweise laktatkontrollierte Tempoläufe wie 3-mal 3000 Meter im Schwellenbereich, so kann er mit einem handlichen Messgerät (»Accusport« von Hestia Pharma) nach Entnahme eines Tropfen Bluts aus der Fingerbeere schon nach dem ersten Lauf innerhalb von einer Minute die Belastung ermitteln und die Intensität der folgenden Einheiten gegebenenfalls sofort korrigieren. Eine gelegentliche Laktatkontrolle kann auch Laufeinsteiger oder Walker vor Überforderung schützen, denn Kontrolluntersuchungen zeigten, dass sich die meisten Fitnessläufer viel zu hoch belasten.

Stufentests auf dem Laufband haben den Vorteil der konstant steuerbaren Laufgeschwindigkeit und der Wetterunabhängigkeit. Andererseits laufen viele Läufer auf dem Band sehr unsicher und technisch anders als im Freien.

Die anaerobe Schwelle ermitteln

Die Laktat- und Herzfrequenzmessung eignen sich auch hervorragend zur Ermittlung der anaeroben Schwelle in einem Stufentest. Entweder wird dieser in einem sportmedizinischen Institut auf dem Laufband durchgeführt oder als Feldtest im Freiland. Der erste Lauf kann hierbei z. B. regenerativ, der zweite als normaler Dauerlauf, der dritte im vermuteten Schwellenbereich und der

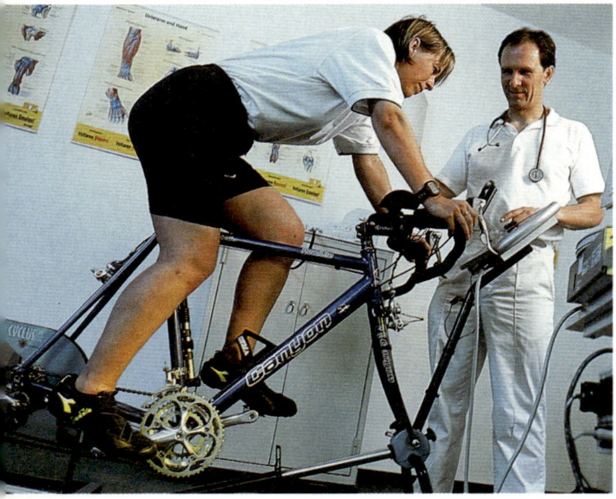

Leistungstest: Besonders Laufanfänger sollten ihre Belastungsfähigkeit unter sportärztlicher Aufsicht kontrollieren lassen.

vierte im momentan möglichen Zehn-Kilometer-Tempo durchgeführt werden. Beim Laktatstufentest kann man den Pulswert und die Geschwindigkeit für die Schwelle ermitteln und hieraus in den folgenden Wochen die anderen Trainingsvorgaben bestimmen, bis eine neue Abgleichung stattfindet.

Kontrolle ist gut

Am besten kontrolliert man sein Training mit verschiedenen Methoden: Puls- und Laktatmessung, Trainingsresultate und Wettkämpfe. Bei Training nur nach Geschwindigkeit kann man im Höhentraining, im Winter auf Schnee oder im Sommer bei Hitze gewaltig danebengreifen. Mit modernen Methoden und handlichen Geräten kann ein Athlet sein Training überwachen und steuern. Zusammen mit gelegentlicher Laktatüberprüfung kann die Herzfrequenzmessung dazu beitragen, verlorenes Körpergefühl wiederzuerlangen.

Der Coopertest zur Ausdauerermittlung

Der Coopertest ist nach dem amerikanischen Arzt Dr. Kenneth Cooper benannt, der 1968 mit seinem Buch »Aerobics« in den USA den Joggingboom mit ausgelöst hat. Das einfache Verfahren zum Testen der Ausdauerleistungsfähigkeit eignet sich nicht für Ungeübte. (Wieder-)Einsteiger über 35 Jahre sollten ihn erst nach einigen Wochen Training und ärztlicher Untersuchung

absolvieren. Da es dabei zu einer maximalen Belastung kommt, sollte der Test nur von Gesunden durchgeführt werden. Dennoch ist der Zwölf-Minuten-Lauftest ein einfaches und bezüglich der Ausdauerleistungsfähigkeit (maximale Sauerstoffaufnahme) für Freizeitsportler aussagekräftiges Verfahren. Wichtig: eine genau abgemessene Laufstrecke (400-Meter-Bahn im Stadion).Versuchen Sie, in zwölf Minuten möglichst weit zu laufen. Am weitesten kommen Sie, wenn Sie zu Beginn nicht zu schnell loslaufen. Vergleichen Sie Ihre erzielte Distanz mit den Tabellenwerten. Für 20- bis 40-jährige Männer ist die ungefähre maximale Sauerstoffaufnahme (in ml O_2/kg x min) angegeben.

Enorme Geschwindigkeit: Weltklasseläufer legen in zwölf Minuten mittlerweile schon fast 5000 Meter zurück.

Auswertung Coopertest

20 bis 40 Jahre		40 bis 50 Jahre		50 bis 60 Jahre		Bewertung
Männer	Frauen	Männer	Frauen	Männer	Frauen	
>3200 m >57	>2800 m	>3000 m	>2600 m	>2800 m	>2400 m	Ausgezeichnet
2900 - 3200 m 52–57	2500 - 2800 m	2700 - 3000 m	2300 - 2600 m	2500 - 2800 m	2100 - 2400 m	Sehr gut
2600 - 2900 m 47–52	2200 - 2500 m	2400 - 2700 m	2000 - 2300 m	2200 - 2500 m	1800 - 2100 m	Gut
2300 - 2600 m 42– 47	1900 - 2200 m	2100 - 2400 m	1700 - 2000 m	1900 - 2200 m	1500 - 1800 m	Mittel
<2300 m <42	<1900 m	<2100 m	<1700 m	<1900 m	<1500 m	Nicht so toll!

Lauf-training mit SYSTEM

Trainingsplanung – gewusst wie: Wie Sie sich kontinuierlich steigern und welche Trainingsformen zum Erfolg führen.

Wie Sie sich **steigern können**

Für Langstreckenläufer und Fitnessjogger ist die Ausdauer das wichtigste Trainingsziel. Kraft, Schnelligkeit, Koordination und Beweglichkeit sind nicht zu vernachlässigende Nebenkomponenten.

Der Gesundheits- und Leistungsläufer ist gut beraten, nicht einfach draufloszurennen, sondern durch gezielte Planung seines Lauftrainings seine sportliche Leistungsfähigkeit möglichst günstig einzusetzen und zu steigern. Alle kurz- oder langfristigen Maßnahmen dieses Trainings lassen sich in einem Trainingsplan optimal abstimmen und steuern. Die Belastungsreize (Umfang, Dauer, Häufigkeit, Intensität) müssen gut dosiert und so aufeinander abgestimmt sein, dass sie eine Anpassung des Körpers durch Vergrößerung und Mobilisierung der Leistungsreserven bewirken. Dies geschieht auf physischer und psychischer Ebene. Während ein Stubenhocker höchstens 70 Prozent seiner Leistungsreserven ausschöpft, kann ein jahrelang trainierter Topathlet 90 bis 95 Prozent mobilisieren. Die restlichen fünf bis zehn Prozent sind Reserven, auf die z. B. bei Todesangst oder Doping zurückgegriffen wird.

Man unterscheidet in der Trainingslehre je nach motorischer Beanspruchung fünf Fähigkeiten, die ineinander greifen:

- **Koordination:** Sie ist Voraussetzung für ein optimales, ökonomisches Zusammenspiel zwischen dem Nervensystem und den für den Bewegungsablauf notwendigen Muskelgruppen. Koordination wird schon in frühester Kindheit gelernt und in einem motorischen Gedächtnis gespeichert.
- **Beweglichkeit:** Die willkürliche Flexibilität und Beweglichkeit in einem Gelenk werden durch Muskulatur, Sehnen und den Bandapparat bestimmt. Der natürliche Abbau der Beweglichkeit (Altern) kann durch Dehnungsübungen aufgehalten werden.
- **Kraft:** Die Kraftentwicklung ist für Langstreckenläufer eher nebensächlich. Sie geht im Wesentlichen mit der Dicke und Vermehrung von FT-Muskel-

fasern einher, was die Ausdauerfähigkeit sogar beeinträchtigen kann. Kraftausdauer steht zwischen Kraft und Ausdauer und spielt für Läufer beim Training der Rumpfmuskulatur und beim Berg-, Hindernis- oder Crosslauf eine wichtige Rolle.

- **Schnelligkeit:** Die Schnelligkeit beruht im Wesentlichen auf Kraftzuwachs, Verbesserung der schnellen Energiesysteme und der Koordination des Nerv-Muskel-Zusammenspiels. Schnelligkeit geht im Alter früher als die Ausdauer verloren und ist auch nicht mehr so gut trainierbar. Schnelligkeitstraining ist verletzungsanfälliger, da mit hohen Intensitäten geübt wird.
- **Ausdauer:** Beim Fitness- oder Marathonlauf steht natürlich das Ausdauertraining im Vordergrund. Unter Ausdauer versteht man die Widerstandsfähigkeit gegenüber Ermüdung, also eine Leistung über einen möglichst langen Zeitraum aufrechterhalten zu können. Neben psychischen Faktoren sind insbesondere die Anpassungen im Energiestoffwechsel entscheidend. Schnelle Regeneration ist ebenfalls Zeichen einer guten Ausdauer.

Die auch für Marathonläufer wichtige Kraftausdauer kann man im Winter außer mit Crosslauf hervorragend auch durch Skilanglauf und im Sommer außer mit Berglauf durch Radfahren oder Mountainbiking steigern.

Ausdauerbegriffe

Aerobe und anaerobe Ausdauer nach der Energiebereitstellung: Energie wird überwiegend mit bzw. ohne Sauerstoff bereitgestellt

Allgemeine oder lokale Ausdauer nach Muskulatureinsatz: Größere (> als ein Sechstel) oder kleinere (< als ein Sechstel) Anteile der Muskulatur werden eingesetzt

Kurz-, Mittel-, Langzeitausdauer gemäß dem Zeitfaktor: Wettkampfdauer unter zwei Minuten, zwei bis zehn Minuten oder mehr als zehn Minuten

Statische oder dynamische Ausdauer nach der Arbeitsweise: Muskeln leisten Halte- oder Bewegungsarbeit

Grundlagen- oder spezielle Ausdauer nach der Spezifität: sportartunabhängig (beispielsweise Herz oder Lunge) oder sportartspezifisch

Trainingsplanung – gewusst wie

Einer sinnvollen Trainingsplanung und -gestaltung liegen einige allgemein gültige Trainingsprinzipien zugrunde, die überwiegend auf biologische Gesetzmäßigkeiten zurückzuführen sind.

Häufig wird ohne System einfach drauflosgelaufen. Hauptfehler sind mangelnde Kilometer, zu wenig Variationen, zu eintöniges und viel zu schnelles Training. Die meisten Läufer würden nicht durch intensives, sondern durch variables und fleißigeres Training schneller.

Wirksamer Trainingsreiz

Trainingsreize müssen eine bestimmte Reizschwelle überschreiten, um eine Anpassung hervorzurufen. Unterschwellige Reize bleiben wirkungslos, zu starke Reize zerstören Strukturen und Funktionen.

Progressive Belastungssteigerung

Nach erfolgter Trainingsanpassung verschiebt sich auch die Reizschwelle. Die Belastung sollte allmählich gesteigert werden. Sinnvoll ist die Reihenfolge:

- Erst Erhöhung der Häufigkeit des Trainings
- Dann Verlängerung der Dauer der Einheiten
- Zuletzt erst Steigerung des Tempos

Variation der Trainingsbelastung

Bei ständig gleichartiger Belastung steigert sich die Leistung nicht. Das sympathische vegetative Nervensystem stumpft ab. Variable Trainingsreize sorgen für eine ständig neue Stimulationslage und eine wirkungsvollere Überlagerung der Belastungs- und Regenerationsprozesse.

Wiederholung und Dauerhaftigkeit

Trainingsreize müssen mehrfach über einen längeren Zeitraum wiederholt werden, um eine stabile und optimale Anpassung zu erzielen. Während sich Stoffwechselparameter wie Enzyme schnell verbessern, brauchen morphologische Strukturen wie Kapillaren und Sehnen Monate bis Jahre.

Abwechslung ist Trumpf. Beim Radfahren werden auch Muskeln beansprucht, die beim Laufen nicht so stark belastet sind.

Optimale Gestaltung von Belastung und Erholung

Ohne Erholung ist Training nicht wirksam. Der nächste gleichartige Reiz sollte erst nach einer verbesserten Wiederherstellung (Superkompensation) erfolgen. Erfolgt der Reiz zu früh, können eine Abnahme des Leistungsniveaus und Übertraining die Folgen sein. Verschiedene biologische Systeme regenerieren dabei unterschiedlich schnell. Der Durst ist in wenigen Stunden gestillt, zerstörte Zellmembranen sind erst nach fünf bis zehn Tagen wiederhergestellt.

Periodisierung und Zyklisierung

Wettkampforientierte Läufer können nicht das ganze Jahr über Höchstleistungen erbringen. Auf eine Vorbereitungs- wird eine Wettkampf- und danach eine Übergangsperiode verminderten Trainings folgen. Jede dieser manchmal monatelangen Phasen wird in kürzere Abschnitte (Mikrozyklen) unterteilt.

Individualität und Altersgemäßheit

Jeder Mensch ist körperlich und motorisch, aber auch im Temperament und Intellekt verschieden. Jedes Individuum reagiert anders auf Trainingsreize. In bestimmten Altersphasen ist man besonders lernfähig für bestimmte Eigenschaften, z. B. für Koordination und Schnelligkeit in der Jugend. Das erfordert eine Berücksichtigung bei der Trainingsplanung.

Läufer sollten nach dem Saisonhöhepunkt mal »fremdgehen« und Rad fahren oder schwimmen. Selbst Topfahrer Jan Ullrich sitzt in der Übergangsphase nicht nur auf dem Rad, sondern joggt zusätzlich morgens eine halbe Stunde lang.

Zunehmende Spezialisierung

Radrennfahrer, Schwimmer und Läufer haben ein gut funktionierendes Lungen- und Herz-Kreislauf-System gemein. Eine gute Anpassung der Grundlagenausdauer kann man sich in allen Ausdauersportarten erwerben, nicht aber die spezielle Ausdauer von Muskeln, die nur bei einer Sportart besonders eingesetzt werden. Die Anteile dieses wettkampfspezifischen Trainings und die Einübung einer sportartbezogenen Technik und Taktik nehmen nach dem Grundlagentraining im Aufbau- und Wettkampftraining entsprechend zu.

Wer nicht als Profi vom Laufen lebt, sollte sich überlegen, wie viel Stress und Zeitaufwand man sich neben Beruf, Familie und Freizeit für das Training leisten kann.

Die optimale Leistung

Wer irgendwann mehr will als Fitnesslaufen, wer an Wettkämpfen teilnehmen möchte und nach persönlichen Bestzeiten strebt, der sollte wissen, wie solche Leistungen entstehen. Wer für sich aber das Maximale herausholen will, der muss alle Rahmenbedingungen optimieren.

Training

Training ist neben Talent der wichtigste Faktor. Wer meint, mit Schmalspuraufwand einen guten Marathon laufen zu können, wird scheitern. Ohne Fleiß kein Preis. Für Ausdauersportarten steht und fällt die Leistung mit den Trainingskilometern. Die wettkampfspezifische richtige Mischung aus Umfang und Intensität kommt hinzu. Viele setzen fälschlicherweise Qualität mit Intensität gleich. Eine ruhige Trainingseinheit kann bei müden Beinen aber die beste Trainingsqualität darstellen. Für einen Marathonläufer sind viele lockere Trainingskilometer viel wichtigerer als intensive Intervalleinheiten.

Regeneration

Jedes Training ist nur so gut, wie es vor- und nachbereitet wird. Wer vor einem wichtigen Wettkampf nicht genügend ruht, erreicht nicht sein volles Potenzial.

Wer beim Training so viel Intensität hineinstopft, dass der Körper mit den Anpassungsprozessen nicht mehr nachkommt, betreibt Raubbau statt Aufbau.

Glaubt man der Werbung, so ist jede neue Schuhentwicklung eine Revolution. Tatsache ist aber, dass viele gute Laufschuhentwicklungen dem Marketing zuliebe schon vor Jahrzehnten wieder eingestellt wurden.

Ernährung

Eine ausgewogene, fettärmere, vollwertige Ernährung mit einer hohen Nährstoffdichte an Vitaminen, Mineralstoffen und Spurenelementen, genügender Flüssigkeitszufuhr, Kohlenhydraten und hochwertigen Eiweißkombinationen legt den Grundstein für eine schnelle Regeneration. Ein optimales Wettkampfgewicht ohne überflüssige Pfunde fördert die Leistung.

Material

Der Schuh ist mit Abstand der wichtigste Ausrüstungsgegenstand. Er ist nicht nur die Bindung zwischen sportlicher Leistungsfähigkeit und Untergrund, sondern schützt auch vor Verletzungen. Wer auf nassem Boden mit rutschigen Sohlen einen Wettkampf bestreitet, verliert wertvolle Sekunden und Nerven. Ohne Uhr lassen sich schwerlich Zwischenzeiten herausstoppen. Wer im Sommer zu warm angezogen ist, schwitzt bei einem Wettkampf zu viel Wasser aus.

Wer eine optimale Leistung erzielen möchte, sollte alle Laufbegleitumstände verbessern. Talent und Trainingsfleiß sind am wichtigsten, aber auch Regeneration, berufliches und privates Umfeld müssen organisiert sein. Quelle: Steffny Run Fit Fun 97

Kampfläufer: Emil Zatopek lief wirklich nicht ästhetisch schön, aber sehr erfolgreich.

Technik und Laufstil

Zugegeben, es gab Olympiasieger mit schlechtem Laufstil. Emil Zatopek, die tschechische »Lokomotive«, war seiner Konkurrenz trainingsmethodisch und physiologisch überlegen. Er konnte sich unökonomische stilistische Eigenheiten wie Kopfrollen und mit den Ellbogen nach außen zu schlagen leisten. Die gröbsten Fehler sollten aber korrigiert werden. Häufig ist ein schlechter Laufstil eine Folge von gymnastischen Defiziten.

Taktik

Gleichmäßiger Krafteinsatz – gute Zeiten. Bei nahezu allen Weltrekorden im Langstreckenbereich wurde die erste Hälfte der Strecke fast genauso schnell gelaufen wie die zweite. Das Erfolgsrezept »gleichmäßiges Tempo« gilt auch für Volksläufer. Zur Renntaktik gehört auch Planungsarbeit: Streckenkenntnis, durchdachte Wettkampfverpflegung bis hin zu taktischen Raffinessen, wie sich z. B. bei Gegenwind in Gruppen zu verstecken oder den Gegner durch zermürbende Zwischenspurts psychisch unter Druck zu setzen.

Kurs und Wetter

Genauso wie sich bei widrigen Bedingungen im Wettkampf keine Bestzeit erzielen lässt, sollte man auch das Tempotraining entsprechend verlangsamen.

Auf einem bergigen Kurs, auf Kopfsteinpflaster, bei heißem oder windig kaltem Wetter lassen sich kaum Bestzeiten erzielen. Der Honolulu-Marathon auf Hawaii ist ein schönes Laufferienabenteuer. Bestzeiten erzielt man aber eher im Frühling oder Herbst bei kühler Witterung auf schnellen Kursen wie in Hannover, Hamburg, Berlin und Frankfurt.

Motivation

Sie müssen an sich glauben. Wer in der zweiten Hälfte des Rennens keine Antwort auf die Frage »Warum das alles?« weiß, der hat verloren. Im Training sollte man immer wieder seine Vision durchspielen, sich im Rennen laufen sehen,

sich richtig »heiß« machen: »Ja, ich will es! Ich schaffe meinen ersten Marathon, das wäre doch gelacht!«

Für Altersklassensportler gibt es Seniorenmeisterschaften und Veteranenweltmeisterschaften. In den USA heißen Läufer über 40 Jahre etwas anerkennender »Masters«. Die weltbesten Läufer messen sich alljährlich beim auch gut dotierten Boston-Marathon.

Soziales Umfeld

Während Laufprofis bei der Polizei oder Bundeswehr großzügig zum Training freigestellt werden, muss der durchschnittliche Hobbyläufer seine Trainingsstunden mühsam von der knappen Freizeit abzwacken. Das macht die Familie manchmal nicht mit. Jeder muss für sich selbst herausfinden, wie viel Trainingszeit einzuplanen und zusätzliche Belastung sinnvoll neben stressigem Arbeitsalltag und den Anforderungen der Familie ist.

Gesundheit

Nur wer gesund ist, kann eine optimale Leistung erzielen. Wer Fieber hat, gehört ins Bett. Eine chronische, unerkannte Zahnentzündung kann das Leistungsniveau erheblich senken. Wer übertrainiert ist, bekommt vielleicht kurz vor dem Wettkampf eine Grippe, weil sein Immunsystem geschwächt ist. Wer an Verletzungen laboriert, sollte sich überlegen, ob er durch Pausieren nicht mehr Zeit gewinnt. Später, wenn die Verletzung erst chronisch geworden ist, wird man es bereuen, nicht frühzeitig aufgehört zu haben. Für die Gesundheit muss man auch mal einen Wettkampf verschieben oder ausfallen lassen.

Lebensalter

Für ältere Läufer ist es wichtig zu akzeptieren, dass jedes Lebensjahr im Marathon einige Minuten kostet. Intensives Training wird orthopädisch immer riskanter. Die Altersklasseneinteilungen machen es aber leichter, zumindest in seiner Altersgruppe noch relative Erfolge zu erzielen. Wer erst mit 50 Jahren einsteigt, hat gute Karten, noch fünf Jahre lang immer besser zu werden, da sein Körper diese Zeit benötigt, um sich überhaupt erst anzupassen.

Talent

Mit Sicherheit ist Talent der wichtigste Faktor im Leistungssport. Aber ohne Trainingsfleiß kommt auch ein Spitzenläufer nicht zum Erfolg. Bei einigen hat Mutter Natur scheinbar etwas gnädiger gewürfelt als bei anderen. Ein Beispiel für die genetische Ausprägung des Talents ist die unterschiedliche Muskelfaserzusammensetzung bei Sprintern oder Langstrecklern. Der hohe ST-Faseranteil bei Elitelangstreckenläufern ist eine Ursache dafür, dass ein Lauftalent »aus der Hose heraus« ohne viel Training über zehn Kilometer in 35 Minuten läuft, eine Zeit, die die meisten trotz viel Fleiß nie erreichen werden.

Viele Läufer können nicht runterschalten. Wer die Kenianer schon einmal beim Warmlaufen beobachtet hat, weiß, wie langsam Weltklasseläufer trainieren können. Beim anschließenden Wettkampf explodieren sie dann aber regelrecht.

Die Formen des **Lauftrainings**

Wenn Sie immer nur dieselbe Strecke im selben Tempo durchlaufen, erreichen Sie einen geringeren Trainingseffekt, als wenn Sie Ihr Training variabel gestalten. Monotone Reize stumpfen den Körper ab. Das Geheimnis des Erfolgs liegt also in der richtigen Mischung der Trainingsmittel.

Jogging – regenerativer Dauerlauf

Bei echten »Laufmachos« ist das langsame Jogging verpönt. Zu Unrecht, denn die ruhigste Form des Dauerlaufs bei etwa 65 Prozent des Maximalpulses ist ideal für Regeneration nach hartem Training oder Wettkämpfen, zum Warm- und Auslaufen oder bei Trabpausen zwischen Tempoläufen. Die langsame Belastung ermöglicht eine »Luxusdurchblutung« der Muskulatur ohne Stress und fördert die Erholung durch Antransport von Sauerstoff und Nährstoffen und Abtransport von Milchsäure und anderen Stoffwechselendprodukten. Regenerative Dauerläufe dauern wenigstens 30 Minuten, in der Form des

Fremdgehen empfohlen: Läufer sollten ihre Trainingsroutine gelegentlich unterbrechen und z. B. eine Einheit Rad fahren.

Supersauerstofflaufs oder LSD (long slow distance) können sie aber auch über zwei Stunden gehen. Eigentlich ist uns diese Trainingsform auf den Leib geschneidert, denn der Urmensch war als Jäger und Sammler zum Nahrungserwerb häufig stundenlang in dieser sanften Intensität unterwegs. Beim ruhigen Joggen wird überwiegend Fett verbrannt. Hartgesottene »Keuler« behaupten, sie bekämen Muskelkater vom langsamen Laufen; für sie ist es wohl eine völlig neuartige Bewegung. Seltsam, Topläufern wie dem neunfachen Olympiasieger Pavoo Nurmi, dem dreifachen Hindernisweltmeister Moses Kiptanui oder dem zweifachen New-York-Marathonsieger Orlando Pizzolato haben sogar lange flotte regenerative Wanderungen offenbar nichts geschadet!

Normaler Dauerlauf

Der normale ruhige Dauerlauf bei etwa 75 Prozent der maximalen Herzfrequenz bildet den Hauptbestandteil eines gesundheitsorientierten Trainings. Auch Weltklasselangstreckenläufer sammeln in dieser lockeren Intensität die meisten Kilometer. Die Hauptenergiequelle ist auch hier der Fettstoffwechsel. Die wichtigen Anpassungen der aeroben Grundlagenausdauer wie der periphere Kreislauf werden optimal gefördert. Der Dauerlauf kann von 30 Minuten bis zu mehreren Stunden als langem Dauerlauf, reichen. Robuste Marathonprofis bestreiten in diesem Tempo Überdistanzläufe bis zu 50 Kilometer.

Der normale Dauerlauf wird fast immer zu schnell gelaufen. Olympiasieger Dieter Baumann wundert sich beim Training, dass er von überehrgeizigen Freizeitläufern überholt wird: »Einer muss hier wohl falsch trainieren?«

Tempodauerlauf – die flottere Gangart

Aerobe Tempodauerläufe liegen bei etwa 85 Prozent des Maximalpulses. Die Intensität sollte als flott, aber locker und unverkrampft empfunden werden. Die Läufe sind je nach Form meist zwischen 5 und 20 Kilometer lang. So werden Fett- und Kohlenhydratstoffwechsel noch ohne stärkere Übersäuerung in einer optimalen Mischung bei nicht zu hohem orthopädischem Risiko trainiert. Ein Tempodauerlauf im Bereich der anaeroben Schwelle (Schwellentraining, maximales steady state) um vier Millimol Laktat pro Liter Blut bzw. 90 Prozent des Maximalpulses beansprucht den Kohlenhydratstoffwechsel noch mehr, sie dienen daher auch der Vergrößerung des Glykogendepots. Die Gefahr des Überziehens ist dabei groß, weil ein nur geringfügig höheres Tempo bereits eine stärkere Übersäuerung hervorrufen kann. Die Regenerationszeit ist unnötig verlängert.

Der früher häufiger veranstaltete Stundenlauf ist ein interessanter Leistungstest für trainierte Athleten. Die Leistung in Kilometer pro Stunde kann in etwa mit der Geschwindigkeit der anaeroben Schwelle gleichgesetzt werden.

Wettkampfmethoden und Testläufe

Selbstverständlich sollten für Fortgeschrittene auch Kontrollwettkämpfe zum Training gehören. Als Aufbaurennen und Test vor einem Marathon dient beispielsweise ein Halbmarathon. Wettkampfresultate geben einen realistischen Hinweis auf die derzeitige Form und können auf die eigentliche Disziplin hochgerechnet werden. Psyche und Physis werden auf eine harte Generalprobe gestellt.

Intervalltraining und Wiederholungsläufe

Emil Zatopek, der 1952 bei den Olympischen Spielen Gold über 5000 Meter, 10 000 Meter und beim Marathon gewann, ist der Vorreiter dieser klassischen Form des Tempotrainings, bei dem z. B. das geplante Wettkampftempo in einzelnen Teilabschnitten mit zwischengeschalteten (Trab-)Pausen zurückgelegt wird. Anaerobes Intervalltraining wie 10-mal 400 Meter oder 5-mal 1000 Meter

verbessert die Laktattoleranz, den Laufrhythmus und die Tempohärte für eine kürzere Langstrecke (5000 oder 10 000 Meter). Es wird meist auf der Bahn absolviert, wobei man sich auch an das Kurvenlaufen hart an der Begrenzung gewöhnt. Längere Wiederholungsläufe, beispielsweise 3-mal 5000 Meter im Marathontempo, können auch auf abgemessenen Strecken auf Asphalt oder im Wald durchgeführt werden. Prozentual sollte der Anteil dieses Tempotrainings nicht mehr als fünf (Marathon) bzw. zehn Prozent (10 000-Meter-Lauf) betragen. Die Intensität des Intervalltrainings wird nicht nur durch die Geschwindigkeit, sondern auch durch die Anzahl der Wiederholungen, die Pausenlänge und die Art der Pausengestaltung (also stehen, gehen oder traben) variiert. Ältere Läufer sollten Intervalltraining vorsichtiger durchführen. Das Verletzungsrisiko steigt, und die Regenerationsdauer verlängert sich. Meist reichen für längere Wettkampfdistanzen ab zehn Kilometer auch genügend Trainingskilometer und Tempodauerläufe aus.

Hartes Intervalltraining wurde vor Jahrzehnten von der Freiburger Schule Dr. Hans Reindell und Dr. Woldemar Gerschler propagiert. Dr. van Aaken setzte mehr auf den langsamen Dauerlauf. Heute haben beide Formen ihren Platz.

Die Trainingsformen im Vergleich

Trainingsmittel	Energiebereitstellung (überwiegend)	Puls (% max. HF)	Laktat (mmol/l)
Regenerativer Dauerlauf, Jogging	Aerober Fettstoffwechsel	ca. 65	< 1,5
Normaler Dauerlauf	Aerober Fettstoffwechsel	70 – 80	1,5 – 2,0
Tempodauerlauf	Aerober Kohlenhydrat- und Fettstoffwechsel	80 – 85	um 2,5
Marathontempo (maximales)	Aerober Kohlenhydrat- und Fettstoffwechsel	85 – 87	um 3
Schwellentraining	Aerober/anaerober Kohlenhydratstoffwechsel	ca. 90	3,5 – 4,5
Intervalltraining	Anaerober Kohlenhydratstoffwechsel	> 93	> 4,5

(max. HF = maximale Herzfrequenz, > = größer als, < = kleiner als)

> Das Fahrtspiel wurde in Schweden von Gosta Holmer propagiert. Als ein Spiel mit dem Tempo in wechselndem Geländeprofil und Untergrund bei jedem Wetter kommt es dem natürlichen und spontanen Laufen eines Kindes nahe.

Fahrtspiel

Das ursprünglich aus Skandinavien kommende Fahrtspiel ist eine je nach Geländebeschaffenheit, Lust und Laune spielerische Form der Belastung und Entlastung. Nach dem Einlaufen werden unterschiedlich lange Abschnitte abwechselnd nach Körpergefühl schneller oder langsamer gelaufen. An Anstiegen kann forciert werden, bergab wird locker getrabt.

Schnelle Passagen auf Asphalt können mit kräfteraubenden Abschnitten durch Sand, Matsch oder Tiefschnee und Joggingpausen kombiniert werden. Weitere Möglichkeiten beim Fahrtspiel sind Slalom laufen um Bäume, spontanes Überspringen von Hindernissen. Auch Steigerungen oder Koordinationsläufe können eingebaut werden. Das Fahrtspiel schult hervorragend das Körpergefühl.

Die akademischere Form dieses Fahrtspiels ist nicht so spielerisch. Reproduzierbar für das Trainingsbuch werden Minutenläufe in Pyramidenform absolviert: eine Minute schnell, eine langsam, zwei Minuten schnell, eine Minute langsam, vier Minuten schnell, zwei Minuten langsam usw., bis z. B. sieben Minuten schnell – und dann wieder in kürzeren Teilabschnitten zurück.

> Steigerungsläufe sind vier bis sechs in Dauerläufe integrierte locker-flotte Beschleunigungsläufe über etwa 100 Meter, keinesfalls aber volle Sprints. Sie dienen der Auflockerung und Laufstilverbesserung.

Crescendo

Das Crescendo ist in einer fortgeschritteneren Trainingsphase ein Steigerungslauf, bei dem zunächst im normalen Dauerlauftempo begonnen wird. Stufenweise werden einzelne Abschnitte über Tempodauerlauf bis hin zur Wettkampfgeschwindigkeit gesteigert.

Im Marathontraining kann z. B. der lange Lauf über 30 Kilometer als Crescendo durchgeführt werden. Laufen Sie alle fünf bis zehn Kilometer ein paar Minuten lang mit deutlich höherem Tempo.

- **Ganz wichtig:** Anschließend sollte wenigstens zehn Minuten ausgelaufen werden.

Hügel- und Berglauf

Das Laufen im hügeligen und bergigen Gelände kombiniert die wichtigen Faktoren Kraft und Ausdauer. Ein Mittelstreckler läuft beispielsweise, bevor er mit dem Bahntraining beginnt, einige Serien kürzerer intervallartiger Bergsprints. Ein Langstreckler absolviert im welligen Gelände einen Dauerlauf mit natürlichem Schritt- und Rhythmuswechsel, wobei Be- und Entlastung automatisch alternieren.

Forciert man das Tempo bergan, so kann auf diese Weise ein harter Tempolauf mit fahrtspielartigen Zügen entstehen. Die Kenianer trainieren in den heimischen Nandihills auf solchen Strecken.

Wer im Flachland wohnt, kann beispielsweise wiederholt Brücken oder Treppen hochlaufen. Eine Alternative wäre auch, im Studio auf einem Laufband mit Steigung zu trainieren.

Mobiles Hightechtraining: Mit einem Organizer lassen sich Herzfrequenzkurven sofort auswerten.

Das Auf und Ab macht gar nicht langsam

Der echte Berglauf, bei dem einige hundert bis tausend Höhenmeter zurückgelegt werden, steht im Verruf, langsam zu machen. Stimmt nicht, der Berglauf wird unterschätzt! Beispiel: Die New-York-Marathon-Siegerin 1997, Franziska Moser aus der Schweiz, gewann in der Vorbereitung den Jungfrau-Marathon mit 1700 Höhenmetern. Als sie 1994 beim Frankfurt-Marathon in Bestzeit siegte, hatte sie im Sommer sogar den 67-Kilometer-Swiss-Alpine-Marathon absolviert. (Leider ist Franziska Moser 2001 ums Leben gekommen, sie starb unter einer Lawine.)

Berglauf ist ein intensives organisches Training bei höherer Herz- und Atemfrequenz, aber im Vergleich zum flachen Tempodauerlauf mit geringerer orthopädischer Belastung, sofern man nicht anschließend zu schnell bergab läuft. Kombiniert mit Intervalltraining, kann die gewonnene Kraft durchaus in Schnelligkeit umgesetzt werden.

Hügelläufe über einige hundert Meter an einem nicht zu steilen Berg in submaximalem Tempo sind ein gutes Tempotraining zur Kraftentwicklung im Winter. Zwischen den vier bis zehn Wiederholungen wird langsam bergab getrabt.

Trainingspläne für die Praxis

Wie schnell im Training?

Trainingspläne sind Makulatur, wenn man gar nicht weiß, wie schnell (oder langsam) man eigentlich läuft. Ein Regenerationslauf wird vielleicht viel zu schnell gerannt, das Trainingsziel ist verfehlt. Auf einer abgemessenen Strecke, an Kilometersteinen oder im Stadion kann man das Tempo am besten kontrollieren. Die nachfolgende Tabelle soll, wenn Sie Ihre aktuelle maximal mögliche Zehn-Kilometer-Wettkampfzeit kennen, helfen, das Lauftempo variabel und effektiv zu gestalten. Die Zahlen dienen als Richtwerte für die Trainingspläne. Natürlich schwankt das Tempo je nach Untergrund, Wetter und Profil der Strecke. Wer auf Schnee sein Tempo beibehalten wollte, würde maßlos überziehen. Hier wäre ein pulskontrolliertes Training sinnvoller.

Wer seine aktuelle Zehn-Kilometer-Wettkampfzeit kennt, kann aus der Tabelle die unterschiedlichen Intensitäten in Zeit pro Kilometer der variabel zu gestaltenden Trainingsläufe ablesen. Unter Marathontempo ist das maximal Mögliche für Bestzeiten gemeint. Selbstverständlich schafft man einen Marathonwettkampf auch langsamer.

Wie schnell im Wettkampf?

Wettkämpfe können als Testrennen für die derzeitige Form und mögliche Zeiten auf der eigentlichen Hauptdistanz gelten. Wie aber rechnet man von einer Strecke auf eine andere hoch? Hierzu haben sich Toni Nett und Manfred Steffny Gedanken gemacht. Um die hochgerechneten Zeiten zu realisieren, muss man natürlich auch das entsprechende Training für diese Distanz durchführen. Eine gute Zehn-Kilometer-Zeit ist ohne erhöhtes Training und lange Läufe noch kein Garant für eine gute Marathonzeit. Auch das Wetter, eine schlechte Strecke oder mangelnde Motivation können bremsen. Die Übersicht gibt einige Rechenbeispiele. Verglichen werden können nur aktuell mögliche Zeiten.

Ein Läufer kann aus einem realistischen Fünf-Kilometer-Test in 22:00 Minuten auf eine maximal mögliche Zeit um 45:00 Minuten über zehn Kilometer trainieren. Ein Zehn-Kilometer-Test in 32:00 Minuten kann im Optimalfall eine Halbmarathonzeit von 1:10:43 Stunden und einen Marathon in

Richtwerte für Ihr Trainingstempo in Minuten/Kilometer

Aktuelle 10-km-Zeit	Regenerationslauf	Normaler Dauerlauf	Mittlerer Dauerlauf	Tempodauerlauf	Marathontempo	Schwellenlauf
28:00	4:18	3:50	3:35	3:20	3:05	2:52
30:00	4:32	4:04	3:49	3:34	3:19	3:04
32:00	4:47	4:19	4:03	3:48	3:32	3:16
34:00	5:00	4:32	4:16	4:01	3:45	3:28
36:00	5:16	4:47	4:30	4:14	3:58	3:41
38:00	5:32	5:03	4:46	4:28	4:12	3:53
40:00	5:45	5:15	4:57	4:41	4:25	4:05
42:00	6:00	5:30	5:12	4:55	4:38	4:18
44:00	6:13	5:43	5:25	5:08	4:51	4:30
46:00	6:27	5:57	5:39	5:22	5:05	4:42
48:00	6:41	6:11	5:53	5:36	5:18	4:54
50:00	6:56	6:26	6:07	5:49	5:31	5:07
52:00	7:10	6:40	6:21	6:03	5:45	5:19
54:00	7:24	6:54	6:35	6:17	5:58	5:31
56:00	–	7:07	6:48	6:30	6:11	5:44
58:00	–	7:22	7:02	6:43	6:24	5:56

etwa 2:30 Stunden bedeuten. Der Ultra- und Bergläufer Charly Doll aus Hinterzarten mit Marathonbestzeit von knapp 2:21 Stunden lief 1990 bei seinem 100-Kilometer-Debüt deutschen 100-Kilometer-Rekord in 6:29:34, nicht weit entfernt vom Formelwert von 6:24 Stunden (2:21 mal 3 = 7:03 minus 39 Minuten = 6:24 Stunden).

Sein volles Potenzial zu erreichen, ist auch Kopfsache. Nicht jeder kann alle Kräfte mobilisieren. Schwere Läufer sind aufgrund des ungünstigen Kraft-zu-Last-Verhältnisses auf den längeren Distanzen benachteiligt.

Fit mit dreimal Training pro Woche

Nach einigen Monaten regelmäßiger Übung wird man feststellen, dass das Training immer leichter fällt. Wer die ersten zwei bis drei Monate kontinuierlich dreimal pro Woche wenigstens eine halbe Stunde lang durchgelaufen ist, wird ein gutes Fitnesslevel erreicht haben. Der Einsteiger ist zum Läufer geworden. Er will das Training nicht mehr missen. Man sollte allerdings nicht gleich schneller – häufiger Fehler –, sondern zunächst etwas länger oder öfter laufen. Solange dabei weder die Gesundheit noch das Familienleben oder wichtige Verpflichtungen massiv vernachlässigt werden, ist das in Ordnung.

Allerdings wird bei höherem Trainingsaufwand der Leistungszuwachs immer geringer. Drei- bis viermal Training in der Woche ergibt pro Zeitaufwand die höchste Effizienz für die Gesundheit. Noch wirkungsvoller und abwechslungsreicher wird das Training, wenn wir unterschiedliche Trainingsformen wie längeren Dauerlauf, Tempolauf und Läufe im hügeligen Gelände kombinieren. Auch Schwimmen, Radfahren oder Skilanglauf kann man integrieren.

Maximal mögliche Zeiten auf Nachbardistanzen

Wettkampfdistanz	Umrechnungsformel
3000 m	2-mal 1500-m-Zeit plus 20 Sekunden
5000 m	1,666-mal 3000-m-Zeit plus 20 Sekunden
10 000 m	2-mal 5000-m-Zeit plus 1 Minute
Halbmarathon	2,21-mal 10 000-m-Zeit
Marathon	4,666-mal 10 000-m-Zeit oder 2,11-mal Halbmarathonzeit
100 km	3-mal Marathonzeit (bei Marathonzeit unter 3 Stunden minus der Minuten unter 3 Stunden)

Fit für den ersten Volkslauf

Wer mehr Talent hat und orthopädisch robust genug ist, kann sicher eine Stunde und mehr trainieren und bei entsprechender Neigung und Vorbereitung auch an Wettkämpfen bis hin zum Marathonlauf teilnehmen. Leistungssport kann realistische Zielsetzung und positives Denken schulen und dabei helfen, trotz Wettbewerbsdruck die Kontrolle nicht zu verlieren.

Die geplante Teilnahme an einem Wettkampf wie Marathon kann die Motivation für ein langfristiges Ausdauertraining sein. Nichts spricht dagegen, »just for fun« aus dem Fitnesstraining an Volksläufen teilzunehmen. Der ehrgeizige Rennläufer steht und fällt allerdings in erster Linie mit dem Trainingsfleiß. Spezielle Intervalleinheiten geben notwendige Wettkampfhärte und Tempogefühl. Einen spielerischen Einstieg bieten kürzere, so genannte Jedermannsläufe im Rahmen größerer Volks- oder Cityläufe. Die richtige Renneinteilung ist eine Kunst, die Erfahrung voraussetzt. Ein zu schneller Beginn ist Gift. Gleichmäßiges Tempo dagegen führt zu den besten Resultaten.

Möglichst variables Training steigert bei nur dreimal Training pro Woche die Trainingseffizienz. Wer wenig Zeit hat, sollte am Wochenende zweimal laufen. Für einen Volkslauf sollte man bereits mit ausgefeilteren Tempoeinheiten trainieren. Die Tageskilometer enthalten bei Intervalleinheiten und Wettkämpfen auch das Ein- und Auslaufen.

Training für zehn Kilometer und Halbmarathon

Die längeren Wettkampfdistanzen erfordern natürlich ein umfangreicheres Training. Wenigstens viermal sollte in der Woche dafür gelaufen werden. Der lange Dauerlauf verlängert sich bis auf über 20 Kilometer. Der Wochenumfang erhöht sich – wie hier im Beispiel eines 50-Minuten-Läufers – auf etwa 50 Kilometer, wobei ein Zehn-Kilometer-Rennen mit einem Halbmarathonwettkampf kombiniert wird. Der Zehn-Kilometer-Wettkampf ist das Aufbaurennen für den Halbmarathon.

10 000-Meter-Elitetraining

Spitzenathleten laufen oft zweimal täglich. Für sie sind in der speziellen Vorbereitungsphase zwei bis drei Tempoeinheiten pro Woche meist als Bahntraining nicht ungewöhnlich. In der monatelangen Aufbauphase, beispielsweise im Winter, sollten aber auch Topläufer fleißig Kilometer sammeln. Die Teilnahme an Crossläufen durch Matsch, Eis und Schnee entwickelt mentale Härte und Kraftausdauer. Im Frühjahr kann auch ein Halbmarathon eingeplant sein. Die spezielle Vorbereitung des Bahnhöhepunkts, z. B. einer Meisterschaft, führt meist über kürzere Bahnrennen.

14 Tage variables Training für Fitnessläufer

Tag		Training (DL = Dauerlauf)	km
Mo		–	–
Di		–	–
Mi		45 min ruhiger DL	7
Do		–	–
Fr		–	–
Sa		50 min DL in bergigem Gelände	9
So	◆	Langsamer DL	15
Mo		–	–
Di		–	–
Mi		45 min ruhiger DL	7
Do		–	–
Fr		–	–
Sa	→	50 min DL, davon 5 km flott (85% max. HF)	9
So	◆	Langsamer DL	15

14 Tage Training für den ersten Volkslauf

Tag		Training (DL = Dauerlauf)	km
Mo		45 min ruhiger DL	7
Di		–	–
Mi		45 min ruhiger DL	7
Do		–	–
Fr	→	50 min DL, davon 5 km flott (85% max. HF)	9
Sa		–	–
So	◆	Langsamer DL	15
Mo		–	–
Di	●	3 x 1000 m im geplanten 5-km-Tempo (3 min Pause)	10
Mi		–	–
Do		–	–
Fr		45 min ruhiger DL	7
Sa		–	–
So	→	5 km Volkslauf oder Jedermannslauf	12

Training 10 km (50 min) und Halbmarathon (1:52:00)

Tag		Training (DL = Dauerlauf)	km
Mo		45 min ruhiger DL	8
Di		–	–
Mi	➔	60 min DL, davon 8 km flott (85% max. HF)	13
Do		–	–
Fr		60 min mittlerer DL	11
Sa		–	–
So	◆	ruhiger DL (70% max. HF)	22
Mo		–	–
Di	●	5 x 1000 m im geplanten 10-km-Tempo (3 min Pause)	12
Mi		60 min ruhiger DL, Steigerung	10
Do		–	–
Fr		45 min ruhiger DL, Steigerung	8
Sa		–	–
So	➔	10 km Volkslauf (Ziel: 50:00 min)	16
Mo		45 min Jogging	7
Di		–	–
Mi		70 min ruhiger DL	12
Do		–	–
Fr		40 min Jogging, Steigerung	7
Sa		–	–
So	➔	Halbmarathonwettkampf (Ziel 1:52:00)	26

◆ = langer DL ➔ = Tempo-Dauerlauf ● = Intervalltr. HF = Herzfrequenz

In der letzten Spalte stehen die Tageskilometer. Sie beinhalten an Tagen mit Intervalltraining und Wettkämpfen zusätzlich auch das langsame Ein- und Auslaufen.

© Steffny/Pramann, Perfektes Lauftraining, Südwest Verlag

Führen Sie ein Lauftagebuch

Ein Lauftagebuch ist ein nützlicher und ständiger Begleiter Ihres Trainings. Es ist für den Leistungsläufer eine sinnvolle Hilfe, die Ausführung eines Trainingsplans systematisch und übersichtlich zu kontrollieren, und für den Einsteiger eine sehr gute Möglichkeit, die Regelmäßigkeit und die Fortschritte seines neuen Hobbys zu erfassen. Für jeden Läufer ist es eine wertvolle Fundgrube und Motivationshilfe, um eigene erfolgreiche Trainingskonzepte zu studieren und zu wiederholen oder aus Fehlern zu lernen. Je sorgfältiger und ehrlicher protokolliert wurde, desto besser. Machen Sie Ihr Tagebuch zu einem Dialogpartner, und nutzen Sie die Eintragungen zur exakten, selbstkritischen Erfassung und Kontrolle Ihres Trainings.

Ein sehr nützlicher Trainingsbegleiter: das Lauftagebuch. Ihr persönliches Exemplar ist diesem Ratgeber beigelegt.

Hinweise und Anregungen zum Eintragen

Im beigelegten Lauftagebuch können Sie u. a. Ihren morgendlichen Ruhepuls und Ihr Gewicht (unbekleidet vor dem Frühstück) notieren. Plötzliches stärkeres Ansteigen des Ruhepulses kann in Zusammenhang mit Überforderung oder auch auftretenden Erkrankungen stehen. In der Spalte »Trainingsinhalt« können Programm, Belastungspuls usw. vermerkt werden. Erfinden Sie sinnvolle Abkürzungen: z. B. hügeliger Dauerlauf = hüDL. Unterstreichen Sie Wettkämpfe rot. Natürlich können Sie auch andere Sportarten wie Schwimmen oder Radfahren vermerken. So erhalten Sie einen Überblick über die Gesamtbelastung. Auch Wetter und Kleidung sollten protokolliert werden.

Lauftempo und -dauer festhalten

Errechnen oder schätzen Sie mittels Ihnen bekannten Streckenabschnitten Ihr Lauftempo in Zeit pro Kilometer, und notieren Sie die gelaufene Zeit (netto, ohne Pausen) und die Kilometer. Der Wochenkommentar dient der nachträglichen Betrachtung. Haben Sie Ihr Ziel geschafft? Gab es Probleme mit der

Gesundheit, oder hinderte beruflicher Stress? Waren Sie nachlässig oder überfleißig? Formulieren Sie ein Ziel für die nächste Woche. Die Wochensummen für die Dauer und Kilometer sollen Ihnen einen schnellen Überblick über den Umfang Ihres Laufpensums verschaffen.

Fit in jedem Klima

So kommen Sie gut über den Winter

Bei vielen hören alle guten Vorsätze auf, wenn die kalte und dunkle Jahreszeit mit Glätte, Matsch und Schnee beginnt. Als Kampf gegen die Elemente und als Kontrast zum beheizten Büroalltag und Wohnzimmer sehen die einen das Laufen, anderen ist es bei Schmuddelwetter ein Graus. Leistungsläufer müssen gerade jetzt fleißig Kilometer sammeln, Fitnessjogger sollten darauf achten, dass der Winterspeck nicht zu umfangreich wird. Richtig angezogen, kann so ein Winterläufchen ein sehr schönes Naturerlebnis sein.

18 Tipps gegen den Winterdurchhänger

- Ziehen Sie nicht zu viel an, denn die Bewegung selbst macht warm. Anfangs ein bisschen frösteln ist gerade richtig. Regulieren Sie die Temperatur mit dem Reißverschluss der Jacke, die auch hinten Lüftungsklappen haben sollte, oder ziehen Sie die Handschuhe aus.
- Laufen Sie bei Kälte wegen des Verletzungsrisikos nicht mit nackten Beinen – ziehen Sie lieber oben weniger an.
- Lange Socken wärmen Achillessehnen und Waden.
- Ziehen Sie eine Schirmmütze an, die im Straßenverkehr als Blendschutz dient und bei Schneefall den Kopf wärmen kann. Über Kopf und Nacken verliert man 40 Prozent der Körperwärme!

Am Spruch »Es gibt kein schlechtes Wetter, nur schlechte Kleidung!« ist viel Wahres dran. Moderne Funktionstextilien wie die Fasern aus Dry II von R.O.N.O. erhöhen den Laufkomfort im Winter erheblich.

- Suchen Sie sich abends einen beleuchteten Park, oder laufen Sie unter Straßenlaternen mit Gleichgesinnten in einer Gruppe – das gilt insbesondere für Frauen.
- An kalten und windigen Wintertagen bietet ein Wald oder Park einen besseren Windschutz als die offene Feldflur.
- Starten Sie immer gegen den Wind, und lassen Sie sich von ihm zurücktragen – das verhindert starkes Auskühlen in der Endphase.
- Wärmen Sie sich im Winter noch sorgfältiger auf, und vergessen Sie hinterher die Dehnungsübungen zu Hause nicht.
- Laufen Sie im Dunkeln umsichtig und vorausschauend. Horror für jeden Nachtläufer: unangeleinte Hunde, unbeleuchtete Radfahrer, Glatteis, Schlaglöcher.
- Laufen Sie bei Dunkelheit gegen den Straßenverkehr, aber rechnen Sie immer damit, dass Sie trotz Reflektoren nicht gesehen werden.
- Mit einer kleinen Handtaschenlampe kann man an dunklen Stellen besser sehen und auf sich aufmerksam machen.
- Machen Sie im Dunkeln kein Tempotraining; ruhige Dauerläufe sind weniger riskant und im Winter ohnehin wichtiger.
- Passen Sie Ihre Tempoläufe den Gegebenheiten an. Auch wenn im Trainingsplan 5-mal 1000 Meter in 3:50 steht: Unter 0 °C oder auf Schnee ist das Verletzungsrisiko zu hoch. Verschieben Sie die Einheit, laufen Sie langsamer oder stattdessen mehr Kilometer.
- Ein Urlaubsaufenthalt oder Trainingslager im Süden sollte bei reduziertem Umfang dazu genutzt werden, vorsichtig schnellere Einheiten zu absolvieren.
- Warum nicht mal einen Skilanglaufurlaub?
- Bei ganz miesem Wetter können Sie im Studio auf dem Laufband oder Fahrradergometer trainieren.
- Schnelle Sprints, Koordination und Krafttraining sollten Sie im Winter bei

Training auf dem Laufband oder Hometrainer ist weniger langweilig, wenn man sich einen Fernseher aufstellt. Vielleicht finden Sie auf einem Sportkanal etwas Motivierendes?

Laufen lassen: Besonders bei Hitze sollte der Flüssigkeitsverlust rasch wieder aufgefüllt werden.

einem Hallentraining einplanen und mit Spielsportarten für einen anderen Trainingsreiz sorgen.

- Stehen Sie nach dem Training nicht lange herum, ziehen Sie sich etwas Trockenes an.

So werden Sie hitzefest

Wenn Sie im Hochsommer oder im Urlaub in tropischer Kulisse joggen oder sogar Wettkämpfe bestreiten wollen, sollten Sie einige Vorsichtsmaßnahmen beachten. Grundsätzlich gilt: Bewegung macht warm. Die Poren der Haut versuchen durch Verdunstung von Schweiß die Körpertemperatur zu senken. Der Wasserverlust muss durch reichliches Trinken ausgeglichen werden. Mit dem Schweiß verliert man auch Mineralstoffe wie Magnesium, aber auch Eisen und andere Spurenelemente. Bei trockener Hitze merkt man den Schweiß weniger als bei Feuchte. Zur hohen Temperatur kann noch starke Sonne und die Stresskombination Jetlag, Essensumstellung, Höhe und Schwüle hinzukommen.

Bei hohen Ozonwerten sollte man morgens oder abends trainieren. In Städten wird Ozon abends über Stickoxide teilweise wieder abgebaut.

18 Tipps gegen den Hitzestress

- Trinken Sie schon morgens vor dem Laufen reichlich Obstsaftschorle mit Magnesium-(Natrium-)reichen Mineralwässern, Gemüsesäfte und Früchtetees.
- Starten Sie Ihr Training gut hydriert. Bei Laufbelastungen über eine Stunde sollten Sie unterwegs trinken. Deponieren Sie Getränke an der Trainingsstrecke, und nehmen Sie »Trinkgeld« mit.

Bestzeiten sind bei Wärme kaum zu erzielen. Tropenrennen wie z.B. der Marathon in Honolulu mit 34000 Teilnehmern starten meist frühmorgens um fünf Uhr. Wegen der langen Anreise und Zeitumstellung sollte man die Reise nicht zu knapp planen und sich hinterher einen Laufurlaub gönnen.

- Reduzieren Sie die harntreibenden Getränke Kaffee und Alkohol.
- Essen Sie mineralstoffreich (z.B. Vollkornprodukte, Obst, Gemüse, Eintopf, Gemüsesuppe).
- Tragen Sie helle Bekleidung, z.B. BiOMesh, Coolmax, luftige Trikots, kurze Hosen, eventuell eine Kappe als Sonnenschutz.
- Schützen Sie nur die exponierten Hautstellen mit Sonnencreme, damit die Transpiration der übrigen Haut nicht behindert ist.
- Reiben Sie potenzielle Reibestellen unter den Armen und zwischen den Schenkeln mit Vaseline ein – Salzkristalle des Schweißes wirken wie Schmirgelpapier –, und schützen Sie die Brustwarzen mit Pflaster.
- Meiden Sie direkte Sonneneinstrahlung und Ozon, laufen Sie morgens und abends, bevorzugen Sie schattige Trainingsstrecken.
- Passen Sie die Belastung beim Training und Wettkampf an – bei gleichem Lauftempo ist die Herz-Kreislauf-Belastung bei Wärme erheblich höher. Trainieren Sie nach Puls.
- Wenn Sie im Winter zu einem Tropenrennen fahren, sollten Sie die Schweißporen durch Saunen oder zu warme Kleidung trainieren.
- Denken Sie an den Jetlag: Treffen Sie rechtzeitig ein, trainieren Sie vor Ort kürzere Einheiten.
- Laufen Sie sich nur kurz und langsam warm, bringen Sie Getränke zum Start mit, schütten Sie Wasser über Kopf und Trikot.
- Trinken Sie während des Rennens von Anfang an Flüssigkeit, und gießen Sie sich Wasser über den Kopf.
- Laufen Sie in Schuhen mit Netzteil, oder bohren Sie sich selbst Löcher mit einem glühenden Nagel in die Schuhseiten, damit das »Kühlwasser« aus den Schuhen herauslaufen kann.
- Tragen Sie dünne Synthetiksocken, die keine Falten werfen. Sonst drohen Blasen an den Füßen.

- Suchen Sie während des Rennens Schattenpassagen, laufen Sie nicht im Pulk, sondern suchen Sie den kühlenden Wind.
- Bei frühem Start (kühler!) kann die erste Hälfte bewusst etwas schneller gelaufen werden.
- Füllen Sie unmittelbar nach dem Rennen das Wasserdefizit auf, meiden Sie Alkohol, der das Immunsystem schwächt und die Regenerationsfähigkeit senkt.

Berglauf – der Gipfel ruft!

Sommerzeit ist Berglaufzeit! Wer von uns möchte nicht wenigstens einmal im Leben ganz oben stehen? Berglauf ist im Training und Wettkampf eine besondere Herausforderung für Fortgeschrittene. Selten ist das Ziel so klar wie hier. Wer nicht oben ankommt, war nicht auf dem Berg! Die ersten organisierten Bergläufe gab es bereits vor rund 130 Jahren in England. Berglaufen ist für Bahn- und Straßenspezialisten ein gutes organisches und Kraftausdauertraining. Wo sonst kann man eine Stunde mit Puls 170 laufen, und die Knochen schmerzen hinterher nicht? Das Tempo ist langsamer, und man erholt sich schnell. Wohlgemerkt: Nur Bergauflaufen ist knochenschonend, bergab kann man alles wieder kaputt machen. Entsprechend können die Regenerationszeiten verlängert sein. Wer Achillessehnenprobleme hat, sollte die Berge allerdings meiden.

Eben warst du noch unten im Tal, und jetzt genießt du über allen Wipfeln das unvergleichliche Panorama. Nur dir allein gehört jetzt der Berg. Du hast ihn dir durch ein hartes Stück Arbeit verdient!

Auch Biking und Skilanglauf gehören dazu

Echte »Bergziegen« laufen keineswegs täglich eine Steilwand hoch, sondern ergänzen ein umfassendes Grundlagenausdauertraining mit ein bis zwei speziellen Elementen in der Woche, wie Berglauf, aber beispielsweise auch Mountainbiking, Treppenlaufen, Sprungläufe oder im Winter Skilanglauf. Die normalen Dauerläufe werden vorzugsweise im welligen Gelände absolviert.

Extrembelastung: Berganlaufen ist immer anstrengend. Empfehlenswert: Schrittlänge verkürzen. Fortgeschrittene können die Schrittfrequenz erhöhen.

Wer an Bergrennen teilnimmt, muss im Gebirge spätestens im Zielbereich mit erhöhter Strahlung, Wetterwechsel und dünner Luft rechnen und sich entsprechend mit Sonnencreme, Kopfbedeckung und Wetterjacke vorsehen und die Kräfte gut einteilen. Wegen der großen körperlichen Belastung kann für Ambitionierte ein vorheriges Höhentraining zur Anpassung ausgesprochen sinnvoll sein.

»Drehwurm hoch drei!« Ob 1260 Stufen im Olympiaturm in München oder 120 Stockwerke im Empire State Building in New York, Hunderte von Teilnehmern zwängen sich durch enge Treppenhäuser und beweisen: Es geht auch ohne Lift.

Nur nicht sauer werden

Man sollte taktisch sehr verhalten den Berg hinauflaufen und den eigenen Rhythmus finden, um nicht zu übersäuern. Wer bei längeren Strecken nur auf dem Ballen läuft, verschwendet viel Energie.

An Steilstücken kann flottes Gehen sogar ökonomischer sein. Für Einsteiger sind Bergläufe auf Straßen oder befestigten Waldwegen zu empfehlen. Rennen auf schwierigem Geröll und Wurzelpfaden sollten zuvor im Training in Laufschuhen mit Profil geübt werden.

Die Angebotspalette reicht von Treppen- oder Turmläufen über Bergsprints bis hin zum knallharten 72 Kilometer langen Swiss-Alpine-Marathon mit 2300 Meter Höhendifferenz und dem Mount-Everest-Marathon in 3000 bis 5000 Meter Höhe.

Ultralauf: wenn Marathon zu kurz ist

Darf es ein bisschen mehr sein? Ein 24-Stunden-Lauf vielleicht? Eindrucksvoll, wenn Sie Ihren Freunden im Autoatlas zeigen, wie Sie drei Kartenblätter durchquert haben. Ein ungläubiges Kopfschütteln ist Ihnen gewiss.

In sechs bzw. sieben Tagen können die weltbesten Männer und Frauen 1000 Kilometer zurücklegen. Klassiker wie der Comrades-Marathon über 90 Kilometer in Südafrika ziehen mittlerweile bis zu 15 000 Teilnehmer an. Wer sich an Läufen jenseits der Marathonstrecke versucht, braucht viel Geduld und Zeit, aber nicht so viel Grundschnelligkeit wie bei den kürzeren Distanzen. Diese Strecken werden im Fettstoffwechsel und zum großen Teil im Kopf gelaufen. Die Größe der Glykogenspeicher spielen übrigens eine geringere Rolle als beim Marathonlauf. Die Nahrungs- und Getränkeaufnahme während des Wettkampfs werden zur Pflicht. Beim Comrades-Marathon werden an 58 Stationen Wasser, Tee, Colagetränke, Bananen, Orangen, Suppe und Pellkartoffeln angeboten.

Die Tarahumaras, Angehörige eines alten Eingeborenenstamms in Mexiko, treiben noch heute als Fruchtbarkeitsritual bei tagelangen bis über Hunderte von Kilometern reichenden Läufen kleine Holzbällchen vor sich her.

Den Körper schützen

Besonders empfindliche Körperstellen wie Achselhöhlen und Oberschenkelinnenseiten sollten zum Schutz vor dem Rennen sorgfältig mit Vaseline eingerieben werden. Der ökonomischste Laufstil ist ein kürzerer Sparschritt. Wenn möglich, sollte man unterwegs zur orthopädischen Entlastung sogar einen Schuhwechsel erwägen – der Fuß weitet sich bei extremen Belastungen spürbar.

Lang und langsam heißt die Devise

Das Training ist gegenüber den kürzeren Disziplinen langsamer und deutlich im Umfang erhöht. Die Läuferelite absolviert teilweise 300 und mehr Kilometer in der Woche, was nur bei entsprechend langsamem Tempo (65 bis 75 Prozent der maximalen Pulsfrequenz) erreicht werden kann.

Wer sich an Wettkämpfen in über 1200 Meter Höhe beteiligt, wird von frühzeitiger Anreise und Anpassung profitieren. Über den Nutzen von Höhentraining zur Vorbereitung von Wettkämpfen im Flachland gehen die Meinungen auseinander.

Topultras, wie der Hinterzartener Olympiakoch Charly Doll, der den Comrades-Marathon 1993 gewann und beim Swiss-Alpine-Marathon über 72 Kilometer den Streckenrekord aufstellte, absolvieren zusätzliche lange Einheiten auf dem Rennrad oder auf Langlaufskiern. Einzelne ruhige und lange Läufe erreichen im Training 50 und mehr Kilometer, bei denen unterwegs getrunken werden muss. Der Halbmarathon ist die passende Unterdistanz für schnelle Vorbereitungswettkämpfe. Marathonläufe können im Vorfeld als Aufbaurennen eingeplant werden, sie dürfen aber keinesfalls voll gelaufen werden! In den letzten Wochen, insbesondere in den letzten zehn Tagen vor einem Ultrarennen, sollte deutlich weniger gelaufen und Ruhetage eingelegt werden.

Höhentraining – Top oder Flop?

Höhentraining gilt als die Geheimwaffe der Profis. Immer mehr Freizeitläufer suchen die Herausforderung in den Bergen. Manche schwören darauf, nicht wenige meiden es nach schlechten Erfahrungen. In Unterdruckkammern auf Laufbändern hat man früher in der DDR in Kienbaum ein Hypoxietraining, also Training mit verringertem Sauerstoffangebot, durchgeführt. In Finnland experimentiert man bei Vuokatti mit einem zweieinhalb Kilometer langen geschlossenen Skilanglauftunnel und mit »Höhenhäusern«, in denen Athleten durch Einpumpen von Stickstoff in einer simulierten Höhe von 2500 bis 5000 Meter schlafen. Was steckt dahinter?

Unter Normalbedingungen auf Meereshöhe enthält die Atemluft 21 Prozent Sauerstoff. Doch mit zunehmender Höhe nehmen Sauerstoffgehalt, Dichte (und damit der Luftwiderstand), Temperatur und Luftfeuchtigkeit ab. Die UV- und die kosmische Strahlung nehmen zu. Schon in mittleren Höhen wie im Südschwarzwald ist der Sauerstoff der eingeatmeten Luft um 10 bis 15 Prozent verringert, was die Leistung von Langstreckenläufern vermindert.

Praktische Konsequenzen beim Höhentraining

- Bei gleicher Belastung ist das Lauftempo langsamer, die maximale Sauerstoffaufnahme (VO_2 max.) ist erniedrigt.
- Bei Sprint und Sprung hingegen steigt die Leistungsfähigkeit.
- Die Aufwärmarbeit muss sorgfältig durchgeführt werden.
- In trockener kühler Luft ist das Risiko für Atemwegserkrankungen erhöht, die Flüssigkeitszufuhr muss zur Vorbeugung deutlich gesteigert werden.
- Die relativ höhere Intensität erfordert sehr hohe Kohlenhydratzufuhr.
- Ein Sonnenschutz mit Cremes, Kleidung und Kappe ist nötig.

Das Blut passt sich an

In den ersten Tagen verdickt sich das Blut durch Wasserverlust, es wird zähflüssiger. Atemarbeit, Blutdruck und Ruhe- und Arbeitspuls sind zunächst erhöht. Das verminderte Sauerstoffangebot führt zu einer vermehrten Ausschüttung von Erythropoetin in den Nieren. Das Knochenmark wird durch diesen Wirkstoff, der auch zum Doping verwendet wird, zu einer mehrwöchigen vermehrten Produktion von roten Blutkörperchen angeregt. Auch das Muskelhämoglobin (Myoglobin) wird vermehrt. Bei der Ernährung ist daher auf erhöhte Eisenzufuhr zu achten. Die Blutversorgung der Muskeln und der Lunge durch Kapillaren wird verbessert, und die Mitochondrien, die Kraftwerke der Zellen mit Enzymen des aeroben Energiestoffwechsels, nehmen zu.

Die Vorteile des Höhentrainings

Die Vorteile sind teils höhentrainingsbedingt, können aber auch allgemeine höhenunabhängige Ursachen haben, die überall zutreffen:

- Bei Wettkämpfen in über 1000 Meter Höhe ist vorherige Höhenanpassung unbedingt von entscheidendem Vorteil.
- Das langsamere Trainingstempo heißt verringertes orthopädisches Risiko.

Die bekanntesten Höhentrainingslager sind St. Moritz (1800 bis 2700 Meter), Boulder, USA (1700 bis 2600 Meter) und Flagstaff, USA (2100 Meter). Der vierfache Olympiasieger über 5000 und 10 000 Meter, Lasse Viren, trainierte in Kolumbien in 2500 Meter Höhe. Tegla Loroupe aus Kenia bereitete ihre Marathonweltrekorde allerdings im Flachland bei Detmold vor!

Bedingungen in der Höhe

Höhe (m)	Druck (torr)	O_2-Gehalt (%)	H_2O-Gehalt (%)	VO_2 max. Beginn %	VO_2 max. angepasst %
0	760	100	100	0	0
1000	674	88	75	-3	-1
1500	634	83	63	-5	-2
2000	596	77	50	-10	-4
2500	560	72	42	-15	-6
3000	526	67	33	-20	-8

- Ein weiterer Effekt des langsameren Tempos ist eine verbesserte aerobe Langzeitanpassung.
- Durch kühlere, frische Bergluft ist die Erholung nachts besser.
- Wie in allen Trainingslagern kann in reizvoller Landschaft, durch Trainingspartner oder Konkurrenten die Motivation und die Konzentration für Training und Regeneration gesteigert sein.

Die Nachteile und Risiken des Höhentrainings

Höhentraining birgt auch einige Nachteile und Gefahren:

- Durch die erhöhte Atemfrequenz sind die biochemischen Blutpuffer vermindert, man ist anfälliger für Übersäuerung.
- Ein Überziehen des Trainings und damit eine Überlastung des Körpers ist daher in der Höhe noch leichter möglich.
- Bei zu hohen Hämoglobinwerten wird das Blut zähflüssig, und damit verschlechtern sich die Fließeigenschaften, die Herzarbeit ist erhöht.
- Es gibt ein deutlich erhöhtes Atemwegsinfektionsrisiko.
- Eine klimatische Falschanpassung ist möglich, wenn der Wettkampf hinterher bei warm-feuchten Bedingungen gelaufen wird.
- Das Wettkampftempotraining ist nur kürzer möglich und riskant.
- Meist aufwändige Reisen, eventuell mit Zeit- und Klimazonenwechsel.

Wie Höhentraining ein Erfolg wird

Ein sinnvolles Höhentrainingslager sollte zwei, besser drei bis vier Wochen dauern. Die Einheiten sollten in den ersten Tagen sehr ruhig gestaltet werden,

am besten mit einem Herzfrequenzmesser. Das gilt besonders, wenn noch Zeitzonenwechsel, Klima- und Essensumstellungen hinzukommen. Am besten liegt die Betonung des Camps auf lockerem aeroben Training. Wegen der geringeren orthopädischen Belastungen, v. a. in Höhen von 2000 bis über 3000 Meter, sind teils erheblich höhere Umfänge möglich. Solch ein Trainingslager dient zur Verbesserung einer schon guten Ausdauergrundlage.

Intensität unten, Dauerlauf oben

Am besten fährt man ohnehin mit einer guten Ausdauerbasis in die Höhe. Man könnte oben im Winter Skilanglauf, im Sommer auch Radfahren mit dem Lauftraining kombinieren. Wer das Höhentraining zur Vorbereitung eines Wettkampfs im Flachland nutzt und auch auf Intensität laufen muss, sollte die Tempoeinheiten in Höhen um oder unter 1800 Meter durchführen. Ideal sind Trainingslager wie in Boulder (USA) oder St. Moritz (Schweiz), wo eine Bahn in etwa 1800 Meter für Intervalltraining zur Verfügung steht und man in kurzer Zeit auf Höhen über 2500 Meter für Dauerläufe wechseln kann. Wohnen und schlafen sollte man hingegen möglichst weit oben am Berg.

So laufen Sie danach erfolgreich

Der entscheidende Wettkampf im Flachland sollte sofort oder erst zwei Wochen nach dem Höhentraining oder später eingeplant werden. Dazwischen ist der Körper zu sehr mit Umstellungsprozessen beschäftigt. Ein Langstreckler kann Höhentraining aber auch sehr sinnvoll zwei Monate vor dem wichtigen Saisonhöhepunkt einplanen, dabei viele Kilometer sammeln und hinterher erst im Flachland die intensiveren wettkampfspezifischen Einheiten laufen. Bis zum Wettkampftag mag die Zahl der roten Blutkörperchen vielleicht zurückgegangen sein, aber sie nutzten doch für das Training zuvor, und andere aerobe Anpassungen wie z. B. die Kapillarisierung halten ohnehin länger vor.

Wer im Sommer an einem Bergrennen wie dem Swiss-Alpine-Marathon teilnimmt, sollte sich zuvor einige Tage, besser eine Woche, akklimatisieren. Profis absolvieren im Jahresverlauf mitunter in regelmäßigen Abständen mehrere Höhentrainingslager nacheinander (Hypoxiekette) – mit intensiveren Blöcken dazwischen. Der Körper entwickelt mit der Zeit ein Höhentrainingsgedächtnis und passt sich in der Folge auch immer schneller an.

Marathon – laufen bis AN DIE GRENZEN

Die ultimative Herausforderung: Wie Sie sich systematisch vorbereiten und in zehn Wochen zum Marathonläufer werden können.

Das **Leben** ist ein Marathon

Marathon ist mehr als Muskelleistung. Marathon ist eine ganz besondere Erfahrung. Diese Erfahrung ist total. Beim Marathon stößt jeder an seine physischen Grenzen. Trotzdem ist Marathon vor allem ein psychisches Abenteuer. Eine enorme Herausforderung der eigenen Bequemlichkeit. Ein quälender Kitzel, in sich hinein zu laufen, um sich selbst kennen zu lernen. »Wenn du laufen willst, lauf eine Meile. Wenn du ein neues Leben kennen lernen willst, dann lauf Marathon.« Es war Emil Zatopek, der die Faszination Marathon damit genau auf den Punkt gebracht hat.

»Wenn du laufen willst, lauf eine Meile. Wenn du ein neues Leben kennen lernen willst, dann lauf Marathon.«
Emil Zatopek, Olympiasieger

Laufen als Lebenseinstellung. Das Leben als Marathon. Die Lust, eigene Leistungsgrenzen auszuloten. Im Pulk oder ganz allein. Eine interessante Selbsterfahrung, die inzwischen Hunderttausende reizt. Für eine Medaille, für eine Platzierung, für das erste Bier danach, für ehrliche Anerkennung. Sogar noch in den siebziger Jahren schien diese lange Laufdistanz (42,195 Kilometer) allenfalls eine Sache für Eliteathleten, asketische Sportlertypen oder Freaks zu sein. In den achtziger Jahren wurde Marathon reizvoller Lohn einer ungeheuren Anstrengung, die sich schließlich mehr und mehr Läufer zutrauten.

Die Marathonbewegung findet weltweit ungeahnten Zuspruch. 1999 beendeten allein in den USA 453 000 Läufer einen Marathon, doppelt so viele wie zehn Jahre zuvor. Jeder dritte Marathoni ist inzwischen eine Frau. Der Köln-Marathon, hierzulande 1997 neu auf dem Programm, lockt rund 15 000 Teilnehmer an. Eine Woche später starten in Frankfurt noch mal über 10 000. Und drei Wochen vorher sind in Berlin rund 30 000 am Start. Wenn man heute sagt, ich trainiere für einen Marathon, wird das längst nicht mehr als spleenige Idee abgetan, sondern durchaus als mutige Großtat gewürdigt.

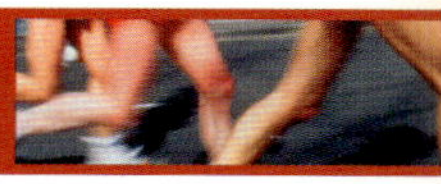

Das private Olympia

Kann jemals einer von uns auf Wimbledons Center Court gegen Steffi Graf oder Pete Sampras ein Match spielen? Ist es möglich, bei einem Grand Prix gegen Schumacher oder Villeneuve Runden zu drehen? Wohl kaum. Beim Marathon ist es möglich, im Rennen gegen die Weltbesten dabei zu sein – wenn auch mehr oder weniger weit hinten.

Marathons sind offen für jedermann, für Sportsleute wie dich und mich, für Studienräte und Schlosser, Banker und Bäcker, für Schwiegermütter und Großväter, für Nachbarn, Kollegen, Rivalen, Leisetreter, laufende Meter, für fleißige Lieschen und für den flotten Otto. Rein statistisch betrachtet besteht jeder der fast 1000 Marathons, die jedes Jahr irgendwo auf der Welt stattfinden, aus einem riesigen Feld, in dem fast ein Drittel der Teilnehmer Debütanten sind.

Die Lust und die Angst beim Marathon

Faszination Marathon. Auch wenn Sie nur ein typischer »Mitläufer« sind. Auch wenn Sie wissen: Nie im Leben kann ich gewinnen. Als Sieger kommen allenfalls zwei Dutzend infrage. 99,9 Prozent der Marathonläufer laufen gegen keinen Gegner, nur gegen sich selbst. Nein, nicht gegen sich, sie laufen für sich. Sie laufen Marathon, auch, weil sich das spannend anhört. Auch, weil es nur wenige sind, die einen Marathon angehen. Sie laufen vor allem Marathon, um es einfach mal auszuprobieren und um etwas über sich selbst zu lernen. Was zeigt ein Marathon?

- Wie weit es geht
- Wo die Grenzen sind
- Wie Grenzerfahrungen sind
- Was sich im Körper und vor allem im Kopf abspielt, wenn es scheinbar nicht mehr weitergeht

»Marathonläufer demonstrieren in dieser mechanisierten Massengesellschaft mehr denn je ihre Unabhängigkeit und Individualität. Manche mögen närrisch sein, manche ritterlich – aber alle sind nobel.«
Eric Segal, Schriftsteller

- Wie es ist, wenn Euphorie, Jammer und Triumph eng beieinander liegen
- Wie es ist, sich ganz klein und ganz groß zu fühlen
- Die Angst vor der Strapaze
- Den Stolz, am Start zu stehen
- Den elenden Kampf mit dem »inneren Schweinehund«
- Die Triumphgefühle im Ziel

Vorbereitung ist alles

Wer regelmäßiger Jogger und wer gesund ist, wer Ehrgeiz, Disziplin und Neugier für sportliches Neuland mitbringt und sich richtig vorbereitet, der kann auch einen Marathon schaffen.

Faszination Marathon. Wer regelmäßiger Jogger und wer gesund ist, wer Ehrgeiz, Disziplin und Neugier für sportliches Neuland mitbringt, der kann – richtig vorbereitet – auch einen Marathon schaffen.

Marathon ist das »Matterhorn des kleinen Mannes«, eine echte Herausforderung, und für viele ist der Wunsch, einen Marathon zu laufen, der Anlass für ein jahrelanges Fitnesstraining. Mit einer entsprechenden Vorbereitung kann dieser Traum in Erfüllung gehen, aber es wird kein Kinderspiel werden.

Mit Geduld durch die Mauer

Marathon ist nichts für Ungeduldige. Jahrelanges Training zahlt sich aus. Der Körper braucht Monate bis Jahre für viele Anpassungen und die notwendige orthopädische Stabilität. Elitemarathonläufer erreichen ihren Zenit selten vor fünf Jahren Langstreckentraining. Geduld und Disziplin braucht man aber auch im Rennen, denn wer zu schnell beginnt, wird am Ende gegen die gefürchtete Mauer laufen. Dort, wo der »Mann mit dem Hammer« steht, haben diejenigen, die das Rennen zu schnell beginnen, ihre Glykogenreserven vorzeitig aufgebraucht.

Die Fettverbrennung kann dieselbe Menge Energie zur Aufrechterhaltung der Geschwindigkeit nicht liefern, da sie hierfür mehr Sauerstoff als der Kohlenhydratstoffwechsel benötigt. Zunächst beschleunigt sich zwar die Atmung –

Seitenstechen als Folge einer überlasteten Zwerchfellmuskulatur kann auftreten –, aber letztlich sinkt das Tempo umso mehr ab, je schlechter zuvor der Fettstoffwechsel trainiert wurde.

Der »Mann mit dem Hammer« oder die (Stoffwechsel-) »Mauer« warten auf alle, die ihren Marathon schlecht vorbereiten oder zu schnell loslaufen.

Mehr – langsamer – länger

Während ein Halbmarathon noch mit dem Training für zehn Kilometer einigermaßen zu laufen ist, benötigt die Distanz über 42,195 Kilometer wegen der begrenzten Glykogenvorräte besondere Trainingsmethoden. Die lange Strecke fordert ihren Tribut: Lange Läufe, langsameres Durchschnittstempo und erhöhter Trainingsumfang charakterisieren das Marathontraining. Der Anteil des Tempotrainings spielt eine geringere Rolle als beim 10 000-Meter-Lauf. Nur rund fünf Prozent werden im Wettkampftempo und schneller gelaufen. Vorbereitungsrennen über zehn Kilometer und Halbmarathons dienen der wettkampfspezifischen Vorbereitung. Im Vordergrund stehen aber ruhige aerobe Dauerläufe zur Vergrößerung des Glykogendepots und zum Training des Fettstoffwechsels.

Glücklich im Ziel beim Hamburg Marathon 1998: Joschka Fischer und sein Marathontrainer Herbert Steffny. Mit eineinhalb Jahren konsequentem Laufprogramm und 35 Kilogramm Gewichtsabnahme machte der 50-jährige Politiker seinen Traum wahr!

Das richtige Marathonrezept

Ruhige Dauerläufe sind nichts Spektakuläres. Viele sprechen lieber über ihre Tempoeinheiten, obwohl diese nur eine geringe Rolle im Marathontraining spielen. Die richtige Mischung kann mit einem Eintopfrezept verglichen werden. Niemand redet darüber, aber im Eintopf ist hauptsächlich Wasser und Gemüse. Alle schauen nach dem Fleisch, obwohl davon nicht so viel vorhanden ist. Und wer zu viel Salz und Pfeffer in die Suppe tut, hat sie verdorben. Kilometersammeln und längere Läufe sind die entscheidenden Zutaten, Tempoläufe und Wettkämpfe nur Beilagen.

Die Adressen von Marathons erfährt man aus den Fachmagazinen »Spiridon« oder »Runner's World«. Der Deutsche Leichtathletikverband (Postfach 10 04 63, 64204 Darmstadt; www.leichtathletik.de) erstellt jährlich einen Volkslaufkalender mit Infos und Kontaktadressen.

In zehn Wochen zum Marathonläufer

Es kann einem Debütanten nicht deutlich genug gesagt werden: Das einzige Ziel für den ersten Marathon ist es, ihn zu schaffen! Die Zeit ist zweitrangig. Wenn man beim ersten Mal gut durchkommt, hat man beim zweiten Versuch genug Erfahrung, um schneller zu laufen. Ausgehend von einer wenigstens ein-, besser zweijährigen regelmäßigen Ausdauerbasis mit drei Laufeinheiten und 30 Kilometer pro Woche (siehe Pläne Seite 106f.), beginnt die spezielle Vorbereitung zehn Wochen vor dem Marathon. Der Trainingsumfang und ein langer Lauf am Wochenende werden nun schrittweise gesteigert. Schon zuvor sollte ein ruhiger längerer Lauf von rund 20 Kilometer erreicht worden sein. Ein sporterfahrener Arzt muss grünes Licht geben.

Gut wäre es, wenn man eine Gruppe oder einen gleichgesinnten Partner mit ähnlicher Leistungsstärke finden könnte. Spätestens jetzt sollte man sich ordentliche Laufschuhe leisten, denn der erhöhte Trainingsumfang bedeutet auch erhöhten orthopädischen Stress. Ausreichend Schlaf, gute Ernährung und Gymnastik sind trainingsbegleitend wichtig. Man sollte sich bewusst sein, dass man in den nächsten zwei Monaten etwas mehr Zeit in das Ziel investieren muss.

Den ersten Marathon gut auswählen

Für den ersten Marathon sollte man eine Strecke auswählen, die vom Streckenprofil und voraussichtlichem Wetter her keine unerwarteten Schwierigkeiten in sich birgt. Bestes Marathonwetter ist im Frühjahr und Herbst, wenn es weder zu kalt noch zu heiß ist. Die großen Citymarathons sind in der Regel hervorragend organisiert – das Gedränge und der Rummel liegen aber nicht jedem. Hier kann ein Debüt bei einem kleinen Marathon in der Provinz empfehlenswerter sein. Andererseits kann ein Citymarathon Seite an Seite mit Tausenden von Mitstreitern vor hunderttausenden applaudierenden Zuschauern ein motivierendes und kurzweiliges Rauscherlebnis werden.

Eine Strecke unweit der Heimat lockt eher unterstützende Freunde und Familienmitglieder an die Strecke als ein Exotenrennen. Hier kommen dann möglicherweise Reisestress, Jetlag, Essens- und Klimaumstellung noch erschwerend hinzu.

Wenn Sie eine ganz spezielle Anleitung suchen: Herbert Steffny und Ulrich Pramann haben das Buch »Perfektes Marathontraining« (Südwest Verlag, 10,95 Euro) geschrieben.

Der lange Lauf

Neben dem erhöhten wöchentlichen Trainingsumfang, der in den letzten Wochen wieder verringert wird, ist der lange Lauf das wichtigste Trainingselement. Am besten sucht man eine flache Strecke mit ebenem Waldboden und abgemessenen Kilometerabschnitten. Die Kontrolle und gleichmäßige Einteilung des Trainingstempos fallen dadurch leichter. Das Tempo sollte mit 65 bis 70 Prozent des Maximalpulses deutlich langsamer als bei kürzeren Dauerläufen sein.

Ziel der immer länger werdenden Läufe ist die Vergrößerung des Glykogendepots, das Fettstoffwechseltraining – und der Verlust der Angst vor der langen Strecke. Wer sich zwei Wochen zuvor vorsichtig bis auf 30 Kilometer an die Marathondistanz herangearbeitet hat, der wird mit Ausruhen und vom Adrenalin beflügelt am Wettkampftag die letzten zehn Kilometer auch noch schaffen. Noch längere Läufe bergen für den Marathoneinsteiger zu hohe orthopädische Risiken.

Der beste Zeitpunkt für einen langen Lauf ist am Wochenende, da man sich danach gut erholen kann. Bei Wärme sollte morgens trainiert werden. Vorher und unterwegs sollte außerdem unbedingt genügend getrunken werden, da bei der langen Dauer die Wasserverluste hoch sein können. Danach sollten möglichst rasch das Wasserdefizit behoben und das Glykogendepot wieder aufgefüllt werden.

Umrechnungstabelle für den Marathon

Derzeitige 10-km-Zeit	Optimal erreichbare Marathonzeit	Beim Marathondebüt realistisch erreichbar
57:30	4:28:20	5:10:00
55:00	4:16:40	4:50:00
52:30	4:05:00	4:35:00
50:00	3:53:20	4:20:00
47:30	3:41:40	4:05:00
45:00	3:30:00	3:50:00
42:30	3:18:20	3:35:00
40:00	3:06:40	3:20:00
37:30	2:55:00	3:05:00
35:00	2:43:20	2:52:00
32:30	2:31:40	2:37:00
30:00	2:20:00	2:24:00
27:30	2:08:20	2:11:00

Aufbauwettkämpfe und Testrennen

Nicht wenige laufen Marathon leider ohne vorherige Vorbereitungsrennen. Bei Testläufen bzw. Aufbaurennen über zehn Kilometer und Halbmarathons sammelt der Marathoneinsteiger erste Wettkampferfahrungen. Wenn der geplante Marathon auf Asphalt stattfindet, sollten die Testwettkämpfe ebenfalls Straßenläufe sein. Man gewöhnt sich auch an die gleichmäßige Renneinteilung nach Zwischenzeiten, die Getränkeaufnahme während des Laufens und erhält Aufschluss über die anzustrebende Marathonendzeit, wobei für den Neuling natürlich ein größerer »Unerfahrenheitsmalus« als beim Eliteläufer einkalkuliert werden muss.

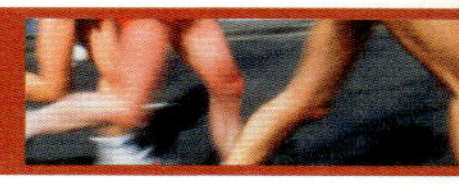

Je nach Ausgangsbasis können Sie den Plan für Marathoneinsteiger (Zehn-Kilometer-Zeit bei etwa 55 Minuten) bis hin zum Plan für unter vier Stunden (Zehn-Kilometer-Zeit bei etwa 47 Minuten) befolgen. Wer Marathonerfahrung hat, kann die Vierstundengrenze auch mit einer Zehn-Kilometer-Zeit von etwa 50 Minuten knacken. Die Tageskilometerangaben in der letzten Spalte beinhalten bei Intervalltraining oder Wettkämpfen auch das Ein- und Auslaufen.

Ausgehend von der Zehn-Kilometer-Wettkampfzeit lässt sich hochrechnen. Wer seinen ersten Marathon läuft, wird bei der Premiere selten sein volles Potenzial erreichen. Während ein Eliteathlet beim Debüt nur einige Minuten Malus einplanen muss, beträgt er beim Vierstundenläufer bereits eine halbe Stunde (siehe Tabelle S.128).

In zehn Wochen unter 3:30 Stunden

Wer eine Marathonzeit um oder unter 3:30 Stunden anstrebt, sollte zehn Kilometer wenigstens in 45:00 Minuten laufen. Damit sind unter optimalen Bedingungen (Wetter, Taktik und Streckenverlauf) 3:30 Stunden erreichbar, allerdings nicht beim ersten Marathon. Für das Debüt sollte man zunächst 3:45 bis 3:50 Stunden anstreben. Nach dieser hoffentlich positiven Erfahrung geht's beim zweiten Versuch in die Vollen!

Ein Debütant müsste zehn Kilometer in 42 Minuten schaffen, um gleich beim ersten Mal 3:30 Stunden anzugreifen. Der 3:30-Marathonläufer startet mit einem Ausgangsniveau von drei- bis viermal Training mit ca. 40 bis 45 Kilometer pro Woche. Er kann in seinem vorhergehenden Training bereits um die 20 Kilometer am Stück laufen. Er ist in der Regel zumindest auf kürzeren Distanzen schon wettkampferfahren. In den letzten zehn Wochen vor dem Marathon sollte das Pensum im Durchschnitt auf 60 bis 70 Kilometer in vier Einheiten pro Woche gesteigert werden. Wer mehr Zeit zur Verfügung hat, kann gelegentlich auch eine zusätzliche fünfte ruhige Einheit (z. B. 40 Minuten Jogging) oder Rad fahren hinzufügen.

Sich systematisch steigern

In der ersten bis vierten Woche wird zunächst der Trainingsumfang auf 60 bis 70 Kilometer pro Woche gesteigert. Gleichzeitig wird der sonntägliche lange

Wer den Marathon unter 3:30 zurücklegt, gehört bereits zum vorderen Drittel des Teilnehmerfelds. Während in Deutschland das Ziel meist schon nach fünf bis sechs Stunden geschlossen wird, kann man in New York oder Honolulu auch noch nach zwölf Stunden einlaufen bzw. eingehen.

und ruhige Dauerlauf stufenweise auf 30 Kilometer verlängert. In der achten Woche werden 32 Kilometer absolviert, wobei der Zehn-Kilometer-Abschnitt von 20 auf 30 Kilometer schneller gelaufen wird. Der flotte Dauerlauf verlängert sich von zunächst 8 auf 15 Kilometer in der sechsten Woche. Das Marathontempo wird erst in kurzen Intervalleinheiten trainiert, die sich bis zur neunten Woche auf Fünf-Kilometer-Abschnitte verlängern. Die kürzeren 1000-Meter-Intervalle trainieren überlappend die zehn Kilometer Unterdistanz. Der Zehn-Kilometer- und der Halbmarathontest sind harte Tempoläufe. Sie sind schneller als das Marathontempo und dienen zur Formüberprüfung, bei denen die angegebenen Zeiten erreicht werden sollten. Zudem gewöhnt man sich an das Laufen auf Asphalt und kann die Getränkeaufnahme an Wasserstationen üben. In den Wochen nach dem Marathon sollte deutlich ruhiger trainiert werden, ebenso wie in der letzten Woche davor.

In zehn Wochen unter 3:00 Stunden

Wer die begehrte Drei-Stunden-Schallmauer unterbietet, gehört schon zu einer ehrgeizigen Elite von Leistungssportlern. Bei den Frauen beginnt hier sogar der erweiterte Bereich der nationalen Spitze. Es werden bereits die ersten Pokale, Titel oder Preisgelder erlaufen! Dazu gehören schon eine Portion Talent und entsprechender Trainingsfleiß. Mitglieder dieses »Proficlubs« trainieren in der Regel bereits mehrere Jahre und verfügen über reichlich Wettkampferfahrung. Meist sind sie in ihrer Laufgruppe Vorbild oder Trainer.

Über den Sommer oder Winter wurde eine gute aerobe Grundlagenausdauer, eventuell auch mit Radfahren oder Skilanglauf kombiniert, erworben. Die Ausgangsbasis vor dem Zehn-Wochen-Plan sollte vier- bis fünfmaliges Training pro Woche betragen. Der längste Dauerlauf erreichte bereits rund 25 Kilometer. Im Vorfeld wurden kürzere Wettkämpfe absolviert. Das Leistungsvermögen über zehn Kilometer sollte 38 bis 39 Minuten betragen. Wer den

Bad in der Menge: Marathon ist immer ein besonderes Erlebnis. Man läuft zwar mit vielen, aber jeder läuft für sich allein.

ersten Marathon läuft, sollte allerdings 3:15 Stunden anstreben. Mit 36 Minuten könnte sich auch ein Debütant an 3:00 Stunden wagen.

Die Familie muss mitspielen

Da fast tägliches Training auf Sie zukommt, ist es sinnvoll, im Vorfeld bereits das private und berufliche Umfeld zu optimieren. Bitten Sie Ihre Familie um Verständnis und Kooperation. Legen Sie Ihren Urlaub in die spezielle Vorbereitungsphase, und organisieren Sie ein Trainingslager. Rechnen Sie mit einer Stunde mehr Schlaf pro Nacht.

Der wöchentliche Umfang erreicht durchschnittlich um die 100 Kilometer. Der 3:00-Läufer trainiert fast jede Woche einen langen Lauf um 30 Kilometer. Zunächst ist es das Ziel, die Distanz bis zu 35 Kilometer sicher zu beherrschen, später wird im Rahmen der Belastungssteigerung auch das Tempo variiert. Wie beim 3:30-Läufer gehört ein Halbmarathontest ins Programm. Von den zwei Zehn-Kilometer-Rennen wird der erste »nur aus dem Training heraus« absolviert.

Der 3:00-Läufer verfügt über eine breitere Palette an Trainingsmitteln als der 3:30-Läufer. Das Marathontempo beträgt 4:15 bis 4:20 Minuten pro Kilometer. Es wird in längeren Intervallen, Tempodauerläufen oder Crescendos geübt. Fahrtspiel oder Dauerläufe im welligen bis bergigen Gelände sorgen für zusätzliche Trainingsreize.

Der 100. Jubiläums-Boston-Marathon hatte 1996 die Rekordzahl von 35 868 Finishern. Davon unterboten 2124 Männer und 75 Frauen die begehrte Drei-Stunden-Grenze. Das sind rund sechs Prozent der Teilnehmer.

10-Wochen-Rahmen-Trainingsplan für Einsteiger

1. Woche (45 km) 1	Mo		–	–
	Di		DL 60 min 6:45	9
	Mi		–	–
	Do	➔	flotter DL 5 km 6:00	10
	Fr		–	–
	Sa		DL 40 min 6:30	6
	So	◆	lgDL 20 km 6:45	20
2. Woche (50 km) 2	Mo		–	–
	Di		DL 40 min 6:45	6
	Mi		–	–
	Do	➔	flotter DL 7 km 6:00	12
	Fr		–	–
	Sa		DL 70 min 6:45	10
	So	◆	lgDL 22 km 6:45	22
3. Woche (42 km) 3	Mo		–	–
	Di	●	3 x 1000 m 5:40 (Pause 4 min)	10
	Mi		–	–
	Do		DL 70 min 6:45, Steigerungen	10
	Fr		–	–
	Sa		DL 40 min 6:45	6
	So	➔	**10-km-Test (Ziel unter 60:00)**	16
4. Woche (46 km) 4	Mo		–	–
	Di		DL 40 min 6:45	6
	Mi		–	–
	Do		DL 60 min locker, wellig – bergig	9
	Fr		–	–
	Sa		DL 40 min 6:45	6
	So	◆	lgDL 25 km 6:45	25
5. Woche (37 km) 5	Mo		–	–
	Di		DL 40 min 6:45	6
	Mi		–	–
	Do		DL 70 min 6:45, Steigerungen	10
	Fr		–	–
	Sa		Jogging 30 min, Steigerungen	4
	So	➔	**10-km-Test (Ziel ca. 55:00)**	17

◆ = langer DL ➔ = Tempo-Dauerlauf ● = Intervalltr. HF = Herzfrequenz MT = Marathontempo DL=Dauerlauf lgDL = langer Dauerlauf FSP= Fahrtspiel

In der letzten Spalte stehen die Tageskilometer. Sie beinhalten an Tagen mit Intervalltraining und Wettkämpfen zusätzlich auch das langsame Ein- und Auslaufen.

© Steffny/Pramann, Perfektes Lauftraining, Südwest Verlag

10-Wochen-Rahmen-Trainingsplan für Einsteiger

Woche	Tag		Training	km
6. Woche (54 km) **6**	Mo		–	–
	Di		DL 70 min 6:45	10
	Mi		–	–
	Do		DL 70 min 6:45	10
	Fr		–	–
	Sa	◆	DL 28 km 6:45	28
	So		DL 40 min 6:45	6
7. Woche (51 km) **7**	Mo		–	–
	Di	●	3 x 2000 m 11:50 (Pause 6 min)	12
	Mi		–	–
	Do		DL 60 min 6:45	9
	Fr		–	–
	Sa		Jogging 30 min, Steigerungen	4
	So	◆➔	**Halbmarathontest (Ziel ca. 2:10)**	26
8. Woche (55 km) **8**	Mo		–	–
	Di		DL 40 min 6:45	6
	Mi		–	
	Do		DL 90 min 6:45	13
	Fr		–	–
	Sa		DL 40 min 6:45	6
	So	◆	lgDL 30 km 6:45	30
9. Woche (47 km) **9**	Mo		–	
	Di		DL 40 min 6:45	6
	Mi		–	–
	Do	●	MT 3 x 3000 m 19:30 (Pause 8 min)	15
	Fr		–	–
	Sa		DL 40 min 6:45	6
	So	◆	lgDL 20 km 6:45, Steigerungen	20
10. Woche (62 km) **10**	Mo		–	–
	Di		DL 60 min 6:45	9
	Mi		–	–
	Do		DL 40 min 6:45, Steigerungen	6
	Fr		–	–
	Sa		DL 20 min 6:45, Steigerungen	3
	So	◆➔	**Marathon, Zielzeit 4:45 Std.**	44

◆ = langer DL ➔ = Tempo-Dauerlauf ● = Intervalltr. HF = Herzfrequenz MT = Marathontempo DL=Dauerlauf lgDL = langer Dauerlauf FSP= Fahrtspiel

In der letzten Spalte stehen die Tageskilometer. Sie beinhalten an Tagen mit Intervalltraining und Wettkämpfen zusätzlich auch das langsame Ein- und Auslaufen.

© Steffny/Pramann, Perfektes Lauftraining, Südwest Verlag

In 10 Wochen zum Marathon unter 4:00 Stunden

1. Woche (47 km) 1	Mo		–	–
	Di		DL 60 min 6:20	9
	Mi		–	–
	Do	➔	flotter DL 5 km 5:45	10
	Fr		–	–
	Sa		DL 40 min 6:20	6
	So	◆	lgDL 22 km 6:20	22
2. Woche (55 km) 2	Mo		–	–
	Di		DL 60 min 6:20	9
	Mi		–	–
	Do	➔	flotter DL 7 km 5:45	12
	Fr		–	–
	Sa		DL 70 min 6:20	10
	So	◆	lgDL 24 km 6:20	24
3. Woche (44 km) 3	Mo		–	–
	Di	●	3 x 1000 m 5:00 (Pause 4 min)	10
	Mi		–	–
	Do		DL 80 min 6:20, Steigerungen	12
	Fr		–	–
	Sa		DL 40 min 6:20	6
	So	➔	**10-km-Test (Ziel ca. 52:00)**	16
4. Woche (56 km) 4	Mo		–	–
	Di		DL 60 min 6:20	9
	Mi		–	–
	Do		DL 70 min locker, wellig – bergig	11
	Fr		–	–
	Sa		DL 60 min 6:20	9
	So	◆	lgDL 27 km 6:20	27
5. Woche (40 km) 5	Mo		–	–
	Di		DL 60 min 6:20	9
	Mi		–	–
	Do		DL 70 min 6:20, Steigerungen	10
	Fr		–	–
	Sa		Jogging 30 min, Steigerungen	4
	So	➔	**10-km-Test (Ziel um 50:00)**	17

◆ = langer DL ➔ = Tempo-Dauerlauf ● = Intervalltr. HF = Herzfrequenz MT = Marathontempo DL=Dauerlauf lgDL = langer Dauerlauf FSP= Fahrtspiel

In der letzten Spalte stehen die Tageskilometer. Sie beinhalten an Tagen mit Intervalltraining und Wettkämpfen zusätzlich auch das langsame Ein- und Auslaufen.

© Steffny/Pramann, Perfektes Lauftraining, Südwest Verlag

In 10 Wochen zum Marathon unter 4:00 Stunden

Woche	Tag		Training	km
6. Woche (59 km)	Mo		–	–
6	Di		DL 70 min 6:20	10
	Mi		–	–
	Do		DL 70 min 6:20	10
	Fr		–	–
	Sa	◆	lgDL 30 km 6:20	30
	So		DL 60 min 6:20	9
7. Woche (54 km)	Mo		–	–
7	Di	●	3 x 3000 m 15:45 (Pause 8 min)	15
	Mi		–	–
	Do		DL 60 min 6:20	9
	Fr		–	–
	Sa		Jogging 30 min, Steigerungen	4
	So	◆➔	**Halbmarathontest (Ziel ca. 1:51)**	26
8. Woche (61 km)	Mo		–	–
8	Di		DL 60 min 6:20	9
	Mi		–	–
	Do		DL 90 min 6:20, Steigerungen	14
	Fr		–	–
	Sa		DL 40 min 6:20	6
	So	◆	lgDL 32 km 6:20	32
9. Woche (49 km)	Mo		–	–
9	Di		DL 40 min 6:20	6
	Mi		–	–
	Do	●	MT 3 x 4000 m 22:16 (Pause 9 min)	17
	Fr		–	–
	Sa		DL 40 min 6:20	6
	So	◆	lgDL 20 km 6:20, Steigerungen	20
10. Woche (62 km)	Mo		–	–
10	Di		DL 60 min 6:20	9
	Mi		–	–
	Do		DL 40 min 6:20, Steigerungen	6
	Fr		–	–
	Sa		DL 20 min 6:20, Steigerungen	3
	So	◆➔	**Marathon, Zielzeit 3:55 Std.**	44

◆ = langer DL ➔ = Tempo-Dauerlauf ● = Intervalltr. HF = Herzfrequenz MT = Marathontempo DL=Dauerlauf lgDL = langer Dauerlauf FSP= Fahrtspiel

In der letzten Spalte stehen die Tageskilometer. Sie beinhalten an Tagen mit Intervalltraining und Wettkämpfen zusätzlich auch das langsame Ein- und Auslaufen.

© Steffny/Pramann, Perfektes Lauftraining, Südwest Verlag

In 10 Wochen zum Marathon unter 3:30 Stunden

1. Woche (56 km)	Mo		–	–
1	Di	●	MT 4 x 1500 m 7:30 (Pause 3 min)	12
	Mi		–	–
	Do		DL 60 min 5:50	10
	Fr		–	–
	Sa	➔	flotter DL 8 km 5:15	12
	So	◆	lgDL 22 km 6:00	22
2. Woche (62 km)	Mo		–	–
2	Di	●	3 x 1000 m 4:25 (Trabpause 400 m)	10
	Mi		DL 70 min 6:00	12
	Do		–	–
	Fr	➔	flotter DL 10 km 5:15	15
	Sa		–	–
	So	◆	lgDL 25 km 6:00	25
3. Woche (65 km)	Mo		–	–
3	Di	●	MT 5 x 2000 m 10:00 (Pause 5 min)	15
	Mi		–	–
	Do		DL 108 min 6:00	18
	Fr		–	–
	Sa		Jogging 35 min 6:20	5
	So	◆	lgDL 27 km 6:00	27
4. Woche (70 km)	Mo		–	–
4	Di		DL 70 min 5:45	12
	Mi		–	–
	Do	➔	flotter DL 12 km 5:15	17
	Fr		–	–
	Sa		Jogging 70 min 6:20	11
	So	◆	lgDL 30 km 6:00	30
5. Woche (46 km)	Mo		–	–
5	Di	●	5 x 1000 m 4:30 (Trabpause 400 m)	12
	Mi		DL 70 min 5:50	12
	Do		–	–
	Fr		–	–
	Sa		Jogging 30 min, Steigerungen	5
	So	➔	**10-km-Test (Ziel um 45:00)**	17

◆ = langer DL ➔ = Tempo-Dauerlauf ● = Intervalltr. HF = Herzfrequenz MT = Marathontempo DL=Dauerlauf lgDL = langer Dauerlauf FSP= Fahrtspiel

In der letzten Spalte stehen die Tageskilometer. Sie beinhalten an Tagen mit Intervalltraining und Wettkämpfen zusätzlich auch das langsame Ein- und Auslaufen.

© Steffny/Pramann, Perfektes Lauftraining, Südwest Verlag

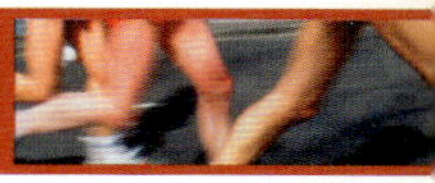

In 10 Wochen zum Marathon unter 3:30 Stunden

Woche	Tag		Training	km
6. Woche (78 km) **6**	Mo		–	–
	Di		DL 60 min 6:00	10
	Mi		–	–
	Do		DL 90 min 6:00, Steigerungen	18
	Fr	➔	flotter DL 15 km 5:15	20
	Sa		–	–
	So	◆	DL 30 km 5:50	30
7. Woche (60 km) **7**	Mo		–	–
	Di	●	MT 4 x 3000 m 15:00 (Pause 7 min)	17
	Mi		DL 60 min 6:00	10
	Do		–	–
	Fr		–	–
	Sa		Jogging 30 min, Steigerungen	5
	So	◆➔	**Halbmarathontest (Ziel 1:40)**	28
8. Woche (68 km) **8**	Mo		–	–
	Di		Jogging 60 min 6:20	9
	Mi		–	–
	Do		DL 90 min 5:50	16
	Fr		–	–
	Sa		Jogging 70 min 6:20	11
	So	◆➔	lgDL 32 km 5:50 (darin 10 km in 5:15)	32
9. Woche (63 km) **9**	Mo		–	–
	Di		DL 60 min 6:00	10
	Mi		–	–
	Do	●	MT 3 x 5000 m 25:00 (Pause 12 min)	20
	Fr		–	–
	Sa		DL 50 min 6:00	8
	So	◆	lgDL 25 km 6:10, Steigerungen	25
10. Woche (72 km) **10**	Mo		–	–
	Di		DL 60 min 6:00	10
	Mi	●	MT 3 x 1000 m 5:00 (Pause 3 min)	8
	Do		Jogging 30 min 6:20, Steigerungen	5
	Fr		–	–
	Sa		Jogging 30 min 6:20, Steigerungen	5
	So	◆➔	**Marathon, Zielzeit 3:29 Std.**	44

◆ = langer DL ➔ = Tempo-Dauerlauf ● = Intervalltr. HF = Herzfrequenz MT = Marathontempo DL=Dauerlauf lgDL = langer Dauerlauf FSP= Fahrtspiel

In der letzten Spalte stehen die Tageskilometer. Sie beinhalten an Tagen mit Intervalltraining und Wettkämpfen zusätzlich auch das langsame Ein- und Auslaufen.

© Steffny/Pramann, Perfektes Lauftraining, Südwest Verlag

In 10 Wochen zum Marathon unter 3:00 Stunden

1. Woche (88 km) 1	Mo		–	–
	Di	●	MT 5 x 2000m 8:40 (Pause 4 min)	17
	Mi		DL 95 min 5:30	17
	Do		–	–
	Fr	➔	flotter DL 10km 4:40	15
	Sa		Jogging 70 min 5:45	12
	So	◆	lgDL 27 km 5:30	27
2. Woche (104 km) 2	Mo		Jogging 70 min 5:45	12
	Di	●	10 x 400 m 90 sec (Trabpause 200 m)	15
	Mi		DL 100 min 5:30	18
	Do		–	–
	Fr	➔	flotter DL 12 km 4:30	17
	Sa		Jogging 70 min 5:45	12
	So	◆	lgDL 30 km 5:30	30
3. Woche (84 km) 3	Mo		Jogging 70 min 5:45	12
	Di	●	5 x 1000 m 3:55 (Trabpause 400 m)	15
	Mi		DL 100 min 5:30, Steigerungen	18
	Do	➔	FSP 70 min (4:30–5:40)	14
	Fr		–	–
	Sa		Jogging 45 min, Steigerungen	8
	So	➔	**10-km-Wettkampf (Ziel um 40:00)**	17
4. Woche (107 km) 4	Mo		Jogging 90 min 5:40	16
	Di		–	–
	Mi		DL 100 min 5:20, wellig	19
	Do		Jogging 70 min 5:40	12
	Fr	●	MT 3 x 3000 m 13:00 min (Pause 6 min)	16
	Sa		Jogging 70 min 5:40	12
	So	◆	lgDL 32 km 5:20, Steigerungen	32
5. Woche (73 km) 5	Mo		Jogging 70 min 5:40	12
	Di	●	5 x 1000 m 3:50 (Trabpause 400 m)	14
	Mi		DL 90 min 5:30	16
	Do		DL 50 min 5:50, Steigerungen	9
	Fr		–	–
	Sa		Jogging 30 min, Steigerungen	5
	So	➔	**10-km-Wettkampf (Ziel um 38:30)**	17

◆ = langer DL ➔ = Tempo-Dauerlauf ● = Intervalltr. HF = Herzfrequenz MT = Marathontempo DL=Dauerlauf lgDL = langer Dauerlauf FSP= Fahrtspiel

In der letzten Spalte stehen die Tageskilometer. Sie beinhalten an Tagen mit Intervalltraining und Wettkämpfen zusätzlich auch das langsame Ein- und Auslaufen.

© Steffny/Pramann, Perfektes Lauftraining, Südwest Verlag

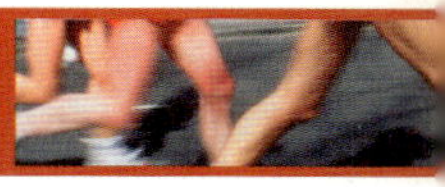

In 10 Wochen zum Marathon unter 3:00 Stunden

6. Woche (110 km)	Mo		Jogging 90 min 5:40	16
6	Di		–	–
	Mi		DL 70 min 5:00	14
	Do		DL 100 min 5:30, Steigerungen	18
	Fr	➔	flotter DL 10 km 4:30	17
	Sa		DL 70 min 5:20	13
	So	◆➔	Crescendo 32 km (5:30, 5:00, 4:30)	32
7. Woche (83 km)	Mo		Jogging 70 min 5:40	12
7	Di	●	MT 4 x 3000 m 12:45 (Pause 6 min)	18
	Mi		DL 60 min 5:10	12
	Do		DL 8 km 5:30, Steigerungen	8
	Fr		–	–
	Sa		Jogging 30 min, Steigerungen	5
	So	◆➔	**Halbmarathontest (Ziel 1:25)**	28
8. Woche (108 km)	Mo		Jogging 70 min 5:40	12
8	Di		–	–
	Mi		DL 100 min 5:20, wellig	19
	Do		Jogging 70 min 5:40	12
	Fr		mDL 90 min 5:00, Steigerungen	18
	Sa		Jogging 70 min 5:40	12
	So	◆	lgDL 35 km 5:20, Steigerungen	35
9. Woche (87 km)	Mo		Jogging 70 min 5:40	12
9	Di	➔	mDL 10 km 4:50, wellig	15
	Mi		–	–
	Do	●	MT 3 x 5000 m 21:15 (Pause 10 min)	20
	Fr		–	–
	Sa		DL 70 min 5:30	13
	So	◆	lgDL 27 km 5:20, Steigerungen	27
10. Woche (78 km)	Mo		Jogging 60 min 5:30	11
10	Di		–	–
	Mi	●	MT 3 x 1500 m 6:22 (Pause 2 min)	10
	Do		DL 8 km (5:30), Steigerungen	8
	Fr		–	–
	Sa		Jogging 30 min, Steigerungen	5
	So	◆➔	**Marathon, Zielzeit 2:59 Std.**	44

◆ = langer DL ➔ = Tempo-Dauerlauf ● = Intervalltr. HF = Herzfrequenz MT = Marathontempo DL=Dauerlauf lgDL = langer Dauerlauf FSP= Fahrtspiel

In der letzten Spalte stehen die Tageskilometer. Sie beinhalten an Tagen mit Intervalltraining und Wettkämpfen zusätzlich auch das langsame Ein- und Auslaufen.

© Steffny/Pramann, Perfektes Lauftraining, Südwest Verlag

Training Herbert Steffny für den München-Marathon 1989

Woche	Tag		Training	km
1. Woche 13.–19.2.89 (203 km) **1**	Mo	➔	DL 20 km (4:15)/13 km (3:20–3:50)	37
	Di		DL 20 km (4:30)/13 km (3:55)	33
	Mi	●	DL 22 km (4:20)/3 x 0,5, 1, 2 km (3:00)	40
	Do	➔	DL 13 km (4:30)/Matschkurs 16 km (4:10)	29
	Fr		DL 22 km (4:15)	22
	Sa		DL 13 km (4:30)	13
	So	➔	Straße 8 km 24:11, Sieg/DL 13 km (4:10)	29
2. Woche 20.–26.2.89 (152 km) **2**	Mo		DL 17 km	17
	Di	●	17 km (3:50)/10 x 400 m (66 sec)	28
	Mi	◆	lgDL 31 km (4:10)	31
	Do		–	–
	Fr		DL 18 km (4:00)	18
	Sa	➔	DL 9 km (4:20)/hügCross 10 km, Sieg	27
	So	◆	lgDL 26 km (4:45)/Jogging 5 km (5:30)	31
3. Woche 27.2.–5.3.89 (83 km) **3**	Mo		DL 16 km (4:40)	16
	Di		DL 16 km (4:55)	16
	Mi		Jogging 3 km (4:40), Steigerungen	3
	Do		DL 10 km (4:00), Steigerungen	10
	Fr		Jogging 5 km (5:00)	5
	Sa	➔	Dt. Crossmeisterschaft 11 km, Sieg	18
	So		DL 15 km (4:30)	15
4. Woche 6.3.–12.3.89 (189 km) **4**	Mo		DL 18 km (4:00)/DL 16 km, bergig (4:50)	34
	Di	➔	DL 10 km (3:30)/DL 16 km (4:45)	34
	Mi	◆	lgDL 32 km (4:25)	32
	Do	➔	DL 15 km (3:35)/DL 15 km (4:05)	30
	Fr	●	DL 11 km/Laufbandtest bis 22 km/h	21
	Sa		DL 11 km (4:10)/DL 14 km (3:55)	25
	So		DL 13 km (3:55)	13
5. Woche 13.3.–19.3.89 (216 km) **5**	Mo		hügDL 17 km (3:55)/DL 14 km (4:10)	31
	Di	●	DL 17 km (4:05)/2 x (3 x 200 m, 1 x 3 km 9:15)	36
	Mi	◆	lghügDL 36 km	36
	Do		DL 14 km (4:25)/DL 16 km (4:10)	30
	Fr		DL 22 km (4:10)	22
	Sa	➔	DL 10 km (4:20)/Straße 10 km 30:48, Sieg	30
	So		DL 16 km (5:10)/DL 15 km, bergig (4:15)	31

◆ = langer DL ➔ = Tempo-Dauerlauf ● = Intervalltr. HF = Herzfrequenz MT = Marathontempo DL=Dauerlauf lgDL = langer Dauerlauf FSP= Fahrtspiel

In der letzten Spalte stehen die Tageskilometer. Sie beinhalten an Tagen mit Intervalltraining und Wettkämpfen zusätzlich auch das langsame Ein- und Auslaufen.

© Steffny/Pramann, Perfektes Lauftraining, Südwest Verlag

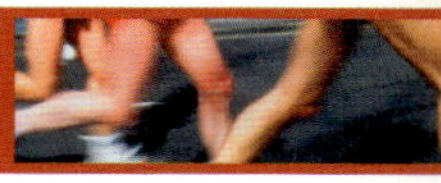

Training Herbert Steffny für den München-Marathon 1989

6. Woche20.–26.3.89 (169 km) **6**	Mo		hügDL 15 km (4:10)	15
	Di		Jogging 13 km (5:10)	13
	Mi	➔	DL 20 km (3:30)	23
	Do		DL 15 km (4:10)/DL 10 km (4:00)	25
	Fr	●	MT 6 x 2 km (6:12), Trabpause: 3 min	22
	Sa		hügDL (4:10)/DL 18 km (4:30)	28
	So	◆➔	lgDL CR 43 km (3:55–3:15)	43
7. Woche27.3.–2.4.89 (205 km) **7**	Mo		DL 15 km (4:15)	15
	Di		DL 12 km (4:20)/DL 18 km (4:45)	30
	Mi		DL 15 km (4:00)/bergDL 26 km (4:30)	41
	Do	●	2 x 0,5, 1 km, 2 km (3:00) /DL 12 km (4:20)	30
	Fr		DL 18 km (4:10)/DL 22 km (4:15)	40
	Sa		DL 15 km (4:30)	15
	So	◆➔	Straße 25 km 1:19:55, Sieg (3:12)	34
8. Woche 3.–9.4.89 (161 km) **8**	Mo		DL 10 km (4:10)	10
	Di		bergDL 12 km (4:30)/DL 19 km (4:20)	31
	Mi	●	10 x 400 m (68 sec)/DL 10 km (3:40)	32
	Do		hügDL 17 km (3:45)/DL 16 km (4:35)	33
	Fr	➔	DL 15 km (3:40), Steigerungen	23
	Sa		Jogging 8 km (4:40)	8
	So	➔	DL 6 km (4:30)/Straße 10 km 29:34	24
9. Woche 10.–16.4.89 (167 km) **9**	Mo		DL 19 km (4:10)/hügDL 10 km (4:15)	29
	Di	◆➔	lgDL 38 km CR (3:50–3:15)	38
	Mi		Jogging 7 km (4:50)/DL 13 km (5:10)	20
	Do	●	Laufbandtest bis 22 km/h	10
	Fr		DL 10 km (4:25)/DL 10 km (4:15)	20
	Sa	●	MT 3 x 5 km 15:35 (3:07), Pause: 7 min	23
	So	◆	lg DL 27 km (4:30)	27
10. Woche 17.–23.4.89 (106 km) km **10**	Mo		DL 13 km (4:35)	13
	Di		DL 14 km (4:00)	14
	Mi		hügDL 17 km (3:50)/DL 4 km (5:00)	21
	Do		DL 9 km (4:15), Steigerungen	9
	Fr		–	–
	Sa		DL 5 km (4:15), Steigerungen	5
	So	◆➔	München-Marathon 2:11:30, Sieg	44

◆ = langer DL ➔ = Tempo-Dauerlauf ● = Intervalltr. HF = Herzfrequenz MT = Marathontempo DL=Dauerlauf lgDL = langer Dauerlauf FSP= Fahrtspiel

In der letzten Spalte stehen die Tageskilometer. Sie beinhalten an Tagen mit Intervalltraining und Wettkämpfen zusätzlich auch das langsame Ein- und Auslaufen.

© Steffny/Pramann, Perfektes Lauftraining, Südwest Verlag

Taktik – Laufen mit **dem Kopf**

Wer sich an Wettkämpfen wie einem Marathon beteiligt, muss Farbe bekennen. Die Last liegt – anders als bei Mannschaftssportarten – nur auf einer Schulter. Mancher hat ein Toptraining hinter sich, vor dem Rennen versagen aber die Nerven. Aber keine Angst, auch Weltklasseathleten haben Muffensausen. Ohne Nervosität gäbe es keine Adrenalinausschüttung, die uns kampfbereit macht. Erfolgreich ist aber nicht der Ängstliche, sondern derjenige, der dem inneren Schweinehund am längsten die besten Antworten geben kann. Wie erreicht man mentale Stärke, kontrollierte Ruhe und vermeidet Panik?

Die Startnummer eins bekommt in der Regel der Vorjahressieger. Für manche eine schwere Bürde, für andere eine wohlverdiente Ehre. Aber auch Spitzenläufer kochen nur mit Wasser. Sie können nicht nur wie der Hobbyjogger Muskelkater bekommen, sondern haben auch mental zu kämpfen. Auf ähnlichem Leistungsniveau entscheidet aber letztlich der Kopf über Sieg oder Niederlage.

14 Tipps für mentale Power und Erfolg

- Setzen Sie sich von vornherein ein realistisches Ziel.
- Erledigen Sie im Training und vor dem Wettkampf Ihre Hausaufgaben – ein gutes Gewissen ist ein sanftes Ruhekissen.
- Entspannen Sie ausgiebig in den letzten Tagen vor dem Wettkampf, denn in der Ruhe liegt die Kraft.
- Gehen Sie frühzeitig den Ablauf durch, schauen Sie sich vor dem Rennen eventuell schwierige Passagen an. Bei negativen Überraschungen könnten Sie die Fassung verlieren. Auf unerwartete Situationen reagieren Sie positiv: »Ich werde das Beste daraus machen!«
- Schwierige Probleme haben Sie vorher im Training in Teilaufgaben gelöst – nehmen Sie z. B. an einem Berglauf teil, wenn Sie vor Anstiegen Angst haben, trainieren Sie im Regen, wenn Sie beim Rennen Unwetter fürchten. Eine scheinbar endlose Gerade hat man schon im Training geschafft. Konsequenz: »Das kann ich schon!«

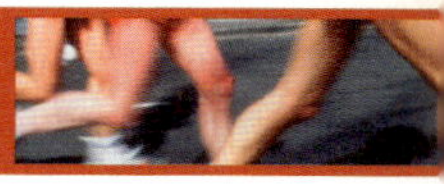

Flucht oder Angriff? Ganz ohne Nervosität geht es nicht. Adrenalin macht kampfbereit, kann aber auch zu Versagensangst führen. Ein ruhiges Gewissen und eine gute Vorbereitung sind ein sanftes Ruhekissen. Machen Sie sich außerdem Ihre Stärken bewusst, und denken Sie positiv.
Quelle: Steffny Run Fit Fun 97

Überwindung der Vorstartnervosität

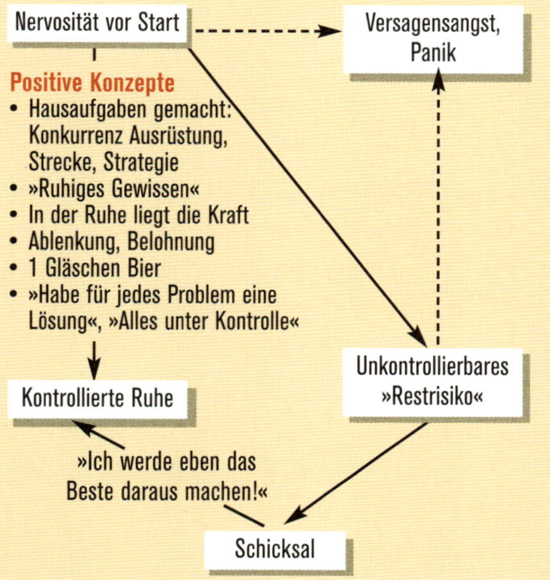

- Gehen Sie die Checkliste für die Reisetasche (Seite 233) durch, damit Sie nichts vergessen.
- Reisen Sie unbedingt rechtzeitig zum Wettkampfort.
- Vielleicht trinken Sie am Abend vor dem Rennen ein beruhigendes Bierchen, aber bitte in Maßen, nicht in Maßkrügen!
- Die meisten laufen zu schnell los. Ein »Flüchter« verliert hinten aber doppelt und dreifach! Ein gleichmäßiger Rennverlauf ergibt die besten Resultate – schreiben Sie sich Ihre Zwischenzeiten mit wasserfestem Stift auf den Arm oder die Startnummer. Wenn Sie vorsichtig loslaufen (»Jäger«), sind Sie am Ende nur am Überholen und vergessen dabei Ihre eigenen Probleme. Haben Sie Geduld!
- Zerlegen Sie strategisch die lange Strecke in Teilaufgaben wie kontrollierter Beginn, Rhythmus finden, Getränkeaufnahme usw.
- Legen Sie sich positive, kämpferische Gedanken zurecht: »Jetzt zeige ich, was ich kann« statt »Ich weiß nicht...«, »Die anderen sind am Ende auch schlapp!«.

- Manche gehen auch mit sich selbst ziemlich hart ins Gericht: »Heule nicht, wenn Marathon so einfach wäre, dann könnte es ja jeder!« oder »Du Waschlappen, wozu hast du ein halbes Jahr so viel trainiert?«.
- Erinnern Sie sich an Ihre Stärken, nicht nur an Ihre Schwächen.
- Ganz wichtig, wenn es doch mal nicht klappt: Sie sind deswegen kein Versager! Es gibt keine Berge ohne Täler.

Trainingsplanung im Jahreszyklus

Wer sich mit Laufen fit halten möchte, der sollte ganzjährig kontinuierlich, also auch im Winter, weiterlaufen. Ein leistungsorientierter Athlet kann aber nicht das ganze Jahr über gleichförmig trainieren. Einerseits lassen das die Jahreszeiten wetterbedingt nicht zu, andererseits gilt es für die Saisonhöhepunkte topfit zu werden und danach wieder auszuruhen. Der Jahresablauf wird also in unterschiedliche Abschnitte (Perioden, Zyklen) unterteilt, in denen unterschiedlich Akzente im Training gesetzt werden. Es gibt auch noch langfristigere Planungen, beispielsweise im olympischen Vierjahreszyklus, wo ein gezielter mehrjähriger Aufbau optimale Resultate erbringen kann.

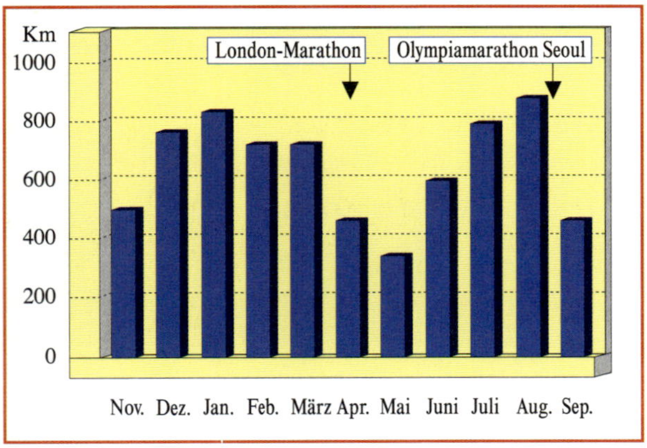

Das Marathontraining im Jahresverlauf (im Beispiel Herbert Steffnys Saison 1987/88) zeigt Monate mit hohen Kilometerumfängen vor den Saisonhöhepunkten und ruhigere Erholungsphasen danach. Quelle: Steffny Run Fit Fun 97

Vom Allgemeinen zum Speziellen

Je nach Spezialisierung kann der Saisonhöhepunkt im Sommer (Bergläufer, Bahnläufer), im Frühjahr oder Herbst (Marathonläufer) oder sogar im Winter (Crossläufer) liegen. Die einzelnen Trainingsabschnitte haben meist diese Abfolge: Nach der vorhergehenden Saison regeneriert man zunächst in einer etwa einmonatigen Übergangsperiode. Auf diese folgt ein mehrmonatiger Abschnitt, in dem das Training der allgemeinen Grundlagenausdauer im Vordergrund steht.

Schließlich wird in den letzten etwa sechs bis acht Wochen vor dem Saisonziel noch eine Phase mit vermehrt wettkampfspezifischen Trainingseinheiten durchgezogen. Je solider das Fundament der Grundlagenausdauer, desto besser steht die Leistungspyramide darauf!

Wintertraining für ambitionierte Marathonläufer

Nach der langen Saison oder dem Herbstmarathon wird man ein paar Wochen ruhiger treten und sich bei deutlich weniger Training physisch und psychisch ausruhen. In dieser Phase ist die richtige Zeit, die letzte Saison auch kritisch zu analysieren und sich Gedanken über einen gezielten Aufbau für das nächste Jahr zu machen. Das Wintertraining ist die Basis für die nächste Saison: zuerst Schwerpunkt Grundlagenausdauer, danach die Intensität.

Auf den Herbstmarathon folgen nach einer Regenerationsphase drei Monate ansteigender Kilometerumfang. Nach zwei Trainingslagern mit Intensität und Höhentraining folgt die spezielle Vorbereitung mit Straßenlauf (im Beispiel Herbert Steffnys Saison 1987/88) Quelle: Steffny Run Fit Fun

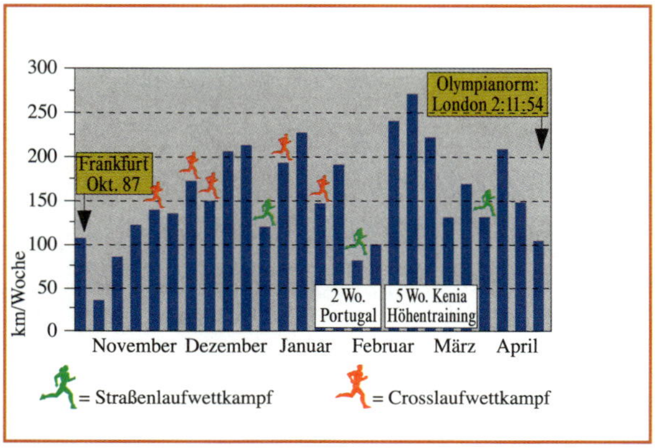

Zuerst der Keller – dann das Dach

Jede Stufe schafft die Basis für die nächste. Der Keller ist das breit angelegte Fundament durch Ausdauertraining. Der erste Stock bedeutet zunehmende Spezialisierung auf die Hauptdisziplin Laufen, und das Dach bauen heißt, sich mit wettkampfnahem Training scharf zu machen. Wer sich auf einen Frühjahrsmarathon vorbereiten will, sollte – nachdem er im November mal zurückgeschraubt hat – im Dezember den

Schwerpunkt auf aerobe Grundlagenausdauer legen. Hierbei soll keineswegs nur gelaufen werden. Abwechslung für Kopf und Muskeln bieten Schwimmen, Radfahren, Ballspiele, Gymnastik und Zirkeltraining in der Halle und vor allem Skilanglauf. Nebenbei wird dabei auch die lang vernachlässigte Rumpfmuskulatur auftrainiert.

Manche Läufer bereiten sich antizyklisch vor und sind im Winter verfrüht in Topform. Allerdings ist der Silvesterlaufsieger der Verlierer der nächsten Saison. Entscheidend ist, ob man zum Citymarathon oder zur Meisterschaft auf dem Höhepunkt seiner Leistungsfähigkeit ist.

Im Winter nicht heizen!

Die Betonung liegt auf ruhigen aeroben Dauerläufen im Bereich 65 bis 85 Prozent der maximalen Pulsfrequenz. Wichtig: im Winter Kilometer sammeln. Sie sind entscheidend für die nächste Saison. Das unterschätzen selbst Spitzenläufer, die zu früh mit scharfem Training beginnen.

Zwischen zwei bis drei Belastungswochen sollten immer einige Regenerationstage eingebaut werden. Durch ruhige Dauerläufe werden Sehnen und selbst Knochen gefestigt und auf härtere Zeiten vorbereitet. Dauerlauf fördert die Vermehrung feinster Gefäße in den beanspruchten Organen (Kapillarisierung), was für die optimale Versorgung und Funktion der Muskulatur, der Lunge und anderer Organe unbedingt notwendig ist. Aerobes Training vermehrt auch auf zellulärer Ebene die Zahl der Mitochondrien, der Kraftwerke der Zelle, in denen der aerobe Fettstoffwechsel abläuft. Ein Marathonläufer schont durch den optimal trainierten Fettsäureabbau seinen nur begrenzt ausreichenden Kohlenhydratvorrat (Glykogendepot).

Geduld zahlt sich aus

Die Festigung von Sehnen, die Kapillarisierung, die Bildung von Mitochondrien usw. sind Wachstumsprozesse und benötigen daher Zeit. Erst nach acht bis zwölf Wochen ruft dieser Trainingsblock im Körper die gewünschte Anpassung hervor. Muskeln lassen sich schnell auftrainieren, Sehnen wachsen aber nur langsam. Man braucht also nicht nur Ausdauer in den Beinen,

Härtetest: Crosslaufwettbewerbe im Winter schulen die Willensstärke und die Kraftausdauer.

sondern auch Geduld im Kopf, sonst kommt es schnell zu Verletzungen. Dieser Trainingsabschnitt kann vom Dezember bis zum Februar reichen. In dieser Zeit ist es nicht nur falsch, sondern auch wegen der Kälte sowieso schwierig und riskant, allzu viel Tempoarbeit durchzuführen. Bis in den Februar kann man zudem ohne weiteres nebenbei noch beispielsweise Skilanglauf – auch in Form eines Höhentrainings – betreiben.

Crosslauf – der Kampf mit den Elementen

Soll im Winter demnach nur lahm gejoggt werden? Keineswegs! Die Akzente müssen nur richtig gesetzt werden. Wer aber zu früh mit scharfem Tempolauf beginnt, entfacht ein Strohfeuer. Als Tempospritze sind von Dezember bis Februar zunehmend ein dem Gelände angepasstes Fahrtspiel und Crosslaufwettkämpfe zu empfehlen. Vergessen Sie die Uhr, die sonst im Training so dominiert. Der Crossläufer sucht die Herausforderung und den Kampf mit den Elementen und schult seine Willensstärke. Durch Schnee, unterschiedliche Bodenbeschaffenheit, Sprünge und Geländeprofil werden zusätzlich Muskeln in den Beinen trainiert, die bei der Spezialdisziplin später unterstützend helfen. Olympiasieger, Weltmeister und Weltrekordler auf Bahn und Straße waren auch glänzende Crossweltmeister: etwa Grete Waitz, Ingrid Kristiansen, Zola Budd, Carlos Lopes, John Ngugi, Khalid Skah oder Paul Tergat.

Carlos Lopes aus Portugal war einer der besten Langstreckenläufer aller Zeiten. Der Olympiasieger von 1984 im Marathonlauf stellte mit 38 Jahren in 2:07:12 Stunden Marathonweltbestleistung auf, war als letzter Nichtafrikaner dreifacher Crossweltmeister und zu seiner Zeit der zweitschnellste 10 000-Meter-Läufer auf der Bahn.

Das Crossfahrtspiel

Die Winterlaufserien mit Wald- und Straßenlauf können den Cross nicht ersetzen. Vielleicht haben Sie jetzt Lust darauf bekommen? Es reicht zunächst ein Crossfahrtspiel pro Woche mit längeren und kürzeren flotten, aber nicht zu harten Tempopassagen über Stock und Stein – wer Geländelauf nicht gewohnt ist, kann sich verletzen. Suchen Sie sich eine ca. 1500 Meter lange Runde, in der alles drin ist: kleinere Anstiege zum Klettern, sanft fallende und gerade Strecken für Steigerungen oder flottes Tempo, weicher Boden zum Wühlen, ein Hindernis zum Überspringen, Slalom um Parkbäume. Selbst ein Dauerlauf auf solch einer Runde ist schon fast ein Fahrtspiel. Darauf kann man je nach Leistungsvermögen spielerische Intervalle laufen, z. B. dreimal eine Runde, in der nächste Woche etwas langsamer dreimal zwei Runden. Alle zwei bis drei Wochen kann die Teilnahme an einem richtigen Crosswettkampf hinzukommen.

Nach der Grundlagenausdauer wird das Training im Vorfrühling immer wettkampfspezifischer. Gelegentlich kann der Marathonläufer auch im Winter flottere Dauerläufe und flache Langintervalle wie 3-mal 3000 Meter im derzeit möglichen Marathontempo einbauen oder an einem Straßenlauf teilnehmen, um sich an das Laufen auf Asphalt zu gewöhnen.

Im Spätwinter mehr Intervalltraining

Jüngere Läufer können alle paar Wochen an milden Tagen auch Programme wie 10-mal 400 Meter oder 5-mal 1000 Meter im derzeit möglichen Zehn-Kilometer-Tempo einbauen. Jede Woche sollte ein langer, aber langsamer Lauf absolviert werden, der im März über zwei Stunden Länge erreichen soll. Nachdem man bis Anfang März die Grundlagen- und Kraftausdauer maximal gesteigert hat und das Wetter milder wird, kann man in den letzten sechs bis acht Wochen »das Dach zimmern«.

Countdown zum Marathon

Hatten Wettkämpfe bisher nur Vorbereitungscharakter, so sollte man sich nun ernsthaft dem speziellen Marathontraining widmen. Das bedeutet mehr aerobe Tempodauerläufe, die locker und flott gerannt, aber nicht »geprügelt« werden sollten, oder Intervalle wie 5-mal 2000 Meter, 4-mal 3000 Meter oder später

3-mal 5000 Meter im Marathontempo. Der lange Lauf ist nun Routine und kann auch schneller im Rahmen eines Halbmarathonwettkampfs oder 25-Kilometer-Laufs eingeplant werden. Hüten Sie sich aber vor zu vielen Wettkämpfen!

Wer im Frühsommer einen Block mit Bahn- oder Straßenrennen durchgezogen hat, kann sich im Spätsommer auf die Kilometerarbeit konzentrieren, da die Schnelligkeit nicht so schnell verloren geht.

Der Halbmarathontest

Basistraining bleibt auch jetzt zwischen Leistungstagen der ruhige regenerative Dauerlauf. Drei bis vier Wochen vor dem Marathon erfolgt ein Halbmarathontest, wobei man bewusst »volle Kanne« laufen sollte. Das Training wird einige Tage vorher und eine Woche danach reduziert. Jetzt können Sie Ihr mögliches Marathonresultat realistisch hochrechnen.

In den letzten Wochen laufen Sie weniger Kilometer. Der letzte lange und langsame Lauf soll spätestens eine Woche vor dem Marathon erfolgen. Die letzte Woche ruht man aus, entspannt intensiv und joggt nur ein bisschen.

Entspannung pur: Nach einer harten Trainingseinheit ist Sauna als Regeneration optimal.

Muskeltraining und ENTSPANNUNG

Richtig Relaxen: Warum Stretching so sinnvoll ist und was sonst noch hilft, um besser zu regenerieren.

Stretching wirkt Wunder

Optimal wäre es, wenn man nach kurzem Warmlaufen dehnt, dann das Leistungstraining absolviert und hinterher nach dem Auslaufen nochmals ausgiebig stretcht. Wer weniger Zeit hat, sollte auf jeden Fall hinterher die verspannten Muskeln dehnen.

Das Lauftier Mensch kann viel von anderen Tieren lernen – beispielsweise von Hund und Katze. Haben Sie schon mal beobachtet, wie die sich verhalten, ehe sie in die Gänge kommen? Richtig, sie recken und strecken (»Katzenbuckel«) und dehnen sich, sie bringen die Muskeln, die sie gleich gebrauchen werden, in eine natürliche Spannung. Sie tun das instinktiv – und sie bewegen sich vielseitiger als wir. Sie wissen eben von Natur aus, was gut tut.

Wir Lauftiere sollten uns auch darauf besinnen. Läufer sind meist ausgesprochen steif in der Muskulatur. Und wir wissen doch außerdem: Wer versucht, aus dem Stand sofort Höchstleistungen zu erbringen, überfordert seinen Körper und steigert nur eines enorm dabei: das Verletzungsrisiko.
Dehnen – das ist unter einem wesentlich flotteren Begriff populär geworden: Stretching. Eine friedliche, entspannende, aufbauende Wohltat. Durch richtiges Stretching werden die Muskeln und Gelenke geschmeidiger und beweglicher. Stretching bereitet auf Bewegung vor und hilft, den Übergang von körperlicher Ruhe zu energischer Bewegung ohne große Belastung zu schaffen und hinterher die Spannung wieder abzubauen. Dehn- und Lockerungsübungen sollten für jeden Läufer unverzichtbarer Teil des Trainings sein.

Laufen allein reicht nicht aus. Beim Lauftraining wird die Skelettmuskulatur erheblich belastet. Einseitige Belastungen führen zu Verspannungen und können sogar eine funktionelle Verkürzung und Ungleichgewichte (Dysbalancen) in der Muskulatur zur Folge haben – was wiederum zu Fehlbelastungen und Überbeanspruchung führen kann. Aus diesem Grund tut Stretching auch so gut. Stretching sorgt für eine natürliche Grundspannung der Muskulatur. Ein weiterer positiver Effekt: Durch diese Art des gründlichen Aufwärmens

und die sportartspezifischen Dehnübungen lernen Sie Ihren Körper viel besser kennen als beim Training auf die Schnelle. Vor allem Ungeübte, die häufig unter Verspannungen und Haltungsproblemen leiden, können durch regelmäßiges Stretching ihr Körpergefühl und Körperbewusstsein sehr deutlich verbessern.

So ist Stretchen sinnvoll

Stretching ist leicht zu lernen. Mit etwas Geduld und Konsequenz werden Sie schon nach wenigen Wochen Resultate spüren. Halten Sie beim Stretching Ihren Rücken gerade. Es kommt vor allem auf ein entspanntes, kontinuierliches Dehnen an; alle Aufmerksamkeit muss den Muskeln gelten, die gerade gestreckt werden. Beim Stretching sollten Sie folgende Fehler vermeiden:

- Auf keinen Fall wippen
- Nicht nachfedern
- Nicht ruckartig bewegen
- Nur so weit dehnen, bis ein deutliches Ziehen, aber noch kein Schmerz einsetzt

Warum soll man nicht ruckartig wippen? Dabei könnten Gelenke, Muskeln und Bänder gezerrt werden; außerdem führt Wippen zu einer reflektorischen Gegenanspannung der Muskeln. Man erreicht also genau das Gegenteil.

Die richtige Atmung nicht vergessen

Beim Stretching muss man langsam, gleichmäßig und kontrolliert atmen. Wenn Sie sich vorbeugen, um sich zu dehnen, wird während der Vorwärtsbewegung ausgeatmet. Während der Stretchphase langsam weiteratmen. Bloß nicht die Luft anhalten! Wenn Sie wirkungsvoll stretchen wollen, tun Sie es nach der S-H-E-S-Technik:

- **S** – Stretchen Sie vorsichtig bis zu einem leichten Zugempfinden.
- **H** – Halten Sie den Dehnungsreiz etwa 20 Sekunden lang.
- **E** – Entspannen Sie kurz (etwa zwei Sekunden lang).
- **S** – Stretchen Sie noch mal.

Einzuckeln: Vor Training und Wettkampf langsam warm laufen, dehnen und ein paar lockere Steigerungsläufe.

Dieselbe Übung wiederholen Sie und dehnen dabei gefühlvoll ohne Rucken oder Nachfedern noch etwas weiter als während der ersten Stretchphase.

Sanftes Warm-up

Machen Sie sich vor dem Lauftraining ein paar Minuten warm. Laufen Sie beispielsweise ganz langsam, oder gehen Sie etwas flotter. Dann erst mit dem Stretching beginnen – das ist dann ein wunderbar sanftes Warm-up. Denken Sie daran: Nur ein lockerer Muskel kann seine volle Leistungsfähigkeit entwickeln. Die Durchblutung wird gesteigert, und Sie erhöhen Ihre Beweglichkeit und Spannung in der Muskulatur. Fest steht: Je besser Sie mental und physisch aufs Training eingestellt sind, desto eher erreichen Sie das, was Sie wollen: Leistungssteigerung, ohne sich zu überfordern.

Wenn die Muskeln nach einem harten Rennen schmerzen: nicht oder nur sanft dehnen, aber sehr langsam auslaufen. Hinterher: schwimmen oder warm baden.

Genießen Sie das Warm-up, und lassen Sie sich Zeit dafür. Die Wirkung:

- Anregung von Kreislauf und Stoffwechsel, Sauerstoff und Energie werden schneller transportiert
- Steigerung der Körpertemperatur auf 38,5 bis 39 °C – Muskelkrämpfe haben da kaum eine Chance
- Bessere Elastizität der Fasern, Sehnen und Bänder, vergrößerter Bewegungsspielraum
- Ankurbeln der Stoffwechselvorgänge im Muskel

Richtig entspannen

Sie waren vielleicht schon in einem ultramodernen Sportinstitut und kennen nun ihre anaerobe Schwelle? Schön! Aber im Trainingsprozess bleibt der Bewegungsapparat die Schwachstelle. Wie seit der Steinzeit müssen wir in Versuch und Irrtum lernen, wie viel die Knochen eigentlich aushalten. Alle modernen Hightech-Trainingsmethoden sind vergebliche Liebesmüh, wenn wir keine Rücksicht auf die notwendigen Regenerationszeiten nehmen.

Es gilt die uralte Naturregel: Wer isst, muss auch verdauen. Wer sich beim Training fordert, muss hinterher ruhen und kann sich durch die richtigen Maßnahmen optimal und schneller erholen. Entspannung dient nicht nur der Regeneration der beanspruchten Systeme, sondern sollte ganzheitlich auch den Kopf mit einbeziehen. Eine Massage ist gut für die Muskulatur, sie ist aber auch eine Wohltat für die Seele. Man unterscheidet zwischen verschiedenen Formen der aktiven und der passiven Regeneration.

Wer dreimal die Woche läuft, regeneriert in den Zwischentagen. Wer täglich trainiert, sollte sich an die »One-day-hard-one-day-easy-Regel« halten. Auf eine harte Einheit muss ein wirklich regenerativer Trainingstag folgen.

Mach mal Pause – denn weniger ist mehr

Es gibt Tage, da ist Nichtstun vielleicht sogar das Beste. Fitnessläufer haben drei bis vier, manche Weltklasseläufer einen fest eingeplanten Ruhetag in der Woche, an dem sie die Beine hochlegen. Geben Sie dem Körper die nötige Pause, bevor er sie sich durch Verletzung oder Erkrankung nimmt. Faustregel: Planen Sie für die Regeneration nach voll gelaufenen Wettkämpfen mindestens die halbe Zahl an Tagen ein, wie die Strecke in Kilometern lang war. So lange sollten Sie nur ruhig und ohne harte Einheiten oder Wettkämpfe weitertrainieren:

- Fünf-Kilometer-Rennen: für die nächsten drei Tage
- Zehn-Kilometer-Rennen: für knapp eine Woche

- Halbmarathon: für die folgenden zwei Wochen
- Marathon: für rund drei bis vier Wochen

Planen Sie langfristig, gerade Einsteiger übernehmen sich am Anfang gerne. Hochmotiviert laufen sie des Guten zu viel. Die Knochen, Sehnen und Muskeln kommen nicht so schnell nach, wie der Kopf es will. Dennoch kann man in einigen Monaten vieles von dem wiedergewinnen, was man in Jahren verloren hat.

Je besser Ihre Grundlagenausdauer ist, desto schneller werden Sie sich auch erholen. Simples, aber meist ignoriertes Geheimnis der Trainingsqualität: lieber etwas weniger Intensität – die aber richtig verdaut – als zu viel und die Anpassung kommt nicht nach. Das gilt besonders für Einsteiger und ältere Läufer. Nur wer seine Grundlagenausdauer fleißig und geduldig verbessert, wird später auch mehr Tempo verkraften können. Vergessen Sie nicht, wenn Sie Ihre Pläne mit denen von Topläufern vergleichen, dass diese Ihnen auch orthopädisch und physiologisch überlegen sind.

Auslaufen als Sauerstoffdusche

Die Regeneration beginnt schon während des Trainings. Optimal, wenn Sie sich nicht nur langsam warm laufen, bevor das eigentliche Programm beginnt, sondern die Einheit mit einem sehr ruhigen »cool down«, also ein paar Minuten oder Kilometer im Joggingtempo, beenden. Diese aktive Erholung bewegt die Muskulatur bei guter Durchblutung nur sehr sanft.

- Stoffwechselendprodukte werden ausgeschwemmt.
- Laktat wird schneller abgebaut.
- Frische Nährstoffe stehen schneller zur Verfügung.
- Sauerstoff wird herantransportiert.

Wer sich nicht ausläuft, braucht sich über harte Waden und stärkeren Muskelkater nicht zu wundern.

Stretching pflegt den Muskel

Dehnungsübungen fördern die Durchblutung und beugen Verkürzungen der Muskulatur vor. Unmittelbar nach einem Training bauen sie Verspannungen ab und verhindern Verhärtungen in der Muskulatur. Machen Sie sich die auf

Seite 160ff. vorgestellten Dehnungsübungen zur Pflicht. Auf jede Lauftrainingseinheit sollte solch ein Stretchingprogramm folgen. Sie fördern damit nicht nur die Regeneration, sondern beugen zusammen mit Rumpfkräftigungen Verletzungen vor und verbessern Ihren Laufstil.

Erholen mit Essen und Trinken

Nach dem Training sind Ihre Wasser-, Elektrolyt- und Energievorräte mehr oder weniger erschöpft. Trinken Sie nach dem Laufen möglichst bald eine Mischung aus Fruchtsaft und Mineralwasser mit einem hohen Elektrolytgehalt, beispielsweise Apfelsaftschorle. Meiden Sie alkoholische Getränke, die die Regeneration verlangsamen und harntreibend wirken.

Der Hunger ist anfangs meist noch nicht sehr groß. Ihre Glykogendepots sind aber nach dem Laufen vermindert oder sogar leer. Um eine Unterzuckerung zu vermeiden, sollten Sie in den ersten Stunden nach dem Training etwas Leichtverdauliches und Kohlenhydratreiches wie z. B. Bananen essen.

Universelle Läufergeheimwaffe für alle Fälle: die Banane.

Wasser macht müde Muskeln munter

Ein warmes Wannenbad (bis 40 °C) abends nach dem Training wirkt entspannend auf Körper und Psyche. Die peripheren Gefäße weiten sich, die Durchblutung wird gesteigert, während Sie vielleicht gemütlich in einem Buch schmökern. Allerdings sollten Sie heiße Bäder nicht am Abend vor einem Wettkampf anwenden, weil dann die Muskelspannung verringert wird. Sie fühlen sich dann sehr leicht ein wenig schlapp.

Badezusätze wie Fichtennadeln, Rosmarin oder Heublumen können das Wohlbefinden steigern. Übrigens sind auch Wechselduschen oder kaltes Abbrausen der Beine und Gehen in kaltem Wasser anregende und wirkungsvolle Maßnahmen zur Durchblutungssteigerung. Eine der besten Regenerationsmaßnahmen ist aktive Bewegung im warmen Wasser eines Thermalbads.

Beim Laufen werden die Füße besonders strapaziert. Durch Fußgymnastik, Greifübungen und Barfußlaufen werden sie gestärkt. Eine wahre Wohltat sind Massagen mit Fußrollern oder Igelbällen. Auch kaltwarme Fußwechselbäder bringen wieder Leben in die Füße.

Sauna – Entspannung auf Finnisch

Saunen (finnisch: heiß und trocken) oder Dampfbäder (römisch: warm und feucht) mit anschließenden kalten Güssen fördern ebenfalls die Durchblutung und Elastizität der Muskeln. Die hohen Schweißverluste, mit denen neben Wasser viele Mineralstoffe, aber auch Umweltgifte und Schlacken ausgeschieden werden, sind dabei keine echte Gewichtsabnahme. Sie sollten hinterher unbedingt das Wasserdefizit wieder auffüllen, am besten mit Mineralwasser. Man kann in der Sauna wunderbar entspannen; eine schnelle Abspeckkur ist das Schwitzen jedoch nicht.

Massage – Streicheleinheit für Muskeln und Seele

Eine schmerzende Körperstelle werden Sie selbst automatisch reiben. Nach einer harten Belastung ist eine Massage eine Wohltat für die verspannten Muskeln. Durch Streichen, Kneten, Walken und Reiben wird die Durchblutung angeregt.

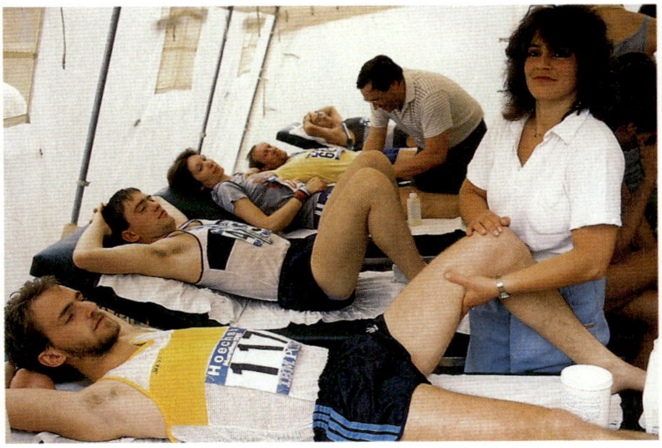

Heilende Hände: Nach einem Marathon kann eine Massage Muskelschmerzen wirksam lindern. Viele Marathonveranstalter haben sich darauf eingestellt.

Nach den harten Strapazen des Alltags und Trainings erfährt so nicht nur der Körper Streicheleinheiten und Zuwendung. Viele Spitzensportler haben daher ein inniges Verhältnis zu ihrem Masseur. Wenn sie vollkommen entspannt auf der Bank liegen, öffnet sich auch die Seele (»Seelenmassage«). Ein guter Masseur kann fast immer gut zuhören und motivieren, er weiß oft sogar mehr über seinen Schützling als der Trainer.

So schlafen Sie sich fit

So trivial es klingt, aber wir erholen uns wirklich im Schlaf. Über Nacht regeneriert unser Organismus, füllen sich alle Batterien wieder auf. Man kann kein hohes Trainingsprogramm neben einem stressigen Arbeitsalltag durchziehen. Manche tun es aber und zwacken die Zeit von der Schlafenszeit ab – ein Fehler. Hochleistungssportler schaffen ihr Pensum nicht, wenn sie nicht ausgiebig und bis zu zwei Stunden mehr schlafen. Viele pflegen außerdem ein Mittagsschläfchen.

Machen Sie nicht den Fehler, Trainingszeit von der Schlafenszeit abzuzwacken! Sie brauchen Ihren Schlaf!

Achten Sie auf eine geeignete Matratze, die fest, aber elastisch sein sollte. Verzichten Sie auf dicke Kopfkissen, und unterstützen Sie die Nackenwirbelsäule lieber mit einer Rolle oder einem schmalen Kissen. Sorgen Sie für frische Luft im Schlafzimmer, schlafen Sie möglichst – natürlich nicht bei klirrender Kälte – immer mit geöffnetem Fenster.

Stretching – die besten Übungen

Dehnübungen sind nicht nur eine Bereicherung und Abwechslung im Laufplan. Stretching macht Sie leistungsfähiger und beugt Verletzungen vor. Uta Pippig macht es genau vor. Wenn Sie Lust haben, können Sie die Dehnübungen auch mit Musik machen. Angenehme Musik schafft eine anregende Trainingsatmosphäre und erhöht Ihre Motivation. Bei der Musikauswahl sollten Sie sich von Ihrem persönlichen Geschmack leiten lassen. Um die Wirkung der Übungen zu unterstützen, ist es empfehlenswert, ruhige und fließende Begleitstücke auszusuchen. Lassen Sie sich nicht aus dem Takt bringen, indem Sie eine Musik wählen, die Sie zum Wippen verleitet.

Eine angenehme Trainingsatmosphäre schaffen Sie mit Musik. Allzu rockig sollte sie aber nicht sein.

Beinstrecker

1 Um die vordere Oberschenkelmuskulatur zu dehnen, winkeln Sie ein Bein an, umgreifen den Spann und drücken den Fuß fest zum Gesäß. Wichtig: Weichen Sie mit dem Knie nicht aus, sondern halten Sie es möglichst nah am Standbein. Das Kniegelenk des Standbeins dabei nicht voll durchdrücken.

Beinbeuger

2 Legen Sie zum Dehnen der hinteren Oberschenkelmuskulatur ein Bein mit der Ferse auf einen Stuhl (oder Zaun oder Bank) ab, ohne das Kniegelenk voll durchzudrücken, und beugen Sie den Oberkörper langsam nach vorn.

Waden

3 Die beim Laufen stark beanspruchte Wadenmuskulatur und die Achillessehnen dehnen Sie, indem Sie sich an der Wand oder einem Baum mit beiden Händen abstützen. Aus der Schrittstellung gehen Sie vorsichtig in die Hocke. Beide Fersen sollen dabei immer Bodenkontakt haben!

Brustmuskel

4 Um den Brustmuskel zu dehnen, halten Sie Ihren linken Arm über Schulterhöhe und drehen den Oberkörper nach rechts hinten. Durch unterschiedliche Griffhöhen können Sie verschiedene Teile der Brustmuskulatur stretchen.

1

2

3

4

Ob Sie die Übungen drinnen oder draußen machen, ist natürlich eine Frage der Witterung. Dehnübungen lassen sich problemlos auch in der Wohnung ausführen.

Armstrecker

1 Zum Dehnen des rechten Ellenbogenstreckers (Trizeps) führen Sie die rechte Hand hinter dem Kopf zwischen die Schultern. Greifen Sie mit der linken Hand den rechten Ellenbogen, und ziehen Sie ihn langsam hinter den Kopf. Wichtig: Halten Sie den Kopf dabei gerade, und weichen Sie nicht mit ihm nach vorn aus. Führen Sie die Übung anschließend analog für den linken Arm durch. Mit diesem wechselseitigen Armstrecker können Sie auch intensiv den Schultergürtel dehnen.

Achten Sie auf langsame Bewegungen, um die Drehungen behutsam zu dosieren.

Adduktoren

2 Die innere Oberschenkelmuskulatur (Adduktoren) ist gerade bei Läufern häufig verkürzt. Um sie zu dehnen und geschmeidig zu machen, setzen Sie sich mit geradem Rücken hin, und legen Sie die Fußsohlen aneinander. Anschließend können Sie mit den Unterarmen die Knie langsam nach unten drücken, um die Dehnung behutsam zu dosieren.
Je näher Sie die Füße dabei vorsichtig zum Körper ziehen, desto intensiver wird diese Übung.

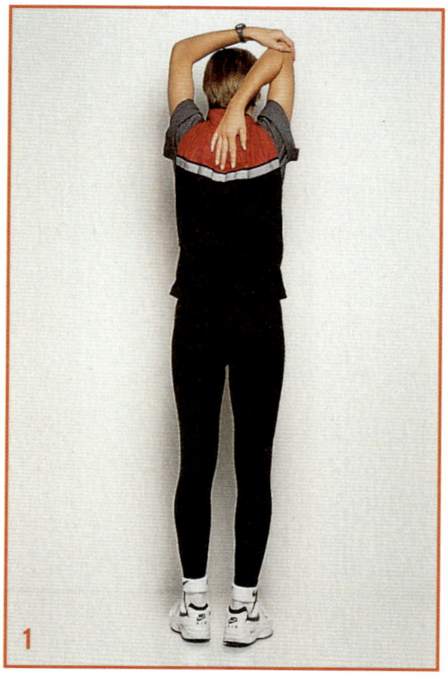

1

2

Hüftbeuger

Dieser Muskel ist verantwortlich für die Beinbeugung im Hüftgelenk. Der Hüftbeugemuskel wird durch häufiges Sitzen vernachlässigt und ist bei den meisten extrem verkürzt. Machen Sie aus dem Stand mit dem rechten Bein einen Ausfallschritt. Stützen Sie sich mit beiden Händen auf den vorgestreckten Oberschenkel. Das linke gestreckte Bein möglichst weit zurückschieben (nicht seitlich dabei drehen), ohne das Knie zu beugen. Hohlkreuz vermeiden – durch Anspannen der Gesäß- und Bauchmuskulatur. Diese Stellung etwa 15 Sekunden lang halten. Dann in der anderen Position wiederholen: mit dem linken Bein einen Ausfallschritt machen, das rechte zurückschieben usw.

Gesäßmuskulatur

Das rechte Bein in Rückenlage anwinkeln, am Fußgelenk fassen und seitlich zur linken Schulter ziehen. Das Becken liegt flach auf dem Boden. Das Knie sollte im rechten Winkel bleiben. Das linke Bein gestreckt halten. 20 Sekunden lang dehnen. Die Übung mit dem anderen Bein wiederholen.

Das gibt Kraft

Nach ausreichender Dehnung und Lockerung der Muskeln ist es sinnvoll, die verschiedenen Körperpartien wohl dosiert zu kräftigen. Kräftigungsübungen erleichtern fast alle täglichen Aufgaben und kleineren Arbeiten. Außerordentlich wichtig ist es, solche Übungen zu machen, die zwar muskelaufbauend, aber gleichzeitig auch schonend sind – insbesondere für Rücken und Gelenke. Im Alltag wird die gesamte Muskulatur, vor allem aber die Rücken- und Bauchmuskeln, selten beansprucht und damit vernachlässigt. Die Folge sind Verspannungen, die bei vielen Menschen Schmerzen verursachen. Ausgleichend wirkt in solchen Fällen eine Dehnung und anschließende Kräftigung der betroffenen Muskelgruppen. Besonders der Rücken ist auf die Unterstützung der Muskulatur angewiesen. Zu beachten ist bei den Übungen vor allen Dingen, die Bewegungen langsam und sehr kontrolliert durchzuführen.

Nach dem Lockern und Dehnen der Muskeln sollten Sie die verschiedenen Körperpartien wohl dosiert kräftigen.

Schulterblattmuskulatur

Lehnen Sie sich rückwärts an eine Wand, die Füße eine Fußlänge von ihr entfernt. Auch die Ellenbogen haben Kontakt zur Wand, und zwar im rechten Winkel zum Körper. Jetzt drücken Sie Ihren Körper mit den Schultern von der Wand ab. Dabei die Arme nicht absinken lassen. Machen Sie mehrere Wiederholungsserien. Diese Übung trainiert eine aufrechte Oberkörperhaltung in Kombination mit der Dehnung der Brustmuskulatur. Die Arme werden weniger nach innen pendeln, und die Atmung wird freier.

Rückenmuskulatur

Gehen Sie in die Bankstellung (»Vierfüßlerstand«), und strecken Sie den rechten Arm und das linke Bein horizontal aus. Halten Sie diese Spannung eine Weile. Dabei sollten Sie ein Hohlkreuz vermeiden und das Becken nicht drehen. Machen Sie je drei bis fünf Wiederholungen für beide Körperseiten. Zur Entspannung bzw. Dehnung führen Sie Knie und Kinn zusammen und drücken dann langsam den Rücken rund nach oben. Wiederholen Sie diese Übung 3- bis 4-mal. Das Rückentraining stabilisiert die Wirbelsäule.

Bauchmuskulatur

Legen Sie sich auf den Rücken. Die Beine anwinkeln und entspannen, die Hände auf den Bauch legen. Ihr Blick ist nach oben gerichtet. Lediglich die Schultern vom Boden abheben und diese Stellung eine Weile halten (Lendenwirbelsäule bleibt flach am Boden). Wiederholen Sie das mehrmals. Dieses Bauchmuskeltraining stabilisiert Beckenhaltung und Wirbelsäule. Es hilft bei zu schwacher Zwerchfellmuskulatur und gegen Seitenstechen.

Seitliche Rumpfmuskulatur

Gehen Sie in den »Seitstütz« – stützen Sie sich also mit einem Unterarm vom Boden ab. Jetzt heben Sie die Hüfte an – und zwar so weit, dass der Körper durch Anspannung der Rumpf-, Gesäß- und Beinmuskulatur eine Gerade bildet. Diese Position sollten Sie bis zur Ermüdung halten. Machen Sie mehrere Wiederholungsserien für beide Körperseiten. Variationen shen Sie auf den unteren zwei Bildern.

Diese Übungen führen zu mehr Stabilität durch kräftigere Muskeln. Und belassen Sie es nicht bei einem Mal – in der Wiederholung liegt die Kraft!

Cross-training
ALS AUSGLEICH

Sportliche Abwechslung tut gut: Warum Walking, Schwimmen, Radfahren, Inline-Skating oder Aerobic gute Alternativen zum Laufen sind.

Sportliche **Abwechslung** tut gut

Läufer laufen, Schwimmer schwimmen, Radfahrer fahren Rad, und Kraftsportler »fressen Eisen« – es ist noch gar nicht so lange her, da kannte die Trainingslehre nur diese sture Methodik. Crosstraining und der so genannte Transfereffekt waren unbekannt. Aber es ist eine wissenschaftliche Tatsache: Trainingsausflüge in andere Sportarten können überaus beflügelnd wirken – Vielseitigkeit als Trainingsvorteil. Wenn Läufer ab und zu in eine andere wechseln, verbessern sie langfristig Form und Ausdauer.

Auch wenn Laufen an sich ein ideales Training ist – Sie sollten trotzdem Alternativen in Ihr Lauftrainingsprogramm einbauen:

- Wenn Sie nicht Gefahr laufen wollen, sich zu einseitig zu belasten
- Wenn Sie Abwechslung brauchen
- Wenn Sie der schlechten Witterung entkommen wollen
- Wenn Sie verletzungsbedingt kaum oder nicht laufen können
- Wenn Sie einen Marathon oder einen harten Wettkampf hinter sich haben

Durch Ausgleichssport werden auch Muskelgruppen trainiert, die beim Laufen zu kurz kommen. Sie verbessern außerdem Ihre Flexibilität, Kraft und Koordination.

Ergänzende und/oder alternative Sportarten zum Lauftraining haben noch mehr Vorteile. Durch Ausgleichssport wie Schwimmen, Radfahren, Fitnesstraining im Studio, Aquajogging, Skilanglauf oder Inline-Skating werden auch Muskelgruppen trainiert, die beim Laufen eher stiefmütterlich behandelt werden. Sie verbessern Ihre Flexibilität, Ihre Kraft und Ihre Koordination. Je vielseitiger, kräftiger und athletischer Ihr Körper ausgebildet ist, umso leichter vermeiden Sie Fehl- oder Überbelastungen oder muskuläres Ungleichgewicht (Dysbalancen) – und umso geschickter wird Ihr Laufstil. Wichtige Nebenwirkung: Sie verringern so auch die Verletzungsgefahr. Also gibt es reichlich Argumente für sportliche »Seitensprünge«, denn:

- Sie bringen zusätzlichen Spaß in den Trainingsalltag – neue Reize, neue Impulse, neuen Schwung.
- Sie sorgen für zusätzliche Kraft. Die Muskulatur kann effizienter und besser arbeiten. Das erhöht die Ökonomie beim Laufen.
- Sie ermöglichen höhere Belastungen. Denn einseitiges Lauftraining birgt die Gefahr von Überbeanspruchung der Gelenke und der Beinmuskulatur. Die Hauptmuskeln werden dank Ausgleichssport durch die Hilfsmuskeln unterstützt.
- Sie reduzieren die Verletzungsgefahr, weil nach einer Belastung mehr Raum für Regeneration bleibt.
- Sie fördern die Fettverbrennung. Einfache Rechnung: Bei einer zusätzlichen Trainingseinheit verbrennen noch mehr Kalorien.

Wenn Sie allerdings das Gefühl von Erschöpfung oder Übertraining spüren, sollten Sie Ihrem Körper lieber Zeit zur Regeneration geben, statt ihn noch zusätzlich zu belasten.

Durch Ausgleichssport mindern Sie die Verletzungsgefahr, weil Ihr Training weniger einseitig ist und mehr Raum für Regeneration bleibt.

Die besten Alternativen zum Laufen

Es geht bei diesen alternativen Trainingsformen nicht primär darum, möglichst noch mehr zu trainieren – sondern vor allem anders. Um den Trainingsalltag spannender zu machen. Um den Spaß am Laufen zu erhalten und zusätzlich zu fördern.

Walking

Die Wiederentdeckung des Walking ist für Läuferpapst Joe Henderson »der größte Durchbruch in den letzten 25 Jahren«. Walking ist aufrechtes, lockeres, aber bewusstes, zügiges Gehen. Ein bisschen schneller als Spazierengehen, ein bisschen langsamer als Jogging. Arme, Beine und Becken bewegen sich in einem gleichmäßigen, harmonischen Rhythmus. Auf simple Weise wird der

Wer genauere Infos zu Walking wünscht, sollte sich das folgende Buch besorgen: Steffny/Pramann: Walking. Südwest Verlag (Euro 10,95).

ganze Körper trainiert. Betonter Armeinsatz steigert den Puls um 10 bis 15 Schläge pro Minute. Beim Walking werden zwar dieselben Muskelgruppen beansprucht wie beim Laufen – aber die Stauchbelastung ist wesentlich geringer. Walking ist sehr gut geeignet:

- Zum Aufwärmen vor dem Lauftraining, wenn Sie Ihren steifen, kalten Körper schonend in Gang kriegen wollen
- Beim Cool-down nach dem Lauftraining; je härter Ihr Training, umso empfehlenswerter ist es, ein paar Minuten Walking dranzuhängen
- Als Ersatz fürs Laufen, wenn Sie sich nicht richtig wohl fühlen, aber Bewegung wollen oder brauchen
- Wenn Sie längere Laufdistanzen anstreben; Gehpausen sind wirkungsvoller Teil des Intervalltrainings; es war der Laufpionier Dr. Ernst van Aaken, der diese Methode populär machte: das Lauftraining durch Gehpausen unterbrechen (mindestens vier und bis zu zehn Minuten, wenn Sie sich regenerieren wollen); so können Sie schneller werden, ohne sich zu überfordern, und länger laufen, ohne sich völlig auszupumpen
- Während der Schwangerschaft oder bei starkem Übergewicht
- Wenn Sie bergauf gehen, z. B. bei Kniebeschwerden

Rad fahren hat – ähnlich wie Laufen – einen besonders großen Gesundheitsnutzen: Herz, Kreislauf und Lunge werden vernünftig auf Touren gebracht.

Rad fahren

Lange Zeit hielt sich hartnäckig dieses Vorurteil: Rad fahren und Laufen beißen sich. Stimmt nicht. Im Gegenteil. Sie profitieren voneinander. Neben dem Laufen hat Rad fahren den größten Gesundheitsnutzen. Herz, Kreislauf und Lunge werden vernünftig auf Touren gebracht.

- Die Oberschenkelmuskulatur wird gekräftigt, die Sauerstoffaufnahmekapazität erhöht, die mentale Härte ausgebildet.
- Unser Stützapparat muss nicht unser ganzes Körpergewicht tragen – es wird vom Sattel getragen. Dadurch werden die Gelenke wesentlich geringer

belastet. Ein Argument für schwere Läufer (über 80 Kilogramm) und Schwangere.

- Sie können viel länger unterwegs sein.
- Ideal ist Radtraining auch, wenn Sie eine Fußverletzung plagt und ans Laufen nicht zu denken ist.

Der Puls beim Radfahren ist durchschnittlich rund 15 Schläge pro Minute niedriger als beim Laufen. Nach wissenschaftlichen Untersuchungen können Sie mit Radtraining Ihre Laufleistung um bis zu neun Prozent verbessern. Aber quälen Sie sich dabei nicht mit zu hohen Gängen ab. Eine höhere Trittfrequenz (90 bis 110 Umdrehungen pro Minute) ist viel wirkungsvoller.

Tipps fürs Radtraining

Wenn Sie Radfahren als ergänzendes Ausdauertraining einsetzen wollen, ist folgende Trainingseinheit einmal pro Woche zu empfehlen:

- Zum Aufwärmen erst gemütlich einrollen (10 bis 15 Minuten lang).
- Dann drei Intervalle (jeweils fünf Minuten) mit hoher Trittfrequenz (90 bis 110 Umdrehungen pro Minute). Belasten Sie sich gefühlsmäßig wie bei einem schnellen Trainingslauf.
- Dazwischen je eine Minute lang locker fahren.

Radfahren als Regenerationstraining:

- 30 Minuten bis eine Stunde lang radeln, bei mittlerer Trittfrequenz (75 bis 90 Umdrehungen pro Minute, niedrige Belastungsintensität). Profis können als Ergänzung auch länger in profiliertem Gelände (Mountainbike) unterwegs sein.

Krafttraining im Studio

Fußballer tun es, Autorennfahrer tun es, Skiläufer tun es – es gibt so gut wie keine Sportart mehr, in der die Athleten auf Krafttraining verzichten – ausgenommen vielleicht Schachspieler. Auch Läufer können durch Kraftübungen ihre Leistung – besonders Laufökonomie und Ausdauer – verbessern. Außerdem beugen Sie durch Widerstandstraining Muskel- und Knochenverletzungen vor. Besser als Widerstandsübungen mit Hanteln sind Kraftübungen, bei denen der Widerstand durch Ihr eigenes Körpergewicht gebildet wird.

Aquajogging

Vor ein paar Jahren wurde gesunder Wasserspaß unter dem Oberbegriff »Aquafitness« wieder hochgespült. Aquarobic, Hydropower, Aquastep – so heißen neue Disziplinen. Für Läufer hat Aquajogging zunehmend an Bedeutung gewonnen. Wenn es doch nur nicht so langweilig wäre... Da laufen Sie nun also, kommen aber kaum vom Fleck.

Trotzdem: Aquajogging bewährt sich – besonders bei oder nach Verletzungen – vorzüglich als gelenkschonendes Aufbau- und Ausdauertraining. Die gesamte Körpermuskulatur wird gekräftigt. Ein spezieller Auftriebsgürtel (»Aquajogger«) sorgt für einen stabilen Schwebezustand im Wasser. Ihre Herzfrequenz wird, je nach Wassertemperatur, geringer sein als an Land, die Regeneration stellt sich schneller ein. Eine Trainingseinheit sollten Sie anfangs mit rund 20 Minuten ansetzen:

- Zunächst knapp zehn Minuten im Wasser aufwärmen
- Dann zwei Minuten mit scharfem Tempo laufen
- Jetzt zwei Minuten in langsamem Joggingrhythmus traben

Nehmen Sie sich zunächst drei Intervalle vor. Später können Sie Ihr Pensum nach Belieben erhöhen.

Durch Schwimmen können Sie Ihre häufig verspannten Schultern trainieren, Ihre Ausdauer erhöhen und spielerisch Ihre Koordination verbessern.

Schwimmen

Schwimmen, das ist bekannt, macht und hält fit. Beim Schwimmen werden besonders die häufig verspannten Schultern und die Bauchmuskeln trainiert und Ausdauer und Koordinationsfähigkeit geschult. Die Bewegung im Wasser stimuliert das Herz-Kreislauf-System, aber durch die relative Schwerelosigkeit im Wasser sind die Pulswerte geringer als beim Laufen. Schwimmen härtet den Körper ab, stärkt das vegetative Nervensystem und ist – durch den Auftrieb im Wasser – äußerst schonend für Gelenke und Wirbelsäule.

Eine Trainingseinheit könnte so aussehen:

- Schwimmen Sie etwa eine Stunde lang. Alle fünf Minuten mal eine Minute lang Tempo machen.
- Oder: Schwimmen Sie eine halbe Stunde. Zunächst 15 Minuten in ruhigem

Fremdes Element: Die wenigsten Läufer mögen Schwimmen, trotzdem ist »Kachelzählen« ein idealer Ausgleichssport für sie.

Tempo (zum Aufwärmen). Dann zwei Minuten fast so schnell, wie Sie können. Nun immer abwechselnd zwei Minuten langsam, zwei Minuten schnell. Legen Sie dabei vier Intervalle ein. Später können Sie den Umfang natürlich noch steigern.

Aerobic

Überlaute Wummermusik und eine temperamentvolle Trainerin, die unermüdlich auf die Tube drückt – so stellen wir uns immer noch Aerobic vor. Und deswegen drückt sich so mancher auch gern vor Aerobic, weil das Theater rundrum manchmal ganz schön abtörnen kann. Besonders die Männer. Dabei ist Aerobic nicht nur gut für Frauen, auch männliche Läufer können davon profitieren.

Durch Aerobic:

- Wird die Ausdauer deutlich verbessert
- Werden wichtige Muskeln (Oberschenkel, Bauch, Schultern) gekräftigt
- Wird die Bewegungskoordination spielerisch geschult

Lauftraining klingt erst einmal ziemlich langweilig. Wenn es draußen stürmt oder schneit, wird man aber vielleicht froh sein, nur aufs Laufband zu steigen.

Laufband

Sind Sie schon mal auf dem Laufband unterwegs gewesen? Kann ganz schön öde sein. Es gibt unterwegs nichts zu sehen (es sei denn, Sie laufen vor Ihrem

Fernseher), und man kommt auch nicht von der Stelle. Laufbandtraining mag stur sein. Aber es hat auch einige nicht zu unterschätzende Vorteile:

- Wenn es draußen duster, neblig, windig oder regnerisch und kalt ist – wenn Sie das Training also gern sausen ließen
- Wenn Sie bei gleich bleibenden Bedingungen trainieren möchten
- Wenn Sie Ihren Partner ins Fitnessstudio begleiten möchten
- Wenn Sie Hügeltraining ohne hartes Bergablaufen simulieren wollen (der Steigungsgrad lässt sich bequem einstellen)

Beispiel für eine einstündige Trainingseinheit auf dem Laufband:

- Zunächst zehn Minuten lang locker warm laufen
- Dann zehn Minuten lang intensives Tempo laufen (drei Intervalle)
- Dazwischen jeweils vier Minuten lang locker traben
- Zum Schluss zehn Minuten lang auslaufen

Skilanglauf ist im Winter eine ideale Alternative zum Laufen. Nicht nur die Beine, auch Rumpf und Arme werden ständig beansprucht – allerdings auf eine eher sanfte Tour.

Skilanglauf

Wenn es sich im Winterurlaub einrichten lässt oder wenn Sie in schneesicheren Regionen wohnen – ziehen Sie es durch. Skilanglauf ist ein klassischer Ausdauersport: Herz und Kreislauf werden ausgezeichnet trainiert – Skilanglauf belastet den Körper optimal. Die Beine werden ständig beansprucht, Arme und Rumpf durch zusätzlichen Stockeinsatz weit mehr als beim Laufen. Hinzu kommt: Durch das Gleiten in der Loipe wirkt Skilanglauf sanfter, die Stauchbelastung entfällt, Sie können länger unterwegs sein. Vielleicht finden Sie auch eine Loipe in welligem Gelände? Dann gibt das Profil des Geländes spielerisch Ihren Belastungsrhythmus vor.

Ein sinnvolles Skilanglauftraining könnten Sie so aufbauen:

- Erst 15 Minuten lang locker einlaufen
- Dann 20 Minuten lang mit intensiver Belastung gleiten
- Schließlich 15 Minuten lang locker auslaufen

Inline-Skating

Wer auf den neuen Modesport umsteigt, kann auf rasante und spannende Weise alternativ was für sich tun. Und es macht einen Heidenspaß. Sie schaffen mit Inline-Skates locker 30 bis 40 Kilometer pro Stunde – natürlich nicht gleich als Anfänger.

Regelmäßiges Inline-Skaten eignet sich hervorragend, um Herz und Kreislauf fit zu halten. Sie trainieren, ähnlich wie beim Radfahren, besonders die Beinmuskulatur (Quadrizeps). Durch das notwendige Pendeln der Arme wird aber auch diese fürs Laufen wichtige Muskelgruppe trainiert.

Allerdings dürfen Sie beim Inline-Skaten die Sturzgefahr nicht unterschätzen. Auch wenn es nicht besonders cool aussieht: Helm, Ellenbogen-, Knie- und Handgelenkschützer sind äußerst wichtig.

Wer genau über Inline-Skating Bescheid wissen will, sollte sich Tobias Hatjes und Ulf Deneckes Buch »Inlineskaten wie ein Profi« von Südwest besorgen.

Rasante Abwechslung: Inline-Skaten ist eine wunderbare Ergänzung zum Laufen.

Gesunde Ernährung – MEHR POWER

Fit mit ausgewogener Ernährung: Was Läufer brauchen und wie Sie Ihr Idealgewicht finden und halten.

Fit mit ausgewogener Ernährung

Der Kalorienverbrauch im Sport hängt von Dauer, Intensität, Sportart und Körpergewicht ab. Mit Laufen (12 Kilometer pro Stunde) kann man in zwei Monaten (bei dreimal 40 Minuten Training pro Woche) rund vier Pfund, mit Golfen nur 1,3 Pfund abnehmen. Laufen und Skilanglauf arbeiten die Kalorien am schnellsten ab.

Fitness hört nicht an der Kühlschranktür auf. Die Folgen der Fehlernährung sind eklatant: Arteriosklerose, Bluthochdruck, erhöhte Blutfettwerte, Gicht, Diabetes mellitus verursachen jährliche Kosten von rund 50 Milliarden Euro. Jeder dritte Erwachsene ist bei uns übergewichtig, in den USA trotz Lightfood und aller Fitnesskampagnen sogar fast jeder zweite. Die Veranlagung zu Übergewicht ist nur teilweise vererbt, es ist auch eine Folge von falschem Essverhalten. Die richtige Ernährung hilft im Rahmen des Fitnessprogramms:

- Beim Abnehmen zusätzlich Kalorien zu verbrennen
- Baustoffe für Auf- und Umbau im Körper zu liefern
- Muskeln, Organe und Gehirn mit Energie zu versorgen
- Den Stoffwechsel reibungslos laufen zu lassen
- Die sportliche und geistige Leistungsfähigkeit sowie die Stressbelastbarkeit gezielt zu erhöhen
- Schneller zu regenerieren nach Belastungen

Der Mensch kann physiologisch so ziemlich alles verwerten. Die Strafe für schlechte Ernährung kommt nicht immer – wie beim Sodbrennen – sofort, sondern oft indirekt und zeitverzögert. Wir leiden früher oder später unter den körperlichen und psychischen Folgen wie Figurproblemen, Abgeschlagenheit, geringerer Leistungsfähigkeit, Mangelerkrankungen, geschwächter Immunabwehr bis hin zu Darmkrebs oder Fettleber.

Statt die Ernährung zu verbessern, kompensieren viele mit Multivitamin- und Mineraltabletten, deren Wirksamkeit umstritten ist. Der Reparaturbetrieb reicht vom Abführmittel bis zum Skalpell – ein Geschäft mit unserer Faul- und Dummheit.

Der Mangel im Überfluss

Keine Angst, das Leben wird durch vollwertige Ernährung nicht öde. Es genügt, wenn wir es erreichen, einen Großteil unserer Ernährung zu hinterfragen und schrittweise umzustellen. Fast alles ist – in Maßen – erlaubt. Solange ein Bierchen oder ein Stück Schokolade die Ausnahme von der Regel bleiben, ist alles in Ordnung. Bei aller Selbstdisziplin sollten Sie sich also auch vor allen Extremen der Gesundheitsapostel hüten!

100-prozentig richtige Ernährung gibt es nicht. Jeder hat eine andere Verdauung, eine andere Darmflora. Insofern ist man nicht, was man isst, sondern was man verdaut. Wenn Sie sich beim Umstellungsprozess Zeit lassen, werden Sie feststellen, wie sich der Geschmack wandelt und manches ungesunde Lebensmittel einfach nicht mehr schmeckt. Dafür erleben Sie, wie sich durch die bewusste Ernährung ein besseres Lebensgefühl und Fitness einstellen.

Ernährungswissenschaftler umschreiben die heutige Durchschnittskost mit »Mangel im Überfluss«. Trotz reichhaltiger Kalorienzufuhr fehlt es oft an wichtigen Nahrungsbestandteilen.

Kalorien ohne Wertstoffe

Zucker und Alkohol sind Beispiele für leere Kalorien, die keine Faserstoffe, Mineralien und Vitamine liefern. Zu viel Kochsalz kann Bluthochdruck verursachen. Tierische Fette enthalten das im Übermaß schädliche Cholesterin und tierische Proteine Purine, die bei Überangebot zu Gicht führen können. Ein Zuwenig an Vitaminen, Mineralstoffen und Spurenelementen führt zu Mangelerkrankungen und geringerer Leistungsfähigkeit.

Der zu geringe Faserstoffanteil von Produkten wie Weißmehl oder Schokolade führt zu Verstopfung und wird auch für bestimmte Darmstörungen bis hin zu Krebserkrankungen verantwortlich gemacht. Faserstoffe fördern das Kauen, erhöhen das Sättigungsgefühl und binden schädliche Substanzen wie

So viele Kilokalorien verbraucht ein Mann mit 80 Kilogramm in 40 Minuten: Laufen (14 km/h) 730 kcal, Laufen (12 km/h) 656 kcal, Jogging (9,5 km/h) 518 kcal, Skilanglauf (8 km/h) 550 kcal, Rad fahren (23 km/h) 525 kcal, Seil springen (80/min) 524 kcal, Basketball 430 kcal, Kraulen (40 m/min) 400 kcal, Tennis 317 kcal, Walking (7 km/h) 300 kcal, Golf 211 kcal, Autofahren 32 kcal, Fernsehen 5 kcal.

Cholesterin im Darm. Sie können allerdings auch die Mineralstoffaufnahme etwas einschränken. Ein Beispiel dafür ist das Phytin, das aber im Natursauerteig abgebaut wird.

Wer sich zeitlebens seine Muskulatur erhält, bleibt fitter. Was wenige wissen: Ein erhöhter Anteil von aktivem (Muskeln) zu passivem Körpergewebe (Fett) bedeutet auch nachts im Schlaf einen höheren Grundstoffwechsel.

Der Wohlstandsspeck und der Diätenwahn

Haben Sie auch schon zig Pfunde abgenommen, immer dieselben, und wiegen immer noch zu viel? Wir haben einen Bedarf von täglich rund 2400 Kilokalorien, essen aber mit durchschnittlich über 3000 wie einst unsere aktiveren Großeltern. Die überzähligen Kalorien tragen wir als Rettungsring, Wohlstands- oder Kummerspeck mit uns herum. Dieses Fettdepot wird aber nur durch körperliche Aktivität und bedarfsangepasste, vollwertige Ernährung abgebaut. »Wunderdiäten« wirken meist nur kurzfristig. Wer die angeblichen Dickmacher Kohlenhydrate meidet, entleert lediglich vorübergehend sein Glykogendepot und das damit gebundene Wasser. Bei der nächsten Gelegenheit wird der Körper die Kohlenhydratspeicher sofort wieder auffüllen. Bei manchen Fastendiäten ohne körperliche Bewegung wird sogar körpereigenes Muskelgewebe angegriffen.

Das Zuviel und Zuwenig im Essen

Des Guten zu viel

- Kalorien
- Industriezucker
- Tierisches Fett
- Tierisches Eiweiß
- Kochsalz
- Alkohol

Des Guten zu wenig

- Komplexe Kohlenhydrate
- Essenzielle Fettsäuren
- Vitamine
- Mineralstoffe
- Faserstoffe
- Flüssigkeit

Gewaltkuren helfen nicht

Wegen einer Anpassung aus Urzeiten funktionieren Crashdiäten selten: Während einer Diät senkt der Körper den Grundstoffwechsel. Er kommt mit weniger aus. Isst man danach wieder normal, speichert der Körper alle Kalorien, deren er habhaft werden kann, für erneute »Notzeiten« (also die nächste Diät). Man nimmt zu, der bekannte Jo-Jo-Effekt. Erfolgreich sind nur langfristige Verhaltensänderungen. Wir haben uns vielleicht über Jahrzehnte viele schlechte Ernährungsweisen angewöhnt – daher sollte eine Umstellung ähnlich wie beim Training nur langsam erfolgen.

Das richtige Gewicht ermitteln

Broca-Formel

Die auf den französischen Chirurg Pierre Paul Broca (1824–1880) zurückgehende Formel zur Gewichtsbestimmung galt lange als die maßgebliche Standardmethode. Sie funktioniert so:

- Normalgewicht: Größe (cm) minus 100, z. B.: 180 – 100 = 80 Kilogramm
- Idealgewicht: Normalgewicht minus zehn Prozent, z. B.: (180 – 100) x 0,9 = 72 Kilogramm

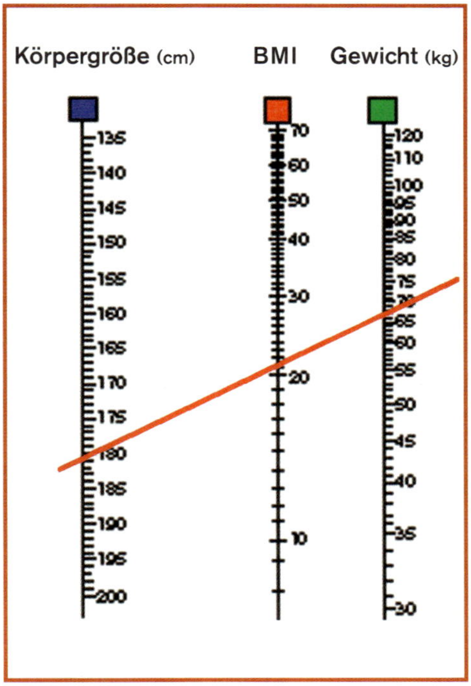

Richtig messen: Um Ihren individuellen Bodymass-Index zu bestimmen, müssen Sie nur Ihre Körpergröße und Ihr Gewicht mit einem Lineal verbinden.

Bodymass-Index (BMI)

Der BMI zeigt an, ob Ihr Gewicht zu Ihrer Größe passt. Er wird so ermittelt: Körpergewicht in Kilogramm geteilt durch das Quadrat der Körpergröße in Meter. Beispielsweise hat ein Mann bei 72 Kilogramm und 1,80 Meter Größe einen BMI von 72 : (1,8 x 1,8) = 22,2, und das ist o.k.!

- BMI-Sollwerte Männer: 20 bis 25, Frauen: 19 bis 24
- Untergewicht unter 19
- Übergewicht über 25
- Fettsucht (Adipositas) über 30

Körperfettmessung

Der Körperfettanteil, das Verhältnis von passivem Fett- zu aktivem Muskel- und Organgewebe, ist aber weder durch die Broca-Formel noch den Body-mass-Index zu ermitteln. Eine Messung kann mit modernen Waagen (Bioimpedanz) oder mit Fettzangen (Caliper) erfolgen. Die Bedeutung soll folgendes Beispiel veranschaulichen: Franz und Fritz wiegen beide 72 Kilogramm, beide sind 180 Zentimeter groß und haben beide einen BMI von 22,2. Eigentlich ideal, aber Franz hat einen Körperfettanteil von 15 Prozent, Fritz jedoch von 19 Prozent. Durch den leicht höheren Fettanteil ist der Grundstoffwechsel von Fritz um 63 Kilokalorien am Tag niedriger. Essen beide dasselbe, so wäre Fritz in einem Jahr drei Kilogramm schwerer als Franz. Körperfett über 25 Prozent bei Männern und über 35 Prozent bei Frauen sind gesundheitlich bedenklich, wobei Ausdauerfitness aber leichtes Übergewicht ausgleichen kann. Eine Körperfettmessung zeigt den wahren Fitnesszustand. Schlanksein muss nicht Fitness bedeuten! Schlanken, aber unsportlichen Frauen ist ihr relativ hoher Fettanteil zunächst gar nicht anzusehen. Frauen haben einen großen Teil ihres Körperfetts innerhalb des Körpers, Männer meist gut sichtbar am Bauch.

Der Geschmack wandelt sich. Wer z. B. über Monate den Zucker im Tee langsam reduziert, wird Teesorten viel differenzierter erkennen, die vorher von der plumpen Süße »erschlagen« wurden.

Nährstoffdichte

Wir können viel essen und trotzdem wenig aufnehmen. Die Qualität der Lebensmittel kann man nach ihrer Nährstoffdichte bewerten. Sie gibt an, wie viel Vitamine, Mineralstoffe und Spurenelemente wir pro Kalorie aufnehmen. Vergleicht man z. B. Colagetränke mit Orangensaft oder Weißbrot mit Vollkornbrot, so wird schnell deutlich, was für die Ernährung wertvoller ist.

Wo die Kalorien herkommen

Entgegen der Vorgaben der Ernährungswissenschaftler wird zu fett gegessen, zu wenig Kohlenhydrate werden aufgenommen. Alkohol liefert einen zu hohen

Durchforsten Sie Ihre Ernährungsgewohnheiten mit einer Nährwerttabelle. Bestimmt finden sie dann weitere Beispiele für leere Kalorien.

Nährstoffdichte bei 100 Kilokalorien

Inhaltsstoff	Colagetränk	Orangensaft	Weizensemmel	Weizenvollkornbrot
Portion	0,25 l	0,21 l	39 g	48 g
Kohlenhydrate (g)	25	25	21	20
Vitamin B1 (mg)	0	0,167	0,039	0,115
Vitamin C (mg)	0	127	0	0
Kalzium (mg)	0	23	10	31
Eisen (mg)	0	0,42	0,47	0,96
Magnesium (mg)	0	34	12	44
Kalium (mg)	0	334	45	130

Betrag der Tageskalorien, denn im Diagramm Seite 185 sind auch Kleinkinder berücksichtigt. Die Empfehlungen der Deutschen Gesellschaft für Ernährung decken sich gut mit der Empfehlung, die man Ausdauersportlern gibt.

Die Deutschen verbrauchen pro Kopf im Jahr immer weniger vollwertige Kartoffeln, der Zuckerkonsum nimmt dagegen stetig zu. Vier Stück Zucker täglich zu viel ergeben nach einem Jahr 3,5 Kilogramm Gewichtszunahme.

Die Baustoffe des Körpers

Kohlenhydrate – Superbenzin für die Muskeln

Kohlenhydrate werden von grünen Pflanzen bei der Fotosynthese aus Kohlendioxid und Wasser mit Hilfe von Sonnenlicht gebildet. Durch Verknüpfung von Einfachzuckern wie Trauben- (Glukose) und Fruchtzucker (Fruktose) entstehen Zweifachzucker wie Rohr- oder Mehrfachzucker und langkettige Moleküle wie Stärke, Glykogen und die teilweise unverdaulichen Faser- oder Ballaststoffe (wie Pektine und Zellulose).

Die Kohlenhydratspeicher des Ausdauersportlers (die Glykogendepots in Muskeln und Leber) sind begrenzt und müssen ständig aufgefüllt werden. Enthält die Alltagskost nur 40 Prozent Kohlenhydrate, so würde bei einem Sportprogramm von zwei Stunden täglich das Glykogendepot innerhalb einiger Tage verarmen. Um aber weiter trainieren zu können, muss beim Leistungsläufer der Kohlenhydratanteil der Nahrung auf 60 und mehr Prozent angehoben werden, damit das Glykogendepot sich wieder auffüllen kann (siehe Grafik, Seite 186). Besonders gute Kohlenhydratquellen, die auch reichlich Vitamine, Mineralstoffe und Spurenelemente enthalten, sind:

Sie wissen nicht, wo die Kalorien herkommen? Fette und Alkohol sind wahre Kalorienbomben! Was vielen nicht bekannt ist: Ein Gramm Fett oder Alkohol enthält rund doppelt so viele Kilokalorien wie Kohlenhydrate und Eiweiße.

- Obst
- Trockenobst
- Gemüse
- Vollkornbrot
- Kartoffeln
- Vollkornnudeln
- Vollkornreis
- Salate

Fette und Öle – damit es wie geschmiert läuft

Fett ist ein Wärmepolster und ein leichter, aber großer Energiespeicher, der für mindestens 20 Marathonläufe reichen würde. Normalgewichtige Männer haben einen Körperfettgehalt von 13 bis 21 Prozent. Frauen liegen infolge einer biologisch sinnvollen Schwangerschafts- und Stillzeitreserve mit 18 bis 26 Prozent darüber. Leistungsläufer liegen im unteren Bereich oder sogar darunter. Fette bestehen aus Glyzerin und Fettsäuren. Man unterscheidet je nach Zahl der chemischen Doppelbindungen gesättigte und einfach oder mehrfach ungesättigte Fettsäuren. Essenzielle (lebensnotwendige) Fettsäuren wie Linolen- und Linolsäure müssen mit der Nahrung zugeführt werden. Aus ihnen werden Zellmembranen und Hormone gebildet. Einfach ungesättigte Fettsäuren mindern im Blut selektiv nur den schädlichen LDL-Cholesterinanteil, nicht aber die schützende HDL-Fraktion. Besonders wertvolle Fette und gleichzeitig vielfältig einsetzbare Öle sind:

- Olivenöl
- Sonnenblumenöl
- Kürbiskernöl
- Walnussöl
- Distelöl
- Maiskeimöl
- Nachtkerzenöl
- Weizenkeimöl
- Meeresfische wie Makrelen (Omega-3-Säuren)

Die fettlöslichen Vitamine A (Vorstufe: Beta-Karotin), D, E und K können im Darm nur in Gegenwart von Fett aufgenommen werden; außerdem lösen sich viele Gewürzstoffe nur in Fett – ein Grund dafür, warum fettfreies Essen nicht so gut schmeckt. Fette benötigen zu ihrem Abbau mehr Sauerstoff, liefern aber pro Gramm mit neun Kilokalorien mehr als doppelt so viel Energie wie Kohlenhydrate oder Eiweiße (je vier Kilokalorien). Um ihren wahren Energiegehalt zu erahnen, stellen Sie sich jede Fettportion, z. B. den Speckrand beim Schinken, über doppelt so groß vor! Fette Speisen verlangsamen die Verdauung und Regeneration.

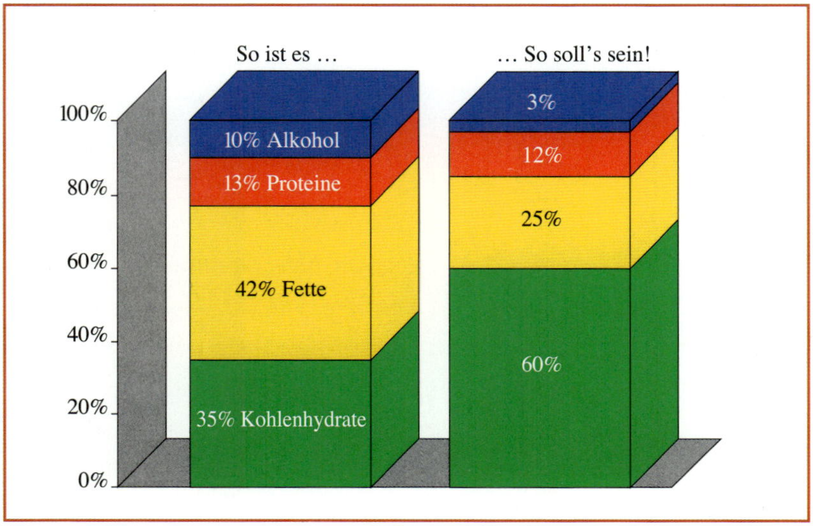

Wo kommen die Kalorien beim Durchschnittsbürger her? Ernährungswissenschaftler empfehlen auch Normalbürgern die Kost für Ausdauersportler: weniger Fett und Alkohol, dafür mehr Kohlenhydrate. Quelle: Steffny Run Fit Fun 97

Wie Sie Fett einsparen können

Insbesondere tierische Fette mit hohem gesättigtem Fettsäurenanteil und Cholesterin müssen zugunsten von Kohlenhydraten halbiert werden. Das ist gar nicht so einfach. Fette lauern versteckt in Käse, Fleisch, Wurst, Kuchen, Eis und Schokolade. Fettärmere Kost erreicht man bei der Auswahl der Lebensmittel, aber auch bei der Zubereitung: Grillen, Kochen und Dünsten statt Braten oder Frittieren. Zudem sind diese Verfahren vitaminschonender. Meiden Sie fette Saucen. Fragen Sie sich einmal selbst:

- Muss unter fette Wurst unbedingt noch dick Butter?
- Könnte nicht Magerquark Butter als Aufstrich ersetzen?
- Müssen die Nudeln in der fetten Sauce ertrinken?
- Wie wäre es mit Obstkuchen, muss es Cremetorte sein?

Nur wer sich kohlenhydratreich ernährt, kann sein Glykogendepot im Trainingsalltag wieder auffüllen. Mit Durchschnittskost ist der Tank bald leer, ein intensives Training wird unmöglich. Quelle: verändert nach D. L. Costill und J. M. Miller (1980)

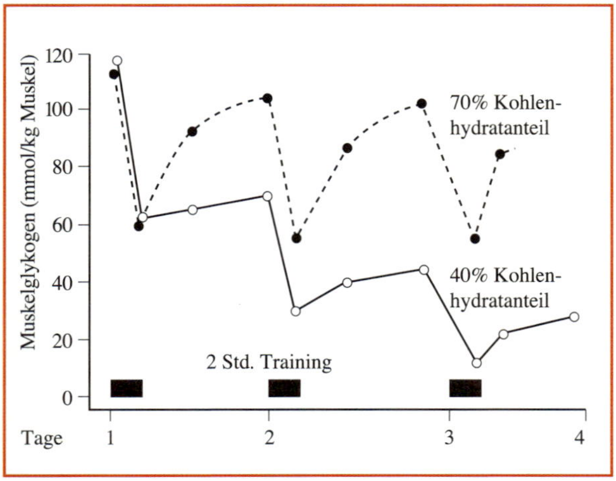

Eiweiß – es muss nicht immer Fleisch sein

Wirkstoffe und Strukturelemente wie Enzyme, Hormone, Antikörper, Hämoglobin, Bindegewebe und Muskulatur bestehen aus Eiweißen. Sie sind im Körper einem ständigen Umbau unterworfen. Nach rund sieben Wochen ist die Hälfte des Muskelproteins ausgetauscht, die entsprechende Halbwertzeit von Leberenzymen beträgt nur rund zehn Stunden. Die Eiweiße des Menschen bestehen aus 20 Aminosäuren, von denen Erwachsene acht mit der Nahrung aufnehmen müssen. Je nach Gehalt an diesen essenziellen Bausteinen haben Lebensmittel unterschiedliche biologische Wertigkeiten für unsere

Proteinversorgung. Die höchsten Werte erzielen beispielsweise das Ei-Eiweiß, Milch, Quark und Dorsch. Eine noch bessere Versorgung erzielen Sie durch geschickte Eiweißergänzung von pflanzlichen mit tierischen Lebensmitteln, wobei der pflanzliche Anteil jeweils die größere Portion sein sollte:

- Pellkartoffeln mit Ei
- Quark mit Fisch
- Bohnen mit Fisch oder Fleisch
- Getreideflocken mit Milch (Müsli)

Weitere fettarme, aber vitamin- und mineralstoffreiche, hochwertige Eiweißquellen sind Geflügel, Soja und Amaranth, ein Fuchsschwanzgewächs aus Südamerika. Kartoffeln mit Ei oder Müsli sind einfache, billige und vollwertige Speisen, die jeder zubereiten kann. Zwei Drittel der durchschnittlichen Proteinzufuhr bestehen aus tierischem Eiweiß. Diese sollten zugunsten hochwertiger Kombinationen und der pflanzlichen Proteine reduziert werden.

Bei dem Stichwort »Eiweiß« denkt man meist zuerst an Fleisch. Aber jede lebende Zelle, tierisch oder pflanzlich, enthält Proteine. Der Nährwert ist unterschiedlich, wobei tierisch-pflanzliche Kombinationen die besten biologischen Wertigkeiten erreichen.

Alkohol – laufen und laufen lassen

Beim Bier stammen über 60 Prozent der Kalorien vom Äthanol, beim Wein sind es sogar 84 Prozent. Der Pro-Kopf-Konsum von rund 68 Gramm am Tag (488 Kilokalorien!) der 20- bis 65-Jährigen ist viel zu hoch! Äthanol ist eine leere Kalorienquelle und ein Stoffwechselgift, das bereits im Magen schnell resorbiert wird und harntreibend wirkt. Allerdings sind geringe Mengen Alkohol (ein viertel Liter Wein, bis zu einem halben Liter Bier) erwiesenermaßen sogar gesund. Inhaltsstoffe wie Flavonoide im Wein haben schützenden Effekt (Arteriosklerose) und wirken anregend.

Der mehrfache Olympiasieger Emil Zatopek meinte zum Thema »Alkohol«: »Bier ist gut für den Magen, aber schlecht für die Beine.«

Frauen müssen noch vorsichtiger sein

Frauen vertragen nur halb so viel Alkohol wegen ihrer geringeren Körpermasse, dem höheren Fettgewebeanteil, das keinen Alkohol abbaut, und der gerin-

Natürliche Vitaminbomben: Obst gehört für Läufer zu jeder Jahreszeit auf den Speiseplan.

geren Aktivität der Alkoholdehydrogenase, eines Entgiftungsenzyms. Aus verschiedenen Gründen sollten Männer und Frauen deshalb Ihren Alkoholkonsum reduzieren.

Größere Mengen von Alkohol:

- Bedeuten eine hohe Zufuhr leerer Kalorien
- Wirken harntreibend, stören den Wasser- und den Mineralstoffhaushalt
- Beeinträchtigen das Nervensystem und bewirken z. B. Sehstörungen
- Verschlechtern die Muskelkoordination
- Senken die Libido
- Führen zur Schädigung der Magen- und Darmschleimhäute
- Verursachen Stoffwechselerkrankungen, fördern Krebserkrankungen
- Erhöhen den Blutdruck
- Führen auf Dauer zu Herzmuskelschwäche
- Verursachen im Extremfall irreparable Leberschädigungen
- Verlangsamen beim Sportler die Regeneration

Der Marathonläufer Gelindo Bordin trank 1988 in Seoul regelmäßig zur Pasta ein Glas Rotwein. Er sagte, dass er damit aufgewachsen sei, aber die ganze Flasche zu trinken wäre schlecht. Er kehrte als Olympiasieger nach Italien zurück.

Vitamine – kleine Menge mit großer Wirkung

Vitamine sind lebensnotwendige Bestandteile unserer Nahrung, bei denen kleine Mengen große Wirkung haben können. Man unterteilt sie in wasser- (B-Komplex, C) und fettlösliche (A, D, E, K) Vitamine. Durch einseitige oder falsche Ernährung (Fastfood, Süßigkeiten, Fertigessen), Abführmittel und bei Diäten kann es zur Unterversorgung kommen. In der Schwangerschaft, bei Rauchern, bei Stress und Leistungssport ist der Vitaminbedarf erhöht. Die beim Sportler gleichzeitig erhöhte Kalorienzufuhr kann aber bei vollwertiger Ernährung normalerweise diesen Mehrbedarf ausgleichen.

Fettlösliche Vitamine werden im Fettgewebe gespeichert, während die wasserlöslichen ständig neu zugeführt werden müssen und ein Überschuss ausgeschieden wird. Bei den fettlöslichen Vitaminen ist daher die Gefahr einer Überdosierung mit Vergiftungserscheinungen größer. Die durchschnittliche Reservekapazität beim Erwachsenen beträgt zwischen ein bis zwei Jahren (Vitamin A), drei bis vier Monaten (Vitamin C) und vier bis zehn Tagen (Vitamin B1, Thiamin).

Lesen Sie die Zutatenlisten. Denn ohne unser Wissen werden wir bei Fertigessen »vitaminisiert«: E 300 bis E 304 sind Vitamin-C-Verbindungen, und E 306 bis E 309 sind Vitamin-E-Abkömmlinge mit konservierender Wirkung.

So vermeiden Sie Vitaminverluste

Der Vitamingehalt der Nahrung hängt von der Art, Saison, Frische und Behandlung der Lebensmittel ab. Die wasserlöslichen Vitamine B1 und C können bei der Zubereitung leicht ausgeschwemmt werden, sie sind hitzeempfindlich und oxidieren an der Luft.

Beim Toasten gehen z. B. 40 bis 50 Prozent an Vitamin B1 verloren. Es ist an der Energiegewinnung aus Kohlenhydraten beteiligt und daher für Ausdauersportler besonders wichtig. Der Bedarf ist bei kohlenhydratreicher Kost und starkem Alkoholkonsum erhöht. Fettlösliche Vitamine sind hingegen relativ hitzestabil. Gemüse sollte vitaminschonend nur »al dente« und nicht zu Matsch gedünstet werden.

Mineralstoffe und Spurenelemente

Mineralstoffe und Spurenelemente sind anorganische Bestandteile des Skeletts und beeinflussen als gelöste Elektrolyte die physikalischen und biochemischen

Eigenschaften der Körperflüssigkeiten wie Nervenleitung, Muskelkontraktion und Pufferung gegen Säure-Basen-Schwankungen. Mineralstoffe sind auch Bestandteile von Enzymen. Beim Schwitzen verliert der Körper Elektrolyte wie Natrium, Kalium und Magnesium. An Natriumchlorid (Kochsalz) besteht bei uns eher eine Überversorgung. Kalium ist notwendig zur Bildung des Glykogendepots. Magnesium ist ein Gegenspieler von Kalzium und ein wichtiger Enzymaktivator im Energiestoffwechsel. Im Schweiß geht überproportional viel Magnesium verloren. Kalzium, Vitamin-B1-Mangel, Alkohol und fettreiche Nahrung beeinträchtigen die Aufnahme im Darm. Magnesium ist in grünen Pflanzen, aber auch in Meeresfisch reichlich vorhanden. Eine weitere gute Quelle sind magnesiumreiche Mineralwässer (über 100 Milligramm pro Liter). Kalzium bildet mit Phosphat die Knochensubstanz. Einem Abbau von Knochen (Osteoporose) nach der Menopause können Frauen durch Bewegung und rechtzeitige Kalziumaufnahme in jüngeren Jahren vorbeugen.

Wer schon beim Frühstück zum Vollkornbrot statt zu Weißmehlsemmel oder Toastbrot greift, erhöht bei gleicher Kalorienzahl seine Aufnahme von Mineralstoffen, Spurenelementen, Vitaminen und Faserstoffen um das Drei- bis Vierfache.

Eisen – der Sauerstoffspender

Eisen ist als Zentralatom des Hämoglobins in den roten Blutkörperchen wesentlich am Transport des Sauerstoffs und dessen kurzfristiger Speicherung im Muskel (Myoglobin) beteiligt. Eisenmangel (mit daraus resultierender Anämie) hat daher fatale Folgen für Ausdauersportler. Durch die Monatsblutung haben Frauen einen höheren Bedarf. Leber enthält sehr viel Eisen. Das zentrale Entgiftungsorgan ist aber durch die heutigen Bedingungen der Tiermast durch Schwermetalle, Antibiotika und Anabolika sehr schadstoffbelastet und sollte nur noch selten gegessen werden.

Gute Quellen sind:

- Fleisch
- Vollkornprodukte
- Hülsenfrüchte

Vitamin C fördert die Aufnahme von Eisen im Darm, Gerbstoffe des Kaffees und schwarzen Tees behindern sie dagegen. Eisen aus tierischen Quellen wird besser aufgenommen als aus pflanzlichen.

Kaffee, Tee und Alkohol wirken harntreibend. Mit dem Wasserverlust verliert der Körper auch zusätzlich gelöste Mineralstoffe. Gerbstoffe in Kaffee und schwarzem Tee, der länger zieht, behindern zudem die Aufnahme von Mineralien und Spurenelementen im Darm.

Getränke – so stimmt die Wasserbilanz

Der Mensch besteht zu rund 60 Prozent aus Wasser. Von den täglich durchschnittlich aufgenommenen 2,5 Liter Flüssigkeit stammen 1,3 Liter von Getränken, 0,9 Liter aus der Nahrung und 0,3 Liter vom so genannten Oxidationswasser, das bei der Energiegewinnung aus Kohlenhydraten und Fetten frei wird. Starke Wasser- und Elektrolytverluste entstehen nicht nur beim Schwitzen, sondern auch durch Abführtabletten und harntreibend wirkende koffeinhaltige Getränke und Alkohol. Wer viel Bier und Kaffee trinkt, trocknet innerlich regelrecht aus. Diese Entwässerung (Dehydratation) führt zu Leistungseinbußen im Alltag und beim Sport. Gerade ältere Menschen verlieren das natürliche Durstgefühl. Häufig werden nur noch Kaffee und alkoholische Getränke, außerdem wenig Obst und Gemüse verzehrt. Empfehlenswerte Getränke für Läufer sind:

- Fettarme Milch
- Elektrolytreiche Mineralwässer
- Früchtetees und Gemüsesäfte
- Obstsäfte (nicht zuckerhaltige Nektare und Fruchtsaftgetränke)
- Fruchtsaftschorlen

Von diesen Getränken können Sie gern einen über den Durst trinken. Über Nacht verlieren Sie viel Flüssigkeit durch Atmen, Schwitzen und Ausscheidung. Vor allem an heißen Tagen beginnen viele Sportler das Training oder den Wettkampf unbewusst bereits mit einem Wasserdefizit. Schon morgens nach dem Aufstehen sollten Sie deshalb ein großes Glas Saftschorle oder Mineralwasser trinken.

Einfachzucker aus Süßigkeiten oder Traubenzucker vor dem Start erhöhen den Blutzuckerspiegel sprunghaft, aber nicht nachhaltig. Der Körper regelt ihn schnell durch Insulinausschüttung wieder herunter. Hohe Insulinspiegel im Blut hemmen aber gleichzeitig den Fettstoffwechsel – ein weiterer Grund, warum Naschkatzen schlecht abnehmen.

Naschen verboten?

Die Lust auf Süßes wird uns in die Wiege gelegt. Unsere Zungen können neben salzig, bitter und sauer eben auch süß schmecken. Das natürliche Angebot bestand zu vorindustriellen Zeiten aus Obst, Trockenobst und Honig. Der Urmensch musste aber lange umherschweifen und auf Bäume klettern, um an süße Früchte zu gelangen. Heute steht neben dem Fernseher die Pralinenschachtel, wir befriedigen exzessiv unseren Süßtrieb. Süßes hebt den Serotoninspiegel im Gehirn, eine Art Glückshormon.

Es gibt auch gesunde Süßigkeiten

Beispielsweise eignen sich dafür frischer Obstkuchen, Früchte oder Trockenobst. Verschieben Sie schrittweise Ihr normales Süßbedürfnis: weg von industriell produzierten Süßigkeiten, hin zu natürlicher Ernährung.

Popcorn ist ein gesunder Snack, den man im Kochtopf oder in einer preiswerten Maschine leicht selbst herstellen kann. Es ist nichts anderes als durch Hitze aufgeplatzter Mais – ein Vollkornsnack. Sie können selbst bestimmen, ob und wie viel Zucker, Salz oder Öl dazu soll. Wer sich sonst vollwertig ernährt und körperlich aktiv ist, kann sich ohne schlechtes Gewissen gelegentlich etwas Süßes gönnen.

Das Geheimnis der Müslipower

Müsli ist ohne Einschränkung wertvoll: eine Powereiweißkombination aus Milch- und Getreideflockenprotein, dazu viel Kohlenhydrate, Mineralien und Vitamine aus Vollkorn, Nüssen und Obst, das auch die natürliche Süße liefert. Die Faserstoffe tragen nach einer kurzen Gewöhnungsphase zu einem natürlichen und geregelten Stuhlgang bei.

Ballaststoffreiche Ernährung, ein Glas Mineralwasser und ein Dauerlauf, schon ist es vorbei mit der Verstopfung – unter Garantie! Ein Müsli sollte

Kraftstoff Müsli: Viele Läufer schwören auf den Frühstücksklassiker. Gemischt mit Obst der Saison wird Müsli nicht langweilig.

allerdings nicht mit Kaffee, sondern besser mit hochwertigem Fruchtsaft kombiniert werden, da dieser die Aufnahme von Mineralien und Spurenelementen fördert.

Bevorzugen Sie möglichst wenig industriell aufbereitete Lebensmittel. Ein Teil der pflanzlichen Nahrung sollte roh verzehrt werden. Am einfachsten: Rohkostsalat mit etwas kaltgepresstem Olivenöl.

Fleisch nur als Beilage

Die Proportionen beim Essen stimmen, wenn Salat und Gemüse zur Hauptmahlzeit und Fleisch und Fisch eher zur Beilage werden. Wenn Sie sich dem oft miesen Kantinenessen nicht entziehen können, so werten Sie es durch mitgebrachtes Obst auf. In der Mittagspause gibt es zum Fastfoodrestaurant und zur Bratwurst auf dem Marktplatz gesunde und billigere Alternativen: Fragen Sie den Bäcker nach Müslistangen. Frischobst gibt es überall. Dosenfutter ist dagegen absolut für die Katz. Letztlich sollten Sie beim Essen wie beim Training auf Abwechslung achten.

Die Ernährung rund ums Laufen

Gesunde Ernährung im Alltag ist eine wichtige Voraussetzung für optimale sportliche Leistungsfähigkeit. Stimmen Sie, wenn irgend möglich, die Mahlzeiten im Tagesverlauf auf Ihr anstehendes Trainingsprogramm ab. Mehrere kleine Mahlzeiten sind besser als drei große. Snacken Sie zwischendurch mit Trockenobst, Frischobst, Müsli, Obstkuchen und Joghurt.

Weniger Gewicht als Leistungsreserve

»Vorne laufen die Bleistifte, hinten die Radiergummis«, formulierte Manfred Steffny, Herausgeber des Laufmagazins »Spiridon«, treffend. Sicherlich bringen Eliteläufer von Natur aus eine schlanke Konstitution mit, sie haben niedrige Körperfettwerte (Männer 5 bis 13, Frauen 12 bis 20 Prozent) und daher ein günstiges Kraft-zu-Last-Verhältnis. Weiter hinten im Läuferfeld kommen die normalen und dann die etwas schwereren Damen und Herren. Dass es sich dabei nicht nur um Muskeln handelt, verdeutlicht eine eigene Untersuchung an 234 Männern.

Körperbau und Leistungsreserven: Von 234 untersuchten Männern hatten die langsameren 10-km-Läufer bei gleicher Größe einen deutlich höheren Fettanteil als die Leistungsläufer. Quelle: Steffny Run Fit Fun 97, Originaluntesuchung

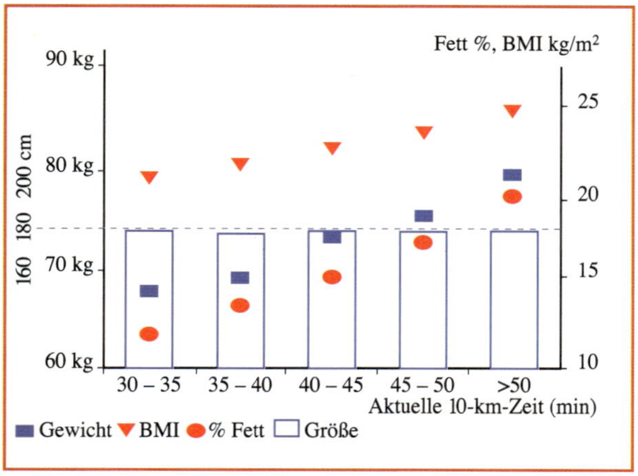

Weniger Körperfett bringt Tempo

Bei gleicher durchschnittlicher Größe von 1,79 Meter hat die Gruppe der Läufer, die zehn Kilometer in 30 bis 35 Minuten läuft, nur ein Durchschnittsgewicht von 68 Kilogramm, die Körper-

fettwerte liegen bei zwölf Prozent. Die Läufer mit über 50 Minuten für zehn Kilometer haben ein Durchschnittsgewicht von 80 Kilogramm und einen Körperfettgehalt von 20 Prozent, worin noch eine Leistungsreserve liegt.

Was soll ich vor dem Laufen essen?

Unmittelbar vor, während oder nach dem Training oder Wettkampf muss ein Läufer anders essen. Die letzte leichte und kohlenhydratreiche Mahlzeit sollte spätestens zwei, besser noch drei Stunden vorher eingenommen werden. Probieren Sie aus, was Ihnen gut tut. Schnell verdaulich und wenig belastend sind:

- Banane
- Weißbrot mit wenig Butter und Honig
- Kartoffelpüree
- Weißer Reis (wird von asiatischen Sportlern bevorzugt)
- Zarte Haferflocken oder Grießbrei

Vermeiden Sie auf jeden Fall fette oder ballaststoffreiche Lebensmittel. Während bei der Alltagskost Vollkornprodukte wertvoller sind, belasten und verzögern diese aber vor einem Training oder Wettkampf unnötig die Verdauung.

Der eine hat einen Ochsenmagen, der andere ist sehr empfindlich. Was man verträgt, sollte man vor wichtigen Wettkämpfen bereits im Training ausprobiert haben. Am besten bringt man sich zum Rennen seine bewährten Lebensmittel mit.

Trinken Sie über den ganzen Tag reichlich, aber nicht zu viel unmittelbar vor dem Laufen, um Seitenstechen zu vermeiden. Bei kühlem Wetter reicht bereits ein halber Liter in den letzten zwei Stunden vor dem Lauf. Bei Wärme und langen Distanzen sollten Sie hingegen immer gut hydriert in Training und Wettkampf gehen.

Vor einem Marathon ist in den letzten Tagen das Auffüllen der Kohlenhydratvorräte (»carboloading«) der Leber und Muskulatur ein Muss. Erhöhen Sie in den letzten drei bis vier Tagen den Anteil der Kohlenhydrate auf über 70 Prozent, indem Sie insbesondere Fett in der Nahrung reduzieren.

Die Pasta- oder Kartoffelparty

Am Nachmittag oder Abend vor einem Marathon kommen die Läufer zu einer gemeinsamen Pasta- oder Kartoffelparty zusammen. Die Glykogendepots werden noch einmal tüchtig gefüllt. Wenn Sie für sich selbst und für Freunde eine Pastaparty organisieren:

- Vermeiden Sie fette Saucen und Beilagen.
- Nehmen Sie Hartweizengrießnudeln, nicht Eiernudeln.
- Kochen Sie Tomatensaucen mit Kräutern.

Pizza und Pasta sind nur dann gute Kohlenhydratträger, wenn die Sauce und Auflage nicht zu fett ist. Trinken Sie dazu reichlich, denn die Glykogendepots werden mit Wasser gespeichert, das beim Laufen als Stoffwechselwasser wieder zur Verfügung steht.

Wer vor dem Rennen seine Spritanks optimal auffüllen will, sollte kohlenhydrat- und kaliumreiche Lebensmittel bevorzugen, denn Kalium wird für das Glykogendepot benötigt. Empfehlenswert sind z. B. Bananen, Kartoffeln und Tomaten (Sauce). Detaillierte Infos zur optimalen Laufernährung findet man in: Steffny/Pramann/Doll: Perfektes Lauftraining – das Ernährungsprogramm. Südwest Verlag 2002.

Was beim Lauf und danach gut bekommt

Keine Austrocknung riskieren

Bei langen Trainingseinheiten oder Wettkämpfen über eine Stunde kann Trinken vor allem bei warmem Wetter schon während des Laufens von großer Bedeutung sein. Das gilt ganz besonders, wenn Sie Marathon laufen. Bei Wassermangel riskieren Sie einen frühzeitigen Leistungseinbruch und sogar Krämpfe.

Machen Sie sich zur Regel, bei Läufen über längere Distanzen bereits an der ersten Verpflegungsstation Wasser oder ein Elektrolytgetränk zu sich zu nehmen. Trinken Sie lieber schon frühzeitig in kleinen Portionen, als später erst den großen Durst zu löschen, wenn es schon zu spät ist. Zu beachten ist, dass bereits zwei Prozent Wasserverlust zu deutlich erkennbaren Leistungseinbußen führen.

Trinken ist wichtiger als essen

Wer sich selbst ein Wettkampfgetränk (beispielsweise aus stillem Mineralwasser, Zucker, einer Prise Kochsalz und etwas Orangensaft) mischen möchte, sollte darauf achten, dass der Kohlenhydratgehalt sieben Prozent nicht überschreitet (70 Gramm pro Liter).

Eliteläufer trinken nur. Wer aber länger unterwegs ist, sollte frühzeitig auch Bananenstücke oder Brot knabbern. Bei rechtzeitiger Aufnahme stehen die Kohlenhydrate der Muskulatur später im Rennen noch zur Verfügung. Essen und Trinken (aus Bechern) sollten Sie zuvor im Training oder bei Vorbereitungsrennen üben.

Vor einigen Jahren begann der Berlin-Marathon, auf die etablierten Elektrolytgetränke zu verzichten und stilles Mineralwasser an der Strecke auszugeben. Nach anfänglichem Aufschrei lief das Gros der Läufer dennoch Bestzeiten.

So werden Sie wieder fit

Nach einem Rennen oder anstrengendem Training sind Sie zunächst erschöpft. Man hat erst keinen großen Hunger, sollte aber möglichst bald den

Saft gibt Kraft: Frischgepresstes ist das ideale Läufergetränk. Machen Sie Saftschorle (ein Drittel Fruchtsaft, zwei Drittel Mineralwasser) zu Ihrem Standardgetränk.

Durst stillen. Zu empfehlen sind Fruchtsäfte oder Mineralwässer, die man sich zum Training und Wettkampf mitnehmen kann. Die Veranstalter bieten oft Isogetränke an. Vielleicht steht Ihnen der Durst hinterher nach einem kühlen Bier. Bedenken Sie aber, dass Sie bis zu mehrere Liter Schweiß verloren haben. Es ist schädlich, das unmittelbar danach mit alkoholischen Getränken auszugleichen. Man trinkt den Trainingseffekt regelrecht wieder weg. Der Körper ist außerdem nach einem Wettkampf stark geschwächt und daher sehr anfällig für eine Erkältung oder andere Infektionen.

Sportergänzungsnahrung ist ein Milliardengeschäft. Die meisten Mittel verschwinden nach einiger Zeit wieder vom Markt. So konnte z. B. Karnitin die Versprechungen zum Fettabbau und zur Verbesserung der Ausdauerleistungsfähigkeit nicht halten.

Leicht und fettarm ist die Devise

Essen Sie als Nächstes etwas Leichtverdauliches und Kohlenhydratreiches. Ideal sind auch jetzt wieder eine Banane, fettarmer Kuchen, Trockenobst und vollwertige Sportriegel. Die Glykogendepots lassen sich in den Stunden nach dem Training oder Wettkampf am schnellsten auffüllen. Am Abend sollte eine fettarme, an Proteinen hochwertige Mahlzeit auf dem Tisch stehen. Wie wäre es beispielsweise mit gedünstetem Seelachsfilet, Pellkartoffeln und Brokkoli? Klar, wenn Sie eine Bestzeit o. Ä. zu feiern haben, können Sie das mit einem Gläschen Sekt, Wein oder Bier tun. Neben viel Ruhe nach einem Wettkampf sollten Sie in den Folgetagen weiterhin auf eine gesunde Ernährung achten.

Wundermittel sind völlig überflüssig

Die Anzeigen in Sportzeitschriften, die Sponsorenaufdrucke vieler erfolgreicher Sportler und die häufig von den Herstellern selbst finanzierten »wissenschaftlichen« Studien erwecken oft den Anschein, als ob eine Apotheke von Antioxidanzien, Blütenpollen, Gelée Royale, Q10, Karnitin, Taurin, Guarana, Melatonin, Kreatin, »Iso-Power-Sonstwas« und anderen aufbauenden Präparaten unbedingt zur Grundernährung des Sportlers gehört. Alle paar Jahre gibt es dann selbstverständlich ein neues Wundermittel.

Vitamin- und Mineralstoffgaben nutzen immer nur dann, wenn ein Mangel im Organismus vorhanden ist. Je schlechter die Grundernährung, desto eher wird eine Substitution tatsächlich etwas bringen. Eine Gabe über den Bedarf hinaus geht aber in die Toilette, belastet Stoffwechsel und Geldbeutel. Aus natürlichen Lebensmitteln werden die Vitamine und Mineralien durch gleichzeitig vorhandene, aber künstlich schwer herzustellende Kofaktoren und Bioflavonoide in der Regel effizienter aufgenommen. Ein Apfel ist eben mehr als die Summe der uns bekannten Bestandteile.

Vitamin C und E sowie Beta-Karotin und Selen werden als Radikalefänger bzw. Antioxidanzien und somit als Schutzfaktor für Zellstrukturen vermarktet. Gut trainierte Sportler mit vollwertiger Ernährung haben schon als natürliche Anpassung optimierte Enzymsysteme zur Abwehr gegen den erhöhten Oxidationsstress.

Der Isodrink macht noch keinen Sportler

Wer Angst vor Magnesiummangel hat, soll ein gutes magnesiumreiches Mineralwasser mit Fruchtsaft trinken. Da ist mehr drin als in Nahrungsergänzungsmitteln, es ist billiger und natürlicher. Substanzen wie Karnitin produziert der Körper seit Jahrmillionen selbst und nimmt sie beispielsweise mit Milch und Fleisch auf. Ein Versorgungsengpass kommt im Normalfall gar nicht vor – das macht die Mittelchen eigentlich überflüssig. Durch Überversorgung mit Pillen verlernt der Körper zudem, diese wichtigen Stoffe effizient aufzunehmen. Eine zusätzliche moderate Versorgung mit Eisen kann allerdings bei Frauen, Vegetariern oder beim Höhentraining in manchen Fällen angebracht sein.

Vorsicht vor einem Zuviel

Der Ernährungsbericht 1992 der Deutschen Gesellschaft für Ernährung im Auftrag des Bundesgesundheitsministeriums kam zum Ergebnis, dass im Breitensport auf Zusatznahrung jedweder Art, insbesondere Mineralstoffe, verzichtet werden kann. Erfolge sind im Ausdauersport mit vernünftigem Essen ohne Präparate bis in die Weltspitze möglich. Nichts gegen die gelegentliche Einnahme eines Eisen- bzw. Multivitaminpräparats oder Isodrinks, aber die wahre Leistungsfähigkeit kommt doch von Talent, Motivation und Trainingsfleiß.

Frauen und LAUFEN

Die kleinen, speziellen Unterschiede: Was bei Frauen anders läuft und worauf sie besonders achten sollten.

Von den Heräen zu Paula Radcliffe

Es lief sehr langsam. Die Frauen mussten sich auch beim Laufen den Weg zur offiziellen Anerkennung sehr hart erkämpfen. Zwar durften Mädchen schon im antiken Sparta an kürzeren Wettkämpfen teilnehmen, aber die Olympischen Spiele in Griechenland waren reine Männersache. Allein schon auf das Zuschauen stand für Frauen die Todesstrafe. Sie hatten um 600 v. Chr. eigene Spiele, die »Heräen«, reine Laufwettbewerbe zu Ehren Heras, der Gattin des Zeus.

»Es widerspricht der Würde der Frauen, wenn sie mit verkrampften Gesichtern und Gliedmaßen sportliche Rekorde sich aufzustellen bemühen und den Männern nachzueifern trachten. Für einen solchen Konkurrenzkampf sollten die Frauen zu stolz sein.« Heinrich Martius, »Das kleine Frauenbuch« (1956)

Geradezu sensationell war das Ansinnen einer Griechin namens Melpomene, am ersten olympischen Marathon der Neuzeit 1896 in Athen teilzunehmen. Obwohl Melpomene bereits einen Probelauf über die 40-Kilometer-Strecke in viereinhalb Stunden vorzuweisen hatte, wurde ihr die Teilnahme verweigert. Melpomene ist nach der griechischen Mythologie eben die Muse der Tragödie. Erst 1984 in Los Angeles wurde der olympische Marathonlauf für Frauen zugänglich.

Der traditionsreiche Boston-Marathon blieb ebenfalls lange eine Männerbastion. Aber 1967 nahm die 20-jährige Amerikanerin Kathryne Switzer heimlich, in Männerkleidung vermummt, teil. Ein Funktionär versuchte, die couragierte Läuferin handgreiflich vom Kurs zu zerren. Vergeblich. Die Bilder von der rüden Attacke gingen damals um die Welt und lösten Empörung aus. Der Bann war gebrochen.

Laufen war aber auch hierzulande lange eine Männerdomäne. Das offizielle Berliner Sportorgan der Deutschen Sportbehörde, »Sport im Wort«, verglich 1904 den Laufstil von Frau und Mann mit dem »Watscheln der Ente zum stolzen Schritt des Rennpferdes«. Noch 1927 ließ man Frauen mit Kinderwagen zur Volksbelustigung um die Wette laufen. Doch unter dem Einfluss von Dr. Ernst van Aaken übernahm Deutschland zeitweilig sogar eine Vorreiterfunktion. 1975 bis 1977 steigerten zuerst Liane Winter und dann Christa Vahlensiek, trainiert von Manfred Steffny, die Weltbestzeit bis auf 2:34:47 Stunden. 2002 lief die Britin Paula Radcliffe beim Chicago-Marathon Weltbestzeit mit 2:17:18 Stunden. Heute eifern Kenianerinnen, Äthiopierinnen und Frauen aus islamischen Ländern mit Olympiasiegen ihren Landsmännern nach. Durch ihre Leistungen und ihre Popularität gewinnt die Emanzipation auch in diesen Ländern an Boden.

> An der Universität von South Carolina konnte man zeigen, dass Frauen und Männer mit gleichen Körperfettwerten (17 Prozent), also gleichem »passiven Ballast«, und gleicher maximaler Sauerstoffaufnahme auch identische Zeiten über 15 Meilen erzielten.

Leistungsunterschiede bei Mann und Frau

Gerade in den Ausdauerdisziplinen könnten Frauen die Männer einholen, spekulierte Dr. van Aaken. Die neunfache New-York-Marathonsiegerin und Marathonweltmeisterin Grete Waitz aus Norwegen meinte dazu: »Solange Frauen noch Frauen sind, glaube ich nicht, dass sie die Männer übertreffen werden.« Man kann aus den Unterschieden der Weltrekorde keine Tendenz der Angleichung mit zunehmender Dauer der Belastung herauslesen. Auch in anderen Ausdauersportarten liegen die Leistungen der Frauen durchschnittlich um 8 bis 14 Prozent hinter denen der Männer (siehe Tabelle, S. 204).

Gene und Hormone sind die Ursachen

Die Ursache ist genetisch bedingt, tritt mit den hormonellen Umstellungen der Pubertät erst deutlich zutage und bleibt bis ins hohe Alter erhalten: Während Frauen bei Gymnastik und Koordination den Männern klar etwas vorturnen oder beim Langstreckenschwimmen durch den erhöhten Körperfettanteil Vorteile (Auftrieb, Schutz gegen Auskühlen) haben, sind sie bezüglich Blut, Herz-Kreislauf- und Lungenleistungsfähigkeit im Ausdauersport

Katrin Dörre ist mit sechs von neun erzielten internationalen Medaillen die erfolgreichste deutsche Marathonläuferin. Sie gewann viele Citymarathons.

benachteiligt. Der Anteil der aktiven Körpermasse (Muskeln, Organe) im Verhältnis zum Fettgewebe und der Testosteronspiegel sind ebenfalls geringer, wodurch Frauen weniger Kraft entwickeln können. Der Bindegewebeapparat und Wirbelsäulenbereich ist etwas anfälliger, was durch vermehrte Rumpfgymnastik ausgeglichen werden kann.

Der kleine Unterschied

Während die Herzfrequenzen und der Laktatspiegel bei Belastung und die Muskelfaserverteilung weitgehend gleich sind, gibt es deutliche Unterschiede zwischen Männern und Frauen in anderen Bereichen der Konstitution und Physiologie. Frauen:

- Sind 10 bis 15 Zentimeter kleiner und 10 bis 15 Kilogramm leichter als Männer
- Haben rund acht Prozent mehr Körperfett
- Haben weniger Muskulatur (Frauen: 25 bis 30 Prozent, Männer: 40 bis 50 Prozent)
- Haben leichtere Knochen, einen etwas schwächeren Bandapparat, aber flexiblere Muskeln
- Können, wenn sie hohe Absätze im Alltag tragen, durch Muskelverkürzung eher zu Achillessehnenbeschwerden neigen
- Haben einen bis zu 40 Prozent höheren funktionellen Fettgehalt (Lipide) in den Muskelzellen

Weltrekorde von Männern und Frauen im Vergleich

Distanz	Männer	Frauen	Differenz (%)
100 m	9,78 sec	10,49 sec	7,3
400 m	43,18 sec	47,60 sec	10,2
800 m	1:41,11 min	1:53,28 min	12,0
1500 m	3:26,00 min	3:50,46 min	12,0
5000 m	12:39,36 min	14:28,09 min	14,3
10 000 m	26:22,75 min	29:31,78 min	11,9
21,1 km	59:17,00 min	1:06:43 h	12,9
Marathon	2:05:38 h	2:17:18 h	9,3
100 km	6:10:20 h	7:00:48 h	13,6

Stand 02/2003

- Sind im Wirbelsäulenbereich etwas anfälliger als Männer
- Haben ein rund 10 bis 15 Prozent kleineres relatives Herzvolumen
- Haben eine kleinere Lunge und geringere Atemleistung
- Haben weniger rote Blutkörperchen und 10 bis 15 Prozent weniger Hämoglobin (Frau: um 14, Mann: um 15,5 g/dl Blut) und dadurch eine niedrigere Sauerstofftransportkapazität
- Haben einen niedrigeren Blutdruck
- Haben eine in Bezug auf das Körpergewicht um 15 Prozent niedrigere maximale Sauerstoffaufnahmekapazität (für Topläuferinnen gilt: 70, Topläufer: 80 ml O_2/kg)
- Haben um 20 Prozent weniger Zellkraftwerke (Mitochondrien)
- Haben einen über zehnmal niedrigeren Testosteronspiegel (also weniger Kraft)
- Benötigen eine höhere Adrenalinausschüttung, um sich maximal anaerob zu belasten

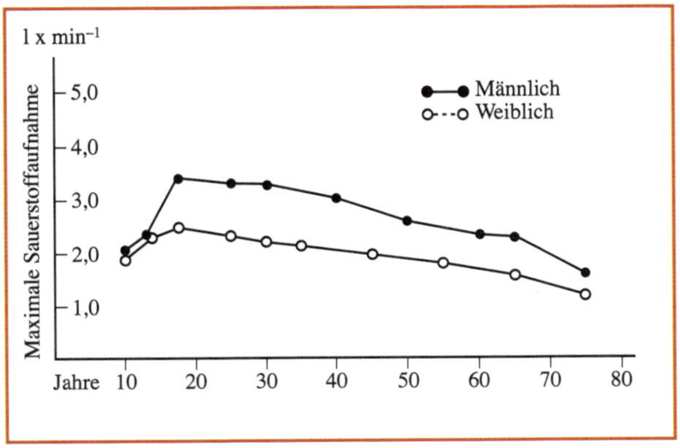

Maximale Sauerstoffaufnahme bei Männern und Frauen: Die Ausdauerfähigkeit von Frauen ist nach der Pubertät und mit zunehmendem Alter niedriger als bei Männern. Wer sie allerdings trainiert, kann so fit sein wie ein 20 Jahre jüngerer Mensch.
Quelle: Steffny Run Fit Fun 97, nach W. Hollmann und Th. Hettinger (1990)

Wo Frauen im Vorteil sind

Frauen haben aber auch Vorteile im Sport. Auf gleicher prozentualer Belastungsstufe laufen Frauen bei ohnehin geringerem Gewicht langsamer und belasten dadurch den Bewegungsapparat weniger, die Regenerationszeiten sind etwas kürzer. Sie können offenbar besser als Männer freie Fettsäuren verbrennen. Spitzenläuferinnen stehen heute Männern mit zweimal Training am Tag nicht nach. Sie trainieren viel häufiger als Männer für Fitness und Figur, denn Laufen macht nicht nur schlanker, sondern gibt auch wohlgeformte Beine. An Wettkämpfen beteiligen sie sich weniger. Noch stellen sie bei den meisten Rennen nur 10 bis 15 Prozent der Teilnehmer. Insofern ist das mögliche Potenzial, vor allem in der Dritten Welt, noch gar nicht ausgeschöpft.

Auswirkungen auf die Gesundheit

Die Regelblutung und der Hormonhaushalt

Am New-York-Marathon beteiligen sich mit rund 6000 Läuferinnen die meisten Frauen. An reinen Frauenläufen wie dem Grete-Waitz-Run in Norwegen nehmen rund 45 000 Joggerinnen teil.

Es gibt normalerweise keinen Grund, während der Periode nicht zu laufen. 1996 siegte die Weltklasseläuferin Uta Pippig trotz Monatsbeschwerden beim Boston-Marathon. Allerdings empfinden Frauen die Beschwerden sehr unterschiedlich, so dass hier jede Frau selbst entscheiden muss, ob Laufen jetzt angebracht ist oder nicht.

Das eigene Befinden entscheidet

Laufen bewirkt bei vielen Frauen, dass Monatsbeschwerden zu peinigenden Krämpfen werden. Bei anderen wiederum verkürzt sich die Blutungsintensität und -dauer. Depressionen können abgeschwächt verlaufen. Läuferinnen berichten, individuell sehr unterschiedlich, über ein läuferisches Hoch, teilweise sogar während und nach der Regel. In der zweiten Zyklushälfte sinkt das Leistungsvermögen dagegen oft wieder ab.

Wenn die Periode ausbleibt

Fitnessläuferinnen haben normalerweise keine Probleme mit Regelstörungen. Aber bei jungen Mädchen, die frühzeitig mit Leistungssport begonnen haben, kann sich der Eintritt der ersten Regelblutung verzögern. Bei nicht wenigen Spitzensportlerinnen, wie auch bei Grete Waitz, gibt es Regelstörungen, oder die Menstruation fällt vollends aus. Hier sollte bei längerem Ausbleiben ärzt-

Bei Älteren kann schon zweimaliges Training pro Woche die Muskelmasse, Kraft und Knochendichte steigern.

licher Rat eingeholt werden. Auch Unfruchtbarkeit ist im Extremfall bei Hochleistungstraining möglich.

Die Ursachen sind vielfältig: funktionelle Störung infolge starker Abnahme und niedrigem Körperfettanteil, Verschiebungen im Hormonhaushalt, auch durch die physische und psychische Belastung und durch Ernährungsfehler. Spitzenläuferinnen haben teilweise nur 12 bis 14 Prozent Körperfettanteil gegenüber ca. 25 Prozent bei Frauen, die keinen Extremsport betreiben. Das Ausbleiben der Regel kann als eine Anpassung, ein natürlicher Schutzmechanismus aus Urzeiten gedeutet werden: In Hungerszeiten war es nicht sinnvoll, schwanger zu werden. Nach dem Absetzen des Leistungstrainings stellt sich die Monatsblutung normalerweise wieder ein.

Eisenmangel und Laufen

Frauen haben von Natur aus niedrigere Hämoglobinwerte und weniger rote Blutkörperchen als Männer. Hinzu kommen die Regelblutungsverluste und die zum Teil extrem vegetarische Ernährung bei vielen Läuferinnen. Leistungsorientierte Läuferinnen sollten regelmäßig ihre Eisenwerte untersuchen lassen und bei einer Anämie nach Rücksprache mit dem Arzt Eisenpräparate einnehmen.

Schwangerschaft bedeutet kein Ende der Karriere. Nicht nur die Norwegerin Ingrid Kristiansen lief nach der Geburt ihres Sohnes Gaute Weltrekord, auch die erfolgreichste deutsche Marathonläuferin Katrin Dörre erzielte nach der Geburt von Tochter Katharina Bestzeit und weitere Siege.

Auswirkungen auf Krebs- und Osteoporoserisiko

Ausdauersport reduziert das Fettgewebe. Dabei senkt sich der Östrogenspiegel ab. Wahrscheinlich ist dies der Grund, warum Läuferinnen nur halb so oft an Brust- und Unterleibskrebs erkranken. Andererseits birgt ein niedriger Östrogenspiegel bei Spitzensportlerinnen ein erhöhtes Osteoporoserisiko. Ermüdungsbrüche können die Folge sein. Als Vorbeugung muss eine Hormontherapie erwogen und frühzeitig auf eine ausreichende Kalziumversorgung geachtet werden. Kaffee, Zigaretten, Stress und Alkohol stören den Kalziumhaushalt zusätzlich. Bei Fitnessläuferinnen ohne Regelstörungen hat man andererseits sogar eine erhöhte Knochendichte festgestellt.

Schwangerschaft und Laufen

Schon Plato empfahl schwangeren Frauen Bewegung, aber bestimmt waren damit keine Wettkämpfe gemeint. Ingrid Kristiansen, Exweltrekordlerin im

Von wegen Babypause: Auch in der Schwangerschaft ist Bewegung sinnvoll.

Marathonlauf (2:21:06 Stunden), bestritt in Unkenntnis ihrer Schwangerschaft noch im fünften Monat Rennen. Sie joggte bis kurz vor der Geburt ihres Sohnes und nahm das Training bereits neun Tage später wieder auf.

Wer es gewohnt ist zu laufen, kann bei normalem Schwangerschaftsverlauf nach Körpergefühl und in Abstimmung mit dem Arzt mit weniger Ehrgeiz weiterlaufen, sollte aber intensive und lange Belastungen, vor allem bei Wärme, sowie Erschütterungen vermeiden. Schon aufgrund der höheren orthopädischen Belastung sollte das Tempo langsam sein. Walking, Rad fahren oder Schwimmen kann in den letzten Schwangerschaftsmonaten die ideale Alternative sein. Als biologische Anpassung ist der Fötus in der Fruchtblase und im Fruchtwasser gut geschützt. Auch sind die Rumpfmuskeln trainierter Mütter stärker. Ein Gymnastikprogramm mit Kräftigung von Bauch und Rücken sollte unbedingt beibehalten werden. Läuferinnen fühlen sich während der Schwangerschaft meist wohler, nehmen weniger unnötiges Gewicht zu und kommen nach der Geburt wieder schneller in Form.

Weltklasseläuferinnen sind oft unter 1,60 Meter groß und wiegen unter 50 Kilogramm. Ihr Body-Mass-Index liegt um 18. Normalbürger sind häufig übergewichtig. Ihr BMI liegt bei 23 bis 30.

Magersucht und Laufen

Magersucht oder Anorexie findet sich nicht selten unter Läuferinnen bis hin in die nationale und internationale Spitze. Im typischen Fall handelt es sich um überdurchschnittlich intelligente, sportliche, introvertierte Heranwachsende aus gutem Haus, die mit sich selbst unzufrieden sind. Diät- und Schlankheitswahn, das Idol der Magermodels und Barbiepuppen tun ihr Übriges. Das Essen wird verweigert – ein Spiel mit der Gesundheit mit entsetzlichen Folgen.

Die Laufleistung hängt bis zu einem gewissen Maß vom Gewicht ab; insofern kann der Sport sogar als Alibi und Deckmantel für Magersucht dienen. Als Ursache werden Störungen in der Geschlechtsidentifikation, Erziehungsdruck und familiäre Zerrüttung angenommen. Magersüchtige Mädchen und Frauen gehören in psychotherapeutische Behandlung.

Ausrüstung und Sicherheit

Sport-BH für aktive Frauen

Je nach Brustgröße und nach eigenem Wohlbefinden sollte man mit einem speziellen Sport-BH oder Bustier laufen. Ein gutes Modell mit Tragekomfort scheuert und reibt nicht. Die breiten Träger und die Körbchen sollten aus atmungsaktivem Material wie Coolmax oder Mikrofaser und nicht zu elastisch sein, um auch bei großem Busen einen festen Sitz zu gewährleisten. Dadurch wird das Bindegewebe nicht unnötig belastet.

Stoppen Sie Ihren chronisch zu schnell trainierenden Ehemann, der angeblich nicht mit Ihnen langsam laufen kann, mit einem Baby Jogger. So ausgebremst, kommen er und der Rest der Familie auf ihre Kosten.

Achten Sie auf störende Nähte. Am Rücken gekreuzte Träger rutschen nicht über die Schultern. Modelle aus Kunstfasern halten lange und leiern nicht aus.

Baby Jogger – der geländegängige Laufkinderwagen

Laufende Eltern haben ihre helle Freude an diesem zusammenklappbaren Laufkinderwagen mit extra großen, leicht laufenden Rädern und Alurahmen. Das Baby oder Kleinkind ist im Sicherheitsgurt beim Laufen, Wandern oder umgebaut als Fahrradanhänger dabei. Durch die Liegesitzposition hat man gleichzeitig ein Bett zur Verfügung. Die hochwertigen originalen Baby Jogger gibt es als Einsitzer und auch als Zwillingswagen; es gibt aber auch viele preiswerte Nachbauten.

16 Tipps – so laufen Frauen sicherer

Frauen sind in erheblich größerem Maß als Männer Belästigungen und sogar Übergriffen ausgesetzt. Andererseits machte gerade der Joggingboom viele Stadtwälder und Parks wie den Central Park in New York sicherer. Seien Sie dennoch immer auf der Hut. Tipps, wie Sie Gefahren vermeiden können:

- Bringen Sie Ihrem ehrgeizigen Partner die Vorzüge des ruhigen Joggings (mit Ihnen) bei.

Fetziger Familienspaß: Im geländegängigen Baby Jogger kann auch das kleinste Kind immer dabei sein.

- Laufen Sie besser zu zweit oder in der Gruppe.
- Laufen Sie möglichst tagsüber.
- Meiden Sie unübersichtliche und dunkle, unsichere Gegenden.
- Variieren Sie die Laufstrecken und die Trainingszeit, damit niemand Ihre Gewohnheiten ausspionieren kann.
- Informieren Sie Vertraute, wann und wo Sie laufen.
- Tragen Sie für den Notfall einen Ausweis mit sich.
- Reagieren Sie nicht auf verbale Attacken.
- Tragen Sie keinen teuren Schmuck.
- Laufen Sie nicht mit Walkman oder CD-Player – Sie hören Angreifer nicht.
- Verstecken Sie Ihren Auto- bzw. Haustürschlüssel nicht am Pkw, wie das viele tun.
- Laufen Sie eventuell mit Hund.
- Sie können eine Trillerpfeife dabeihaben.
- Ängstliche werden leichter zum Opfer – bleiben Sie forsch und selbstbewusst.
- Beschäftigen Sie sich mit Selbstverteidigungstechniken.
- Resolute Frauen gehen mit Tränengas oder Elektroschockgeräten in die Offensive. Das macht aber nur einen Sinn, wenn Sie den Gebrauch dieser Verteidigungswaffen geübt haben und auch entschlossen sind, sie einzusetzen.

In der Gruppe läuft es sich nicht nur geselliger, sondern auch sicherer. Einen Lauftreff gibt es vielleicht auch in Ihrer Gegend. Fragen Sie am besten bei Sportvereinen, beim Stadtsportamt oder beim Bürgermeisteramt nach.

Erste Hilfe bei VERLETZUNGEN

Die Gefahr der Überlastung: Warum Laufen Schwerstarbeit ist und was Sie tun sollten, wenn der Körper Schmerzsignale sendet.

Laufen ist Schwerstarbeit

Laufen wirkt zwar leicht, aber beim Laufen sind auch ungeheure Kräfte im Spiel. Deswegen ist ein sauberer Laufstil sehr wichtig – um das Verletzungsrisiko zu minimieren.

Bei Wettbewerben wie Weltmeisterschaften oder Olympischen Spielen überbieten sich die Fernsehberichterstatter gern mit raffinierten Studien – auch vom Laufen. Da werden Start oder Finish und entscheidende Phasen geradezu seziert und in extreme Zeitlupe aufgelöst. Wir können faszinierende Bilder sehen, die den brutalen Körpereinsatz und Kampf eines Athleten veranschaulichen. Wir können aber auch erkennen, dass die vermeintliche Leichtigkeit des Laufens täuscht – beim Laufen sind ungeheure Kräfte im Spiel. Und nicht nur, wenn Topathleten spurten, sondern auch, wenn Jogger ihre Trainingsrunde drehen, mit ganz normalem Tempo.

Selbst die Augäpfel werden nicht verschont. »Bei jeder Abwärtsbewegung des Fußes werden sie nach oben in die Augenhöhle gedrückt und dort zu einer Art flachen Hohlkugel gequetscht. Die Eingeweide schlagen mit einem klatschenden Geräusch nach oben gegen die Leber. Die Zentrifugalkraft zerrt an den pendelnden Armen des Läufers, lässt Finger und Handgelenke so kräftig nach außen streben, dass sie sich vom Arm lösen würden, hielten sie nicht die ständig gespannten Muskeln des Unterarms fest. Mit diesem Ziehen und Zerren geht eine Drehbewegung einher, während die Beine um die Mittelachse des Körpers herum von außen nach innen die beste Position für einen Geradeausschritt suchen und die Arme in Gegenrichtung schwingen, um die Kräfte auszubalancieren.«

Dies ist Teil einer Beschreibung des britischen Wissenschaftlers David Bodanis (»Der geheimnisvolle Körper«), der mal aus Spaß den komplizierten Ablauf alltäglicher Körperfunktionen akribisch aufgelistet hat. Allein für die Beschreibung der Biomechanik des Laufens benötigt er 400 Zeilen. Aufsetzen,

abrollen, abdrücken – enorm, was dabei die Füße und Beine aushalten müssen. Während ein Bein nach vorne schnellt, ist das Fleisch auf dem Oberschenkel einer grotesken Rollbewegung ausgeliefert – bis das Bein stampfend den Boden berührt. Dann knallt das ganze Körpergewicht auf das Fersenbein. Auch sämtliche Knochen im Vorfuß müssen diese heftige Stauchung aushalten. Für einen kurzen Moment wird der Fuß nach außen gedrückt und flach gewalkt wie Teig von einem Nudelholz. Durch die Vorwärtsbewegung des Laufens hat der Körper so viel Schwung, dass die Füße den Körper aufwärts- und voranreißen.

Der stampfende Läufer bekommt von dem plötzlich gestrafften Fußknochen einen mächtigen Abstoß. Einen Augenblick lang gewinnt er seine Antriebskraft daraus, dass sein Standbein fest auf dem Boden ruht und vom Körper wegstrebt. Doch leider wird gleich, nachdem das Fleisch auf dem Oberschenkel erneut getanzt hat, der ganze Prozess wiederholt. Und zwar rund 1000-mal pro Kilometer.

Bei einer großen Leserbefragung des amerikanischen Fachorgans »Runner's World« kam heraus, dass jedes Jahr die Hälfte aller Läufer ihr Trainingsprogramm unfreiwillig unterbrechen muss – wegen Verletzungen.

Die Gefahr der Überlastung

Spätestens jetzt dürfte wohl deutlich sein, wie erheblich unser Körper beim Laufen beansprucht wird. Wir sollten akzeptieren, dass unser Körper nur ein bestimmtes Maß an Beanspruchung verkraften kann. Die Grenze ist individuell unterschiedlich. Sie hängt von Alter, Umfang und Intensität des Trainingspensums, von der Anatomie des »Fahrgestells« und dem Anteil des Körperfetts, von der Wahl der richtigen Laufschuhe und dem allgemeinen Trainingszustand des Läufers ab.

Grundsätzlich aber gilt: Jeder hat seine Gesundheit selbst in der Hand. Sie können Verletzungen weitgehend vermeiden:

- Wenn Sie Ihr Training richtig dosieren
- Wenn Sie auf die Signale Ihres Körpers hören

- Wenn Sie Ihrem Körper genügend Zeit zur Erholung geben
- Wenn Sie der ausgekühlten Muskulatur nicht plötzlich große Leistung abverlangen
- Wenn Sie Ihren Körper vor Überbeanspruchung bewahren
- Wenn Sie regelmäßig Gymnastik betreiben
- Wenn Sie optimale Schuhe tragen
- Wenn Sie bei Dunkelheit, auf Schnee und Eis umsichtig und mit passender Ausrüstung laufen

Ein maßvolles Trainingspensum finden

Besonders die ersten Monate sind kritisch, weil Muskulatur, Gelenke, Sehnen und Bänder noch nicht an die Belastungen gewöhnt sind. Also: Sie sollten Ihr Trainingsprogramm vorsichtig aufbauen.

Das gilt besonders nach einer Verletzungspause. Steigen Sie mit halber Kraft wieder ein – reduzieren Sie Ihre Trainingsbelastung auf etwa 50 Prozent. Auch, wenn Sie für längere Zeit ausgesetzt haben, beispielsweise im Winter. Die Statistik enthüllt: Im März und April verletzten sich die meisten Läufer. Hauptursache: Sie gehen zu rasch in die Vollen. Vernünftige Regel: Steigern Sie Ihr Trainingspensum pro Woche um höchstens zehn Prozent.

Zu viel, zu oft, zu schnell – das sind die Trainingsfehler, die am häufigsten zu Verletzungen führen. Bei Laufeinsteigern ist das Verletzungsrisiko größer als bei Fortgeschrittenen.

Wenn der Körper Schmerzsignale sendet

Schmerzen sind eine natürliche, segensreiche Reaktion unseres Körpers. Schmerzen sind immer ein verlässliches Warnzeichen, dass etwas nicht stimmt. Vermutlich verkraftet der Körper eine Belastung nicht, er bittet nun auf seine Weise – durch warnende Schmerzsignale – um Ruhe und Schonung. Sie sollten solche Stoppsignale immer ernst nehmen. Fragen Sie sich selbstkritisch: »Habe ich falsch trainiert?« Laufen Sie auf keinen Fall gegen einen Schmerz an.

Wie Sie Überbelastungen vermeiden können

Wenn Sie sich lustlos fühlen, schon vor dem Laufen erschöpft sind oder ein Stechen in den Muskeln spüren – lassen Sie es langsam angehen. In jedem Fall sollten Sie Ihr Laufpensum reduzieren:

- Bei größerer Hitze (über 28 °C)
- Bei größerer Kälte (unter –10 °C)
- Bei hoher Luftfeuchtigkeit (über 80 bis 85 Prozent)
- Bei erheblichem Schlafdefizit
- Bei beruflich starkem Stress
- Nach reichlichem Alkoholkonsum
- Wenn die Muskeln stark schmerzen

Sie sollten Ihr Training unbedingt unterbrechen bzw. gar nicht erst damit beginnen:

- Wenn Sie beim Atmen ungewohnt keuchen oder sogar unter Atemnot leiden
- Wenn Sie unangenehm müde sind
- Wenn Sie im Gesicht blass sind oder schon blaue Lippen haben
- Wenn Sie Schmerzen an Gelenken oder Sehnen verspüren
- Wenn es über dem Brustbein schmerzt
- Wenn Sie ungewohnte Signale wie übermäßiges Schwitzen oder ein Schwindelgefühl spüren
- Wenn Sie Fieber haben

Die häufigsten Läuferverletzungen (in Prozent)

Wo verletzt	Männer	Frauen
Knie	23,0	21,3
Achillessehne/Wade	16,2	4,3
Mittelfuß	10,5	9,5
Zehennagel	9,3	1,7
Hüfte/Leiste	8,5	14,7
Ferse	8,2	4,0
Knöchel	6,5	13,3
Schienbein	6,0	20,0
Kniesehne	1,8	5,1
Rücken	1,8	2,0

Häufige Beschwerden behandeln

Fuß geprellt oder verstaucht? Schmerzen am Knie, an der Achillessehne oder der Schienbeinknochenhaut? Pech gehabt? Bei allen Akutverletzungen können Sie nach der P-E-C-H-Formel selbst Schadensbegrenzung betreiben:

- P wie Pause (Ruhe)
- E wie Eis (rasche Kühlung, mehrmals täglich für 10 bis 15 Minuten anwenden)
- C wie Compression (Druck, z. B. durch elastische Binden)
- H wie Hochlagern (bis zu 48 Stunden lang)

Ruhe kann Laufpause heißen oder auch Ausweichen auf einen Ausgleichssport – je nach Art der Verletzung. Jedenfalls muss diese in Ruhe ausheilen können.

Diese Sofortmaßnahmen richten sich gegen die Entzündung, die jeder Verletzung zwangsläufig folgt. Auch eine Entzündung ist eine normale Reaktion des Körpers auf eine Verletzung. Die Symptome: Rötung, Schwellung, Schmerzen. Außerdem erhitzt sich der Entzündungsherd, und der verletzte Körperteil ist nicht mehr voll funktionsfähig. Ruhigstellung ist das Wichtigste.

Hausrezepte von A bis Z

Achillessehnenreizung

- **Ursache:** Die Achillessehne verbindet die beiden großen Wadenmuskeln und befestigt sie an der Rückseite des Fersenbeins. Beschwerden sind Folge von Fehl- oder Überbelastung durch z. B. ungewohnt hohe Trainingsintensität oder falsches bzw. altes Schuhwerk oder Überpronation. Die Wadenmuskulatur ist nicht elastisch genug.
- **Was hilft:** Nach dem Training Eispackungen. Belastung reduzieren. Schuhe überprüfen. Trainingspause, Aquajogging, Rad fahren, eventuell zum Arzt.

Hier läuft was schief: Wenn der Fuß nach innen knickt (Überpronation), drohen Achillessehnen- und Kniebeschwerden.

Vorbeugung: Gutes Schuhwerk (mit innen verstärkter Mittelsohle und stabiler Fersenkappe). Fuß mit hartem Fersenkeil leicht erhöhen. Regelmäßiges Stretching der Wadenmuskulatur. Die Belastung behutsam steigern. Laufen auf ebenem Untergrund.

Blasen

- **Ursache:** Aufgrund von Reibung sammelt sich Gewebeflüssigkeit zwischen der inneren und äußeren Hautschicht.
- **Was hilft:** Nur bei kleineren Blasen ist Selbstbehandlung möglich: mit desinfizierter Nadel hineinstechen, damit die Flüssigkeit ablaufen kann. Danach die Haut sorgfältig desinfizieren und mit sterilem Verband (z. B. »Second Skin«) abdecken. Wenn nötig, Behandlung wiederholen. Bei größeren, schmerzhaften Blasen zum Arzt.
- **Vorbeugung:** Sorgfältige Fußhygiene. Faltenfreie, saubere Strümpfe. Neue Schuhe gut einlaufen, Druckstellen einreiben (Hirschtalg).

Vorsicht, Blasengefahr: Wenn Sie neue Schuhe einlaufen, Druckstellen oder Falten in den Strümpfen ignorieren, können Ihre Füße Ihnen das verübeln.

Blaue Zehennägel

- **Ursache:** Wenn die Laufschuhe zu klein oder zu eng oder auch zu groß sind, werden die Fußnägel gereizt und geprellt. Das führt zur Entzündung und eventuell zu Blutungen. Der Nagel färbt sich blauviolett, das Nagelbett schwillt schmerzhaft an.

- **Was hilft:** Reinigen, desinfizieren und den Nagel mehrfach durchbohren, damit das Blut ablaufen kann (sollte besser ein Arzt machen). Danach Desinfektion, steriler Druckverband. Der Nagel darf nicht entfernt werden.
- **Vorbeugung:** Mit passenden Schuhen laufen. Nägel schneiden.

Bänderdehnung

- **Ursache:** Passiert häufig beim Laufen auf unebenem Boden oder bei Unachtsamkeit: Der Fuß knickt um. Die Folge: Verstauchung (Distorsion) des Sprunggelenks mit Bänderdehnung oder -riss.
- **Was hilft:** Kälte, Kompressionsverband, Hochlagern – den Fuß ruhig stellen. Danach sollte ein Arzt das Ausmaß der Verletzung untersuchen. Wenn Bänder gerissen sind, ist eine sechswöchige Ruhigstellung wichtig.
- **Vorbeugung:** Regelmäßige Kräftigung der Unterschenkelmuskeln (Schienbein-, Waden-, Fußmuskulatur). Anfällige Läufer sollten höhere Schuhe oder Bandagen tragen und unebenes Gelände meiden.

Immer reichlich trinken! Eine Grundregel, die Läufer konsequent beherzigen sollten – besonders, wenn es heiß ist.

Dehydrierung

- **Ursache:** Zu wenig getrunken, zu viel geschwitzt – wenn Sie außerordentlich viel Körperflüssigkeit verloren haben. Die Symptome: Durst, Schwäche, Schwindelgefühl, eventuell Brechreiz. Starke Dehydrierung führt zu Krämpfen, mitunter zu Schüttelfrost.
- **Was hilft:** Schattiges Plätzchen suchen, reichlich trinken – und selbstverständlich das Training abbrechen.
- **Vorbeugung:** Immer reichlich trinken.

Ischiasbeschwerden

- **Ursache:** Reizung des Ischiasnervs. Durch fehlerhaften Laufstil (Überpronation, Unterpronation, verspannte Oberschenkel- und Gesäßmuskulatur),

schwache Bauchmuskeln oder biomechanische Probleme (unterschiedliche Beinlänge, Rückenzerrung) können diese brennenden Kreuzschmerzen im Gesäßbereich auftreten und bis in den Fuß ausstrahlen.

- **Was hilft:** Kein Eis (!), sondern entzündungshemmende Medikamente und Wärme. Locker gehen oder laufen; im Sitzen können sich die Probleme noch verstärken; vom Arzt behandeln lassen.
- **Vorbeugung:** Auf gute Sitzhaltung achten. Dehnübungen für Oberschenkelrückseite, Hüftbeuger, Liegestütze, Rücken- und Bauchmuskeltraining.

Allererste Maßnahme, wenn Sie beim Laufen umgeknickt sind: den verletzten Fuß hochlagern und ruhig stellen.

Knieschmerzen

- **Ursache:** Nachlässiger Laufstil, zu intensives Training oder zu schnell gesteigerter Trainingsumfang. Beim Fersenaufsetzen kann der Oberschenkelstrecker mit großer Kraft aufs Kniegelenk gepresst werden. Sie spüren den Schmerz rund um die Kniescheibe. Gefahr von Einklemmung oder Verschleiß der Menisken, Fehlstellungen.
- **Was hilft:** Wenn sich durch Drücken um die Kniescheibe herum ein Schmerzpunkt finden lässt – mit Eis behandeln. Wenn eine Schwellung erkennbar ist – einen Sportorthopäden aufsuchen.
- **Vorbeugung:** Stretching und Kräftigungsübungen der beteiligten Muskelgruppen. Maßvoller Trainingsaufbau, optimale Schuhe.

Knöchelverstauchung

- **Ursache:** Durch Umknicken des Fußgelenks werden die Bänder gezerrt und überdehnt und entzünden sich. Eine Verstauchung zweiten Grades bedeutet: teilweiser Riss von einem oder zwei Bändern. Dritten Grades heißt: Abriss aller drei Bänder.
- **Was hilft:** Den verletzten Fuß hochlagern, ruhig stellen. Drei- bis viermal täglich Kältebehandlung. Nach 12 bis 24 Stunden mit Wärme gegen den Blut-

erguss vorgehen. Wenn das Gelenk anschwillt und bewegungsunfähig wird – zum Arzt.

- **Vorbeugung:** Kräftigungsübungen für die Füße, umsichtig laufen – besonders auch auf ungewohntem Belag.

Leistenzerrung

- **Ursache:** Zerrung eines Adduktorenmuskels (Oberschenkelinnenseite).
- **Was hilft:** Eis, entzündungshemmende Medikamente. Bei länger anhaltenden Schmerzen zum Sportarzt.
- **Vorbeugung:** Gezielte Dehnübungen: rückseitige Oberschenkelmuskulatur, Vorderseite, Adduktoren.

Metatarsalgie (Schmerzen am Mittelfußköpfchen)

Kampf dem Muskelkrampf: vorsichtig dehnen!

- **Ursache:** Fehlstellung eines Metatarsalknochens, der dadurch höherer Druckbelastung ausgesetzt ist. Der Schmerz im Bereich der Mittelfußknochen fühlt sich an, als hätte man ein Steinchen im Schuh.
- **Was hilft:** Den Druck auf die verletzte Stelle reduzieren, entweder durch ein spezielles Ballenkissen oder ein Loch in die Einlegesohle schneiden.
- **Vorbeugung:** Gut gedämpfte Laufschuhe , eventuell Einlegesohlen.

Muskelkrämpfe

- **Ursache:** Treten besonders bei großer Hitze auf, wenn dem Körper durch starkes Schwitzen Wasser, Mineralien, vor allem Magnesium und Kalium, verloren gehen; verspannte Muskulatur.
- **Was hilft:** Sofort die Belastung unterbrechen. Die verkrampften Muskeln vorsichtig dehnen, den Gegenmuskel anspannen.
- **Vorbeugung:** Reichlich trinken gegen die Dehydration, sorgfältig aufwärmen, Dehnungsübungen.

Geschafft: der brasilianische Marathonläufer Vanderlei de Lima und seine lädierten Füße.

Muskelzerrung

- **Ursache:** Wenn die Muskulatur abrupt oder an der Leistungsgrenze beansprucht (beispielsweise überdehnt) wird, kann es zu Zerrungen und Rissen kommen. Gefährdet sind besonders schlecht durchblutete, verhärtete Muskelbereiche. Ein stechender Schmerz signalisiert dann die Verletzung.
- **Was hilft:** Eine Laufpause einlegen. Kühlen mit Eis, Kompressionsverband. Das Bein hochlagern.
- **Vorbeugung:** Regelmäßiges Stretching und gezielte Kräftigungsübungen, sorgfältig aufwärmen.

Durch regelmäßiges Stretching und gezielte Kräftigungsübungen lassen sich schmerzhafte Muskelzerrungen vermeiden.

Plantarfascitis (Fußsohlenentzündung)

- **Ursache:** Druckschmerz, der bei Überlastung, auch durch Fehlstellung des Fußes (Überpronation, Plattfüße), entsteht, wenn die Sehnenplatte an der Fußunterseite überdehnt wird. Am Fersenansatz entstehen kleine Risse, die zur Entzündung führen.

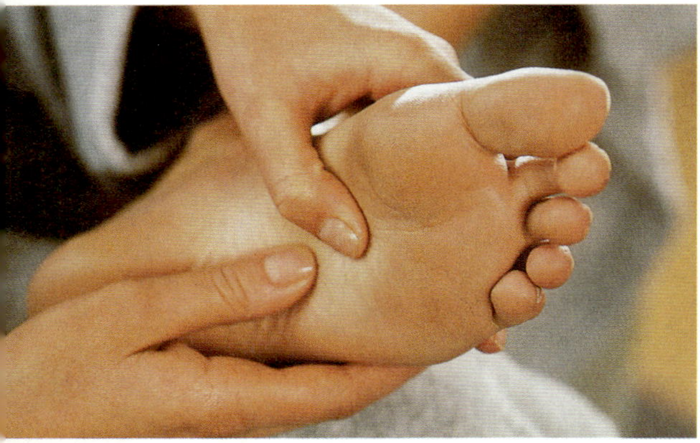

Fußpflege: Sorgsame Hygiene und regelmäßige Massagen schützen vor vorzeitigem Verschleiß des Läuferfahrgestells.

- **Was hilft:** Das Fußgewölbe stützen durch Laufschuhe mit stabiler Mittelsohle. Eventuell den Mittelfußbereich tapen oder spezielle Einlage tragen.
- **Vorbeugung:** Stretching der Wadenmuskulatur vor und nach dem Training, Fußgymnastik und sorgfältige Fußpflege, Dehnung der Plantarmuskeln.

Prellung

- **Ursache:** Stumpfe Gewalteinwirkung. Es besteht immer die Gefahr, dass Knochen, Blutgefäße oder Nerven verletzt wurden – deshalb zum Arzt!
- **Was hilft:** Eis, kalte Umschläge, Kompression, Hochlagern, um Schwellung und Bluterguss gering zu halten. Möglichst bald isometrische Übungen, Anspannen der betroffenen Muskulatur. Keine Massagen!
- **Vorbeugung:** Umsichtig laufen.

Abgelaufene Schuhe können zum Gefahrenherd werden und beispielsweise zu einer unangenehmen Knochenhautentzündung führen.

Schienbeinschmerzen (Knochenhautreizung)

- **Ursache:** Oft harter Untergrund, auch abgelaufene Schuhe, zu lange Trainingsläufe. Die Überlastung der Knochenhaut des Schienbeins und der ansetzenden Muskulatur entsteht besonders bei extremer Überpronation. Denn bei jedem Aufsetzen des Fußes wird der vordere Schienbeinmuskel gleichzeitig gedehnt und angespannt.

- **Was hilft:** Nach dem Laufen Eis, entzündungshemmende Medikamente. Wadenmuskulatur dehnen. Ein paar Tage Trainingspause. Evtl. zum Sportarzt.
- **Vorbeugung:** Regelmäßiges Kräftigen der Schienbeinmuskulatur.

Sehnenzerrung

- **Ursache:** Plötzliche Fehlbelastung wie Umknicken oder Verdrehen eines Gelenks, unkontrollierte Aktion.
- **Was hilft:** Ruhigstellen im Stützverband, mit Eis kühlen, pausieren.
- **Vorbeugung:** Regelmäßiges Stretching.

Verrenkung

- **Ursache:** Knochen, die das Gelenk bilden, werden vollkommen gegeneinander verdreht. Manchmal springen sie anschließend wieder in ihre alte Position zurück. Wenn nicht, ist das eine schwer wiegende Verletzung (Luxation), mit heftigen Schmerzen verbunden. Das Gelenk schwillt an. Zum Arzt!
- **Was hilft:** Das verletzte Gelenk hochlagern, kühlen, ruhig stellen.
- **Vorbeugung:** Vor dem Laufen aufwärmen, Kräftigungsübungen. Nach überstandener Verletzung das betroffene Gelenk mit einem Verband oder einer Bandage stützen.

Bei Verrenkungen ist Vorsicht angebracht. Im Zweifelsfall immer zum Arzt!

Wolf (Wundscheuern)

- **Ursache:** Starke Reibung der Haut mit Salzkristallen des Schweißes an den Innenseiten der Oberschenkel oder unter den Armen.
- **Was hilft:** Die aufgeriebenen Stellen mit Vaseline oder Talkum behandeln, eventuell einen Verband darüber legen.
- **Vorbeugung:** Hygiene; auf andere Laufbekleidung (Nähte?) umsteigen. Laufhosen aus Baumwolle meiden (halten Schweiß länger). Empfehlenswert: Tights aus Kunstfasern. Vorher empfindliche Stellen mit Vaseline eincremen.

Wo läuft was: Treffs und TERMINE

Die attraktivsten Laufseminare. Die reizvollsten Läufe der Welt. Die wichtigsten Adressen.

Laufen mit **Experten** lohnt

Tennislehrer, Skilehrer, Reitlehrer – die nehmen wir als Anfänger gern und ganz selbstverständlich in Anspruch. Auch fürs Laufen bieten sich Profis an.

Viele wissen gar nicht, dass es so was gibt. Und viele, die schon mal davon gehört haben, fragen verständnislos: Was soll das außer einem Gruppenerlebnis mit Gleichgesinnten bringen – so ein Laufseminar? Komisch, wer Reiten, Skilaufen, Tennis oder Golf lernen will, findet es völlig normal, einen Lehrer zu buchen und einen Kurs mitzumachen. Aber beim Thema »Laufen« melden die meisten Zweifel an. Lässt sich beim Laufen noch was Wesentliches dazulernen? Gibt es Kniffe und Tricks, die man sich auch nicht anlesen kann?

Geht Laufen denn nicht wie von selbst? Von wegen. Laufen ist zwar leicht, aber gleichzeitig kompliziert. Laufen ist nur dann ganz einfach und einfach klasse, wenn man gewisse Grundlagen über sich und seinen Körper weiß. Manche können solche Sachen tausendmal lesen, z. B. dass es beim Joggen, bei Trainingsläufen nicht so sehr auf schnelles Tempo ankommt, doch oft rauschen fundamentale Informationen einfach durch. Manche machen zwar nach dem Laufen Gymnastik – aber falsch. Wenn ein anerkannter Laufexperte Zusammenhänge erklärt, vielleicht noch, während man mit ihm Seite an Seite läuft, beachtet man auch kleine Tipps mehr (»Höre in deine Beine, miss deinen Puls«). Da bekommen sogar häufig gehörte Allerweltsweisheiten (»Laufen ohne Schnaufen«) neue Bedeutung. Alte Hasen beurteilen Ihren Laufstil, schreiben individuelle Trainingspläne für Sie und sind immer gut für interessante Einsichten (»Ruhiger Dauerlauf ist die Basis für Klasse«).

Damit ein Laufseminar für Sie zu einem Erfolg werden kann, sollten Sie:

- Sich vor der Buchung nach genauen Inhalten und Leistungen erkundigen.
- Gleich bei Beginn Ihre Vorstellungen offen äußern – nur dann kann der Veranstalter Ihre Wünsche berücksichtigen.

Herbert Steffnys Laufseminare

Sollten Sie durch dieses Buch Lust und Appetit auf Laufen, Marathon, Abnehmen, vollwertige Ernährung und sinnvolle Trainingsplanung bekommen haben, dann haben wir für Sie das richtige Rezept. Einsteiger sind bei uns willkommen. Wir veranstalten seit 1989 Lauf- und Fitnessseminare im Südschwarzwald bei Titisee und Hinterzarten, aber auch bundesweit. Unsere Topseminare finden in unserem Seminarhotel Sonnenhof bei Olympiakoch und Weltklasseläufer Charly Doll in Hinterzarten statt. Vollwertiger Genuss garantiert.
Wir werden Sie motivieren, umfassend informieren und in Theorie und Praxis die Wege aufzeigen. Unser erfahrenes Team mit den Spitzenläufern Herbert Steffny und Charly Doll, Sportmedizinern und weiteren Referenten hilft Ihnen in kleinen Gruppen in lockerer, persönlicher Atmosphäre beim richtigen Einstieg oder auf dem Weg bis zum Marathonläufer:

- Ganzjährig Wochenendkurse, Laufwochen auch mit Mountainbiking und Skilanglauf
- Fordern ohne Überforderung! Lernen Sie Walking, Nordic Walking, Jogging und Running
- Schluss mit Fasten und Jojo-Diäten. Sinnvoll Kalorien verbrennen beim auch einsteigergerechten Lauftreff im herrlichen Naturpark Südschwarzwald
- Ernährungswissen in Theorie und Praxis. Kulinarischer Genuss und Kochspaß in Olympiakoch Charly Dolls Küche
- Trainingslehre und Trainingspläne: vom richtigen Fitnesseinstieg bis zum Marathon
- Motivationsvortrag mit Olympiasieger Georg Thoma
- Workshop: Dehnen, Kräftigen, Rückengymnastik
- Videolaufstilanalyse: Fehlstellungen aufdecken und effizienter Laufen
- professionelle Trainingssteuerung mit Herzfrequenz- und Laktatmessung
- individuelle Computertrainingsberatung und Fitnesscheck
- Medizinische, orthopädische Beratung durch erfahrene Sportmediziner
- Beratung zur optimalen Laufschuhauswahl und funktioneller Laufbekleidung
- Entspannung in unserem urigen finnischen Polarkiefern-Saunahüttendorf

Ausführliche Infos über unsere Veranstaltungen, Firmenseminare, Vortragsangebote, Ratgeber, Laufreisen und mehr unter: **www.herbertsteffny.de**

Run & Fun: Im Juni, August und September bietet der Robinson Club mit Herbert Steffny ein Marathontrainingscamp in Fleesensee, Mecklenburg-Vorpommern und attraktive Erlebnislaufwochen im Unterengadin, Bad Scuol, Club Schweizerhof und Scuol Palace mit den Experten Herbert Steffny und Thomas Wessinghage. Info: Robinson Club Katalog, Tel. 0511/95559, www.robinson.de.

Laufen auf allen Kontinenten

Kaum zu glauben, aber beim Honolulu-Marathon waren die Deutschen (Sport-)Reiseweltmeister mit rund 500 Teilnehmern die drittgrößte Teilnehmernation hinter 19 000 Japanern und 10 000 US-Amerikanern.

Ob New York oder Kathmandu, Luxor, Boston oder Peking, Helsinki, Hanoi, Hongkong oder Honolulu – immer mehr Läufer träumen von einem Marathonabenteuer weit weg. Fest steht jedenfalls: Die Zahl der Pauschalangebote und Buchungen steigt von Jahr zu Jahr deutlich an. Und es gibt durchaus zahlreiche gute Gründe dafür, sich so einer organisierten Gruppenreise anzuschließen. Befreit vom Alltagsstress kann man sich endlich einmal nur aufs Laufen konzentrieren.

Die größten Laufreiseveranstalter

- Deutsches Reisebüro DERTour SportLive, Emil-von-Behring-Straße 6 60424 Frankfurt Tel.: 069/9588-3631, Fax: 069/9588-3607
- Ali Schneider Marathon-Reisen, Postfach 1630, 82245 Fürstenfeldbruck, Tel.: 08141/290715, Fax: 08141/290716, Internet: www.as-marathonreisen.de
- Hawaii Holiday Service, Bucherweg 13a, 63477 Maintal, Tel.: 06181/494771, Fax: 06181/494623
- InterAir Reisen, Gehrenweg 2, 35415 Pohlheim, Tel.: 06403/976810, Fax: 06403/976812
- Kuoni Sport Live, Neue Hard 7, CH-8037 Zürich, Tel.: 0041/1/2774040, Fax: 0041/1/2774747
- Sportflugreisen Grosse-Coosmann, Postfach 2766, 48014 Münster, Tel.: 0251/296611, Fax: 0251/786074, Internet: www.gro-co.de
- ReiseZeit Tourismus, Kochhannstraße 1, 10249 Berlin, Tel.: 030/ 4225730, Fax: 030/4225729
- Spiridon Laufreisen, Postfach 104527, 40036 Düsseldorf, Tel.: 0211/726364, Fax: 0211/786823, Internet: www.laufmagazin-spiridon.de
- Werner Otto Sportreisen, Wallstraße 12, 50321 Brühl, Tel.: 02232/942744, Fax: 02332/942745, Internet:www.sportotto.de

Die reizvollsten Läufe der Welt

Bad Füssing (Anfang Februar) Thermen-Marathon, zwei Runden-Rundkurs. Info: Johannesbad AG, Thermen-Marathon, Johannesstraße 2, 94072 Bad Füssing, Tel.: 08531/230, Fax: 08531/232880

Rom Marathon (Ende März) Info Mar Rom, Viale B, Bardanzellu 65, I-00155 Roma, Tel.: 0039/64065079, Internet: www.maratonadiroma.com

Two Oceans Marathon Südafrika (Anfang April) Der harte 56-Kilometer-Klassiker. Info: Two Oceans, Kapstadt, POB 2276, Clareinch 7740, Südafrika. Internet:www.TwoOceansMarathon.org.za

Osterlauf Paderborn Beliebter & ältester deutscher Straßenlauf (seit 1947). Distanzen: 21,1 km/10 km, über 2000 Teilnehmer Info: H. Wiczynski. Tel.: 05251/76855

Boston Marathon (Mitte April) Der älteste Marathon mit dem fachkundigsten Publikum, Zeitlimit, Teilnahmebeschränkung. Pauschalangebote von Reiseveranstaltern einholen. Info: Marathon Boston Athletic Ass. 1 Ash St. Hopkinton, MA 01748. Internet: www.bostonmarathon.org

Hamburg (Ende April): Frühlingsgefühle zwischen Reeperbahn und Binnenalster, begeisterte Stimmung an der schnellen Strecke. Ausschreibungen: Olympus Marathon,Tel.: 040/616773

Paris Marathon (Ende April) Weil Paris nun mal eine der schönsten Städte der Welt ist, zählt auch dieser Stadtmarathon zu den attraktivsten überhaupt. Info: Marathon International de Paris A.M.S. P., 8 Rue Crozatier, F-75012 Paris, France, Tel.: 0033/1/5317-0310, Fax: 0033/1/5317-0313

London Marathon (Ende April): Laufend Geschichtsunterricht – Tower, Buckingham Palace, Westminster Abbey. Rund 30 000 Teilnehmer. Günstige Pauschalangebote. Info: The London Marathon, P.O. Box 1234, London SE1 8RZ, United Kingdom. Tel. 0044/171/620-4117, Fax 0044/171/620-4208

Rennsteiglauf (Mai): Bergiger Klassiker für Romantiker über Stock und Stein. Lockt im Mai über 10.000 Läufer und Marschierer (bis 66,5 km), Info: Guts-Muts Rennsteiglaufverein, PF 14, 98561 Schmalkalden

Bay to Breakers/San Francisco (dritter Sonntag im Mai): Gilt als der verrückteste Lauf der Welt. Kostümball für Spaßvögel und Freaks, Schwule, Lesben und Elite. Info: P.O. Box 429200, San Francisco, CA 94142, Tel.: 001/415/808-5000 extension 2222)

Mitternachtslauf Kröv (Start: 23:40 Uhr, Pfingstsamstag) Weinselige Volksfeststimmung bis in die Puppen im Weinörtchen an der Mosel. 8,9 km. Info: Verkehrsbüro Kröv, Tel.: 06541/9486, Fax: 6799

Wien Marathon (letzter Sonntag im Mai) Ein sehr attraktiver Stadtkurs (Start: Schloss Schönbrunn) mitten durch Naturparks, entlang des Donaukanals und durch das Herz der Hauptstadt. Das ORF überträgt das Rennen live. Info: Vienna City Marathon, Keplerplatz 12/1/5, A-1100 Wien, Östereich, Tel. 0043/1/6069510, Fax 0043/1/6069540. Internet: www.vienna marathon.com

Regensburg (Ende Mai) Reizvolle Strecke durch die historische Altstadt, aber auch weniger spannendes Umland. Info: Regensburg Marathon, Postfach 100 105, 93009 Regensburg, Tel.: 0941/5862801, Fax 5862802 Internet: www. Regensburg-marathon.de

Prag Marathon (letzter Sonntag im Mai). Flache Strecke, auch durch die wunderbare Altstadt. Info: Prague International Marathon, Zahoranského 3, Praha 2 - 120 00, Tschechische Republik, Tel. 00420-2-296517, 299163, 291574, Fax 00420-2-298197, Internet: www.vol.cz/pim

Stockholm Marathon (Anfang Juni). Der älteste europäische City-Marathon (seit 1979), außerordentlich attraktive Strecke durch eine freundliche Stadt am Wasser, perfekte Organisation, würdevolles Finale für jeden Finisher. Info: Stockholm Marathon, Box 10023, S-10055 Stockholm, Schweden, Tel. 0046/8/667-1930, Fax 0046/8/664-3822. Internet: www.marathon.se

Wer sich Appetit auf exotische Rennen machen möchte, dem sei die Lektüre der Laufmagazine »Spiridon« (0211/726364) und »Runner's World« (089/62714911) empfohlen, in denen regelmäßig über Laufreisen und über die internationale Laufszene informiert wird.

Comrades Marathon/Südafrika (Juni): Der heimliche Härtetest für wahre Ultras. Anspruchsvoller 90-km-Straßenlauf, 13 000 Teilnehmer Info: Comrades Marathon, PO Box 100621, Scottsville, 3209, Natal oder Top Trail Tours, Tel.: 02685/ 7358, Fax: 8252

Swiss Alpine (Ende Juli): Schwere Prüfung für Kondition und Gelenke, 67 km, 2300 Höhenmeter - der Berglaufklassiker. Info: Swiss Alpine PostMarathon Secretariat, P.O.Box 41, CH-7270 Davos Platz, Tel. 0041/81/4167666, Fax: 4165951.

Wer zu exotischen Rennen fliegt, sollte seine eingelaufenen Schuhe, seine Socken und Trikots im Handgepäck haben. Nicht selten steht man ohne Koffer am Zielflughafen. Vor Ort neu gekaufte Schuhe sind der sicherste Garant für Blasen an den Füßen.

Wachau Marathon (Mitte September) Durch eine der bekanntesten Weinregionen Europas. Info: OK WACHAUmarathon, A-3552 Stratzing/Krems, Am Anblick 17, Tel.: 0043/2719 /8680, Fax: 2719/8740.

Marathon du Medoc (September): Welliger Kurs um Wein-Chateaus, Volksfest. Kostproben an den Getränkestationen. Für manche danach der längste Marathon der Welt. Info: A.M.C.M. Maison du Vin, F-33250 Pauillac, Tel.: 0033/55659091, Fax: 556596238

Berlin (Ende September): Schnelle Strecke, perfekte Organisation, die größte Sause in Deutschland. Info: SCC Berlin Marathon, Waldschulallee 34, 14055 Berlin, Tel.: 030/3025370, Fax: 3062203

Budapest Marathon (erster Oktobersonntag) Ein klassischer Stadtkurs, der kaum eine der Attraktionen auslässt: Kettenbrücke, Oper, Zitadelle, Parlament, Margaretheninsel. Info: Budapest Marathon, Budapest Sport Büro, Postfach 332, 1438 Budapest, Ungarn, Tel. 0036/1/2676560, Fax 0036/1/2676561. Internet: www.dataware.hu/bsi

Marathon - Athen (Oktober): Dem Mythos auf der Spur. Schwerer Kurs, heiß, wenig Zuschauerzuspruch. Pauschalangebote. Info: ReiseZeit, Tel.: 030/4225730, Fax: 4225729

Chicago Marathon (Anfang Oktober) Interessante Schleife durch Downtown Chicago. Über 30 000 Teilnehmer. Info: The LaSalle Banks Chicago Marathon, P.O. Box 10597, Chicago, Il 60610-0597, USA, Tel.: 001/312/243-0003, Fax: 001/312/243-5652l, Internet: www.ChicagoMarathon.com

Nürburgring-Lauf Auf der profilierten Grand-Prix-Strecke ist jeweils Anfang Oktober Start frei für 4,5/9/23,8 oder 44,6 km, Info: Tel.: 0226111/135121, Fax: 13335160

Köln (Anfang Oktober): Der attraktive Newcomer (seit 1997), rheinische Karnevalsstimmung rund um den Dom. Info: Kölner Verein für Marathon, Stadion Müngersdorf, 50933 Köln Tel. 0221/ 9494-222/223, Fax: 9494-224, Internet: www.koeln-marathon.de

München (Mitte Oktober) Wie gut, dass in Deutschlands heimlicher Hauptstadt nach einigen Jahren Unterbrechung wieder was läuft... Info: Verein für City-Marathon München, Nachtigallstraße29, 80638 München, Tel.: 089/17095570, Fax: 17095572. Internet: www.medienmarathon.de

Frankfurt (Ende Oktober): Klassiker durch die Bankenmetropole, der späteste der deutschen Topmarathons. Info: Euro Marathon Frankfurt, Organisation, 60135 Frankfurt, Tel.: 069/97176-330, Fax: 97176-555, Internet: www.euro-marathon.de

Venedig Marathon (Ende Oktober). Keine Angst, sie holen sich da keine nassen Füßen. Info: Marathon Venedig, P.O.B. 3233-30171 Meste Venezia, Fax: 0039 041940349.

New York Marathon (Anfang November): Stimulierende Kulisse, zwei Millionen Zuschauer, das Laufspektakel – ein Muss für Marathontouristen. Pauschalangebote ab Euro 850,-. Info: N. Y. Road Runners Club, Tel.: 001/212/423 2244, Fax: 001/212/348-9614.

Honolulu Marathon (Dezember): Aloha. Vorweihnachtliche, tropische Herausforderung, schwül, schwer. 35 000 Mitläufer, meist Japaner. Info: Honolulu Marathon Association, 3435 Waialae Avenue, Room 28, Honolulu, HI 96816, USA, Tel.:001/808/734-7200, Fax: 001/808/732-7057, Internet: www.honolulumarathon.org, oder Hawaii Holiday Service, Tel.: 06181/494771, Fax: 494623.

Checkliste für die Reisetasche

Was Sie nicht vergessen sollten, wenn Sie zu einer Laufveranstaltung fahren:

- ☐ Wettkampfschuhe
- ☐ Trainingsschuhe
- ☐ Kappe
- ☐ Wettkampfsocken
- ☐ Trainingssocken
- ☐ Handschuhe
- ☐ Shorts
- ☐ Trikot
- ☐ Getränkeflasche
- ☐ T-Shirt
- ☐ Tights
- ☐ Trainingsanzug
- ☐ Stirnband (wetterfest)
- ☐ Pflaster (für die Brustwarzen)
- ☐ Vaseline
- ☐ Regenkleidung
- ☐ Sicherheitsnadeln (für die Startnummer)
- ☐ Nagelschere
- ☐ Seife, Shampoo, Handtuch
- ☐ Taschenmesser
- ☐ Wettkampfausschreibung
- ☐ Ausweis
- ☐ Registration Card (Wettkampfbestätigung)
- ☐ Sportbrille
- ☐ Spezielle Wettkampfverpflegung
- ☐ Verpflegung für danach
- ☐ Herzfrequenzmessgerät
- ☐ Massageöl
- ☐ Zeitmesschip

www.frauen-lauf.de

www.fun-runners.de

www.herbertsteffny.de

www.laufexperten.de

www.lauftreff.de

www.marathon.de

www.runnerspoint.de

www.runnersworld.com

www.runtheplanet.com

www.womenweb.de

www.womens-running.com

Bildnachweis

Bongarts, Hamburg: 125, 159 (N.N.); dpa, München: 15, 94, 223; Fit for Fun, Hamburg: 59-63 (20 Bilder), 161-162 (6 Bilder); Gettyone Stone, München: 2 (Andy Whale), 120/121 (Alan Thornton), 188 (P. Webster); Greune Jan, Münsing: U1; Image Bank, München: 50/51 (Chris Cole), 64/65 (Romilly Lockyer), 150/151, 166/167 (Terje Rakke), 200/201 (Marc Romanelli), 226/227 (J. P. Kelly); Jump, Hamburg: 12/13, 22, 45, 154, 175, 212/213, 224 (K. Vey), 26/27, 149 (A. Falck), 35, 38/39, 57, 64/65, 207 (M. Sandkühler), 84 (M. Grundt), 112 (N.N.); Steffny Herbert, Titisee: 9, 19, 101, 164-165 (6 Bilder), 211, 219; Südwest Verlag, München: 72, 193 (D. Albrecht), 176/177 (A. Plewinsky), 197 (D. Albrecht); Zefa, Düsseldorf: 21, 208 (Masterfile), 29 (Juenemann), 32 (Masterarchive), 47, 157 (Meyer), 91 (Nichoison), 97 (H. G. Rossi), 111 (Novastock), 114 (Index Stock), 173 (Lenz)

Impressum

Südwest Verlag ist ein Unternehmen des Verlagshauses Ullstein Heyne List GmbH & Co. KG

© 2003 Ullstein Heyne List GmbH & Co. KG, München, und FIT FOR FUN Verlag GmbH, Hamburg

Alle Rechte vorbehalten. Nachdruck – auch auszugsweise – nur mit Genehmigung beider Verlage.

Hinweis
Das vorliegende Buch ist sorgfältig erarbeitet worden. Dennoch erfolgen alle Angaben ohne Gewähr. Weder Autoren noch Verlag können für eventuelle Nachteile oder Schäden, die aus den im Buch gegebenen praktischen Hinweisen resultieren, eine Haftung übernehmen.

Südwest Verlag
Redaktion: Dr. Marion Onodi, Dr. Harald Kämmerer
Projektleitung: Dr. H. Kämmerer, Nicola v. Otto
Medizinische Fachberatung: Dr. med. Christiane Lentz
Bildredaktion: Gabriele Feld

Produktion: Angelika Kerscher, Gabi Kutscha
Umschlag: Nicola Schäfer, Reinhard Soll
Layout: Katharina Schweissguth
Satz / DTP: Veronika Moga
Litho: Repro Ludwig, A-5700 Zell am See
Druck: Alcione, I-Trento

FIT FOR FUN Verlag
Chefredakteur: Willy Loderhose

Gedruckt auf chlor- und säurearmem Papier
ISBN 3-517-06619-2

Literatur

van Aaken, Ernst: Programmiert für hundert Lebensjahre. Pohl Verlag. Celle 1978

Cooper, Kenneth H.: Aerobics. Bantam Books. New York 1968

Diem, Carl-Jürgen: Tips für Laufanfänger. Meyer & Meyer Verlag. Aachen 1987

Ellis, Joe: Laufen ohne Risiko. BLV Verlag. München 1995

Feil, Dr. Wolfgang/Wessinghage, Dr. Thomas: Ernährung und Training fürs Leben. Wesp Verlag. Nürnberg 2001

Fischer, Joschka: Der lange Lauf zu mir selbst. Kiepenheuer &Witsch Verlag. Köln 1999

Geiger, Ludwig V.: Überlastungsschäden im Sport. BLV Verlag. München 1997

Glover, Bob: The Runner's Handbook. Penguin Books. New York 1966

Henderson, Joe: Better Runs. Human Kinetics. Champain, Illinois/USA 1996

Hottenrott, Kuno/Zülch, Martin: Ausdauertrainer Laufen. Rowohlt Verlag. Reinbek 1997

Jost, Herbert: Laufen – Handbuch für Sport und Fitness. Rowohlt Verlag. Reinbek 1992

Konopka, Peter: Sporternährung. BLV Verlag. München 1988

Krämer, Harald/Zobel, Klaus: Marathon – Ein Lauflesebuch in 42,195 Kapiteln, Rowohlt Verlag. Reinbek 1995

Kuhlmann, Detlef (Hrsg.): Das LaufLESEbuch. Meyer & Meyer Verlag. Aachen 1993

Lebow, Fred/Averbuch, Gloria and Friends: The New York Road Runner's Club Complete Book of Running & Fitness. Random House. New York 1997

Müller-Wohlfahrt, Dr. Hans-Wilhelm/Kübler, Dr. Ulrich: Hundert Prozent fit und gesund. edition ferency bei Bruckmann Verlag. München 1993

Noakes, Tim: Lore of Running. Leisure Press. Champaign, Illinois/USA 1991

Pollmer, U./Fock, A./Gonder, U./Haug, K.: Prost Mahlzeit! Krank durch gesunde Ernährung. Kiepenheuer & Witsch Verlag. Köln 1996

Pramann, Ulrich: Faszination Marathon. Heyne Verlag. München 1992

Pramann, Ulrich: Kleine Philosophie der Passionen – Laufen. dtv Verlag. München 1998

Pramann, Ulrich: Lauf dich schlank! Südwest Verlag. München 2001

Pramann, Ulrich: Runner´s Basics. Südwest Verlag. München 2002

Richter, Klaus: Meditation und Laufen. Deutsches Lauftherapiezentrum. Paderborn 1995

Sandrock, Michael: Running with the Legends. Human Kinetics. Champain, Illinois/USA. 1996

Shephard, R.J./Astrand, P.-O. (Hrsg.): Ausdauer im Sport. Deutscher Ärzte Verlag. Köln 1993

Sonntag, Werner: Laufende Vorgänge. Verlag Laufen und Leben. Ostfildern 1996

Spring, H. et. al: Dehn- und Kräftigungsgymnastik. Thieme Verlag. Stuttgart/New York 1988

Steffny, Manfred: Marathontraining. Verlag H. Schmidt. Mainz 1996

Steffny, Herbert/Pramann, Ulrich: Perfektes Marathontraining. Südwest Verlag. München 2001

Steffny, Herbert/Pramann, Ulrich/Doll, Charly: Perfektes Lauftraining – Das Ernährungsprogramm. Südwest Verlag. München 2003

Steffny, Herbert/Pramann, Ulrich: Walking. Südwest Verlag. München 2001

Waitz, Grete: On The Run/Exercise and Fitness for Busy People. Rodale Press. Emmaus, Pennsylvania/USA 1997

Weber, Prof. Dr. Alexander: Seelisches Wohlbefinden durch Laufen. sportinform. Unterhaching 1985

Wessinghage, Dr. Thomas: Laufen. BLV Verlag. München 1996

Williams, Melvin H.: Ernährung, Fitness und Sport. Ullstein Verlag Mosby. Berlin/Wiesbaden 1997

Zintl, Fritz: Ausdauertraining. BLV Verlag. München 1994

Register

fit FOR FUN Shop

Perfekt trainieren, gesünder essen und sich

FIT FOR FUN-Bücher

Finden Sie Ihr persönliches Wohlfühlgewicht mit Ihrem individuellen Programm für eine dauerhaft gute Figur, mehr Vitalität und Fitness.
Format 16 x 21 cm, 196 Seiten
Bestell-Nr.: 227 026 F
€ 15,95

360 Fitness-Rezepte – für jede S
son die perfekte Ernährung.
Mit 3-Stufen-Methode zum schrittweisen Abnehmen.
Format 22 x 29 cm, 258 Seiten
Bestell-Nr.: 227 015 F
€ 19,95

Jetzt können Sie Sushi auch ganz einfach zu Hause rollen. Alle Infos, Tipps und Tricks für einfache Makis bis zur anspruchsvollen California Roll. Format 22 x 29 cm, 122 Seiten
Bestell-Nr.: 227 029 F
€ 15,95

Topleistung durch Topernährung: alles rund um Fitnessfood mit ind
duellen Ernährungsplänen, Rezep
ten und Nährstoff-Übersicht.
Format 16 x 21 cm, 200 Seiten
Bestell-Nr.: 227 028 F
€ 15,95

Die Bezahlung der Bestellung kann per Bankeinzug, Rechnung oder Kreditkarte erfolgen. Der Versandkostenanteil pro Gesamtbestellung beträgt € 3,90 (In- und Ausland), ab € 75,– Warenwert versandkostenfrei. *dtms (12 Cent/Min.)

ɪnfach wohl fühlen – alles auf einen Blick

)ie muss man einfach haben!

Bestellen Sie jetzt:

-on: 01805/91 31 48 *
-ax: 01805/91 31 45 *

Mail: abo@fitforfun.de
online: www.fitforfun.de/shop

ɪt Fahrtechniken für Anfänger und
-ofis, ausführlichen
ainingsplänen sowie allen
ɪchtigen Infos zum Skate-Kauf.
ɪrmat 16 x 21 cm, 164 Seiten
estell-Nr.: 227 021 F
: 15,95

Mit Tipps und Infos zur optimalen Ausrüstung, Programm für Einsteiger und Profis, sowie Ernährung für mehr Wohlbefinden!
Format 16 x 21 cm, 208 Seiten
Bestell-Nr.: 227 025 F
€ 15,95

Alle Fakten und Hintergründe zum Stress und seinen Folgen auf den Körper. Plus Test: Welcher Stress-Typ sind Sie?
Format 16 x 21 cm, 184 Seiten
Bestell-Nr.: 227 022 F
€ 15,95

Schnell, einfach, leicht:
Mit über 100 fettarmen, vitaminreichen Gerichten für eine optimale Ernährung.
Format 22 x 29 cm, 128 Seiten
Bestell-Nr.: 227 018 F
€ 15,95

ɪele Rezepte für Snacks, Sushi Fin-
ɪrfood und Hauptgerichte, dazu
ɪckere Cocktails. Mit Partyplaner,
ɪeko-Tipps und vielen Partyideen.
ɪrmat 22 x 29 cm, 128 Seiten
estell-Nr.: 227 027 F
: 15,95

Die besten Trainingstipps für Ihre Gesundheit und Ihre Figur. Das optimale Training für mehr Leistungsfähigkeit.
Format 16 x 21 cm, 216 Seiten
Bestell-Nr.: 227 016 F
€ 15,95

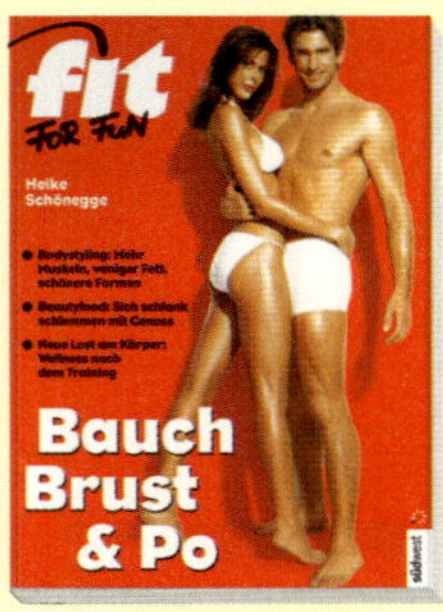

Das Trainings-, Fatburn-, Beauty- und Wellnessbuch mit Tipps zur Straffung der Muskulatur und zur effektiven Fettverbrennung.
Format 16 x 21 cm, 200 Seiten
Bestell-Nr.: 227 024 F
€ 15,95

Straffer Körper, definierte Muskeln, weniger Fett: 150 Übungen für gezieltes Bodystyling und Problemzonen-Bekämpfung.
Format 16 x 21 cm, 176 Seiten
Bestell-Nr.: 227 020 F
€ 15,95

Mit Widerrufsrecht: Die Bestellung kann ich innerhalb von 14 Tagen (Datum des Poststempels) in Textform (z.B. Brief, Fax, E-Mail) oder durch Rücksendung der Sache beim FIT FOR FUN-Leserservice, Postfach 300, 77649 Offenburg widerrufen. Die Frist beginnt frühestens mit Erhalt dieser Belehrung. Dies ist ein Angebot der FIT FOR FUN Verlag GmbH, Milchstr. 1, 20148 Hamburg.

Für mich nur das Beste!

FIT FOR FUN - Deutschlands großes Aktiv-Magazin.

Führende Experten berichten aus ihren Spezialgebieten, harte Produkttests zeigen Ihnen die wahren Sieger und der große Anti-Aging-Teil sagt, wie Sie wirklich jung bleiben. Entdecken Sie die Welt der Fitness NEU!

Jeden Monat neu im Handel! fit FOR FUN